SEULE DANS LA NUIT

ANN RULE

SEULE DANS LA NUIT

Traduit de l'anglais (États-Unis)
par Isabelle Saint-Martin

ÉDITIONS FRANCE LOISIRS

Titre original : *In the Still of the Night*

Édition du Club France Loisirs,
avec l'autorisation des Éditions Michel Lafon

Éditions France Loisirs,
123, boulevard de Grenelle, Paris
www.franceloisirs.com

Publié avec l'aimable autorisation de Free Press, une maison d'édition de Simon and Schuster, Inc., New York.

ISBN : 978-2-298-06905-1

Pour Barbara Thompson
et tous les parents qui pleurent
leurs enfants disparus.

Pour les familles et les amis
de victimes de crimes violents
(fnfvcv.org) d'Everett, Washington,
qui ne demandent qu'à les aider.

Comme tout le monde,
ma mère a ses défauts et commet des erreurs.
Mais elle n'a jamais économisé son amour.
Freeman Thompson,
frère de Ronda

AVANT-PROPOS

2 novembre 2009

Le comté de Lewis, dans l'État de Washington, se trouve juste à mi-chemin entre Seattle et Portland. Les seules villes d'importance de la région sont Centralia, quinze mille habitants, et Chehalis, deux fois moins peuplée. Cette dernière abrite un centre commercial ainsi que nombre de motels et de restaurants. Parmi les conducteurs de voitures et de camions passant sur l'autoroute I-5, il y a les gens du voisinage qui vivent et travaillent dans le comté de Lewis – dans des fermes et des hameaux aux noms pittoresques : Onalaska, Salkum, Mossyrock, Napavine, Ford's Prairie, Winlock et Toledo. À l'est se dresse le mont Rainier, au milieu de nombreux lacs et forêts.

Des rivières serpentent à travers le comté de Lewis qu'elles inondent souvent, semant la désolation sur leur passage. Au cours des dernières années, il est arrivé à plusieurs reprises que les malheureux habitants se remettent à peine d'une catastrophe qu'ils en subissent une autre. Mais la vie continue, et on reconstruit, avec des fondations qui, cette fois, sauront résister à la prochaine inondation.

Parmi les archives de ma famille se trouve le journal du père de mon beau-père, le révérend William J. Rule, pasteur méthodiste ; il le tenait tout en chevauchant à travers les forêts qui recouvraient autrefois le comté de Lewis. Le révérend Rule avait émigré de Cornouailles en Amérique, et c'était un spécialiste du drainage des mines. Il avait alors trente ans, ne mesurait pas plus d'un mètre cinquante-deux, et avant de traverser l'Atlantique il n'était jamais monté sur un cheval… Pourtant, armé de sa seule bible et d'une selle instable, il arpenta les profondes forêts de pins et suivit les voies navigables autour de Mossyrock et de Salkum, prêchant, mangeant et dormant chez l'habitant où on lui lavait parfois son linge. Tout aussi souvent, on tentait de lui faire rencontrer les vieilles filles du coin. Il risquait aussi d'être attaqué par un couguar ou par un ours. Néanmoins, il s'en tira.

En découvrant le comté de Lewis en 2009, il me fut impossible de retrouver aucun des jalons décrits par le grand-père Rule dans son journal. Depuis son époque, on a coupé bien des arbres et on en a replanté d'autres. Plusieurs générations se sont succédé, bien des habitants sont partis s'installer dans les grandes villes. Mais le noyau dur des familles pionnières est resté, avec les mêmes noms inscrits dans les registres.

Pour beaucoup, le comté de Lewis n'est qu'un panneau qui défile sur l'I-5. Quand mes enfants étaient petits, nous faisions souvent une halte à Fort Borst Park, aux pins si gigantesques qu'ils masquent souvent le soleil. Le parc se glorifiait d'abriter un authentique fort, d'où les colons combattirent les Indiens, ainsi que quelques toboggans et balançoires.

La curiosité la plus ancienne du comté de Lewis reste sans doute son « Plus gros œuf du monde » qui attira nombre de touristes jusque dans les années 1950, à l'époque où Winlock était la « deuxième plus grande productrice d'œufs d'Amérique ». C'est en 1923 qu'a été fabriqué le premier œuf, en toile. Depuis, il a triplé ou quadruplé de taille grâce à l'apport de plastique et de fibre de verre. De nos jours, le dernier œuf géant en béton, peint aux couleurs du drapeau américain, mesure trois mètres cinquante et pèse cinq cent cinquante kilos. Il trône sur un piédestal, sur la place principale de Winlock. Même si sa production a nettement diminué, cette ville d'un millier d'habitants organise toujours sa fête des Œufs le quatrième week-end de juin.

Le comté de Lewis est un peu rustique et dépassé, sain comme une tarte à la citrouille. Dans l'ensemble, ses habitants réservent un bon accueil aux visiteurs. Mais ceux qui s'y installent doivent se souvenir que, dans ces communautés rurales, les cancans se répandent plus vite qu'un feu de forêt. Qui s'engage dans une aventure extraconjugale ne pourra guère espérer cacher longtemps sa liaison. Nous avons tous de ces secrets dont nous préférons ne pas nous vanter, mais ils sont plus faciles à détecter dans les petites villes. Certains sont dérisoires, d'autres peuvent bouleverser des vies entières…

*
**

Le comté de Lewis a eu sa part d'homicides, de suicides et de morts accidentelles, dont beaucoup sont reliés d'une façon ou d'une autre à l'I-5. Le coroner Terry Wilson s'est prononcé sur la plupart des « causes du décès » durant ses sept périodes quadriennales où il fut en fonction. Chauve, le teint rougeaud, l'expression impénétrable, Wilson n'est ni médecin ni pathologiste médico-légal, mais auxiliaire médical. Il exerce aussi sa profession dans une clinique locale ; cela n'a rien d'extraordinaire, car nombre de petits villages n'ont pas de médecins légistes, ces derniers étant bien sûr les plus aptes à déterminer l'heure, les circonstances et la cause du décès. Quoi qu'il en soit, légiste ou coroner peuvent aussi bien déterminer qu'anéantir l'interprétation d'une mort violente.

Ronda Reynolds était une belle jeune femme de trente-trois ans, en pleine santé, quand elle est morte le 16 décembre 1998. On la considérait encore comme une jeune mariée – quoique au bord du divorce – lorsque son cerveau fut détruit par une seule balle au niveau de la tempe droite.

Mais pourquoi et comment ? Quatorze ans plus tard, ceux qui l'ont connue et aimée se posent encore ces questions.

*
**

À 6 h 20, il faisait encore nuit en cette froide matinée de 1998, lorsque le mari de Ronda, Ron Reynolds, appela les secours. Il expliqua à l'opérateur que son épouse venait de se suicider. Apparemment, pas de mystère dans cette affaire.

Vraiment ?

Comme à son habitude, le coroner Wilson ne vint pas en personne sur les lieux, pas plus qu'il ne fit acte de présence chez le légiste ; en effet, n'étant pas médecin, il ne pouvait procéder lui-même à un examen post mortem. Ce fut son assistante, Carmen Brunton, qui se rendit chez les Reynolds, examina le corps puis assista à l'autopsie. Avant de travailler au bureau du coroner, cette femme blonde d'âge mûr avait été coiffeuse-esthéticienne. Ce fut donc le Dr Daniel Selove, médecin légiste mobile, qui effectua l'autopsie.

Au cours de la dizaine d'années qui suivirent la mort de Ronda, le coroner Wilson changea d'avis à plusieurs reprises. Son bureau conclut d'abord que la cause de la mort de Ronda était « indéterminée » puis décréta le « suicide », après quoi, il revint à la « cause indéterminée ». Enfin, il changea d'avis une troisième fois en reprenant la théorie selon laquelle elle se serait donné la mort.

L'audience était donc destinée à déterminer pourquoi il avait fallu tant de temps et de tâtonnements pour parvenir à cette conclusion. Comment un coroner, pouvant se targuer de vingt-sept ans d'ancienneté, pouvait-il avoir hésité onze années durant ?

Mis à part ceux qui aimaient Ronda, une poignée d'enquêteurs et un avocat, Ronda Reynolds était tombée depuis longtemps dans l'oubli, ses cendres éparpillées aux quatre vents du côté de Spokane où elle avait grandi, son joli visage ne s'étalant plus que dans les albums photos de sa mère, Barbara Thompson.

Ronda n'était pas une sainte, pas plus que vous ni moi. Néanmoins, j'ai sans cesse entendu un mot revenir à son propos : les gens la disaient courageuse non seulement dans sa carrière de policier, mais aussi dans sa vie personnelle.

Cette affaire représentait pour moi un vrai dilemme. J'ai passé beaucoup de temps à me faire l'avocat du diable – face à moi-même –, à essayer de considérer le mystère de la mort de Ronda de tous les points de vue. Dans deux de mes livres seulement, j'ai eu l'intuition immédiate que quelque chose n'allait pas. Pour le premier, j'avais entendu ces informations diffusées en Oregon sur « une mère et ses trois enfants attaqués par un inconnu » ; un enfant était mort, les deux autres se trouvaient dans un état critique.

Oh, la pauvre femme ! avais-je pensé avant de me laisser envahir par le doute. Comme disent les flics, « il y avait quelque chose qui clochait ».

Cette pauvre mère, bien entendu, était Diane Downs[1], qui avait tiré sur ses propres enfants en 1983.

Le deuxième livre, vous le tenez entre vos mains.

Ann Rule

1. Voir *On a tué mes enfants*, aux éditions Michel Lafon.

PREMIÈRE PARTIE

Rêves réalisés, rêves déçus

1

En cette matinée pluvieuse de novembre 2009, les curieux étaient peu nombreux à se masser dans le tribunal, au troisième étage du palais de justice de Chehalis. Curieux, car tous ceux à qui je m'étais adressée dans la région connaissaient l'histoire de l'étrange mort de Ronda Reynolds, onze années plus tôt. Néanmoins, les habitants du comté de Lewis encore assez heureux pour occuper un emploi n'allaient pas risquer leur poste en prenant des congés inopinés. Ils liraient les comptes rendus du *Chronicle*, le quotidien régional.

Les grandes chaînes de télévision nationales, comme ABC, NBC et les correspondants de CBS à Seattle, envoyèrent leurs équipes de cameramen et de reporters, de même que toutes les chaînes locales. Certains reporters – particulièrement Tracy Vedder, de KOMO-TV, et Sharyn Decker, du *Chronicle* – suivaient l'histoire de Ronda depuis des années. D'autres ont dû se renseigner sur une histoire qui ne faisait plus les gros titres depuis longtemps.

Le couloir du troisième étage grouillait de gens, certains venus pour leur propre comparution, d'autres dont je ne comprenais même pas la présence. Par exemple, ce groupe de jeunes femmes soit enceintes, soit portant des bébés curieusement habillés. Et puis ces jeunes hommes portant boucle d'oreille et tee-shirt de motard sous des blousons de cuir. Et aussi ces personnes du troisième âge à l'allure un peu guindée. Étaient-ils là pour soutenir le coroner Terry Wilson ou pour témoigner leur solidarité à l'égard de Barbara Thompson, la mère de la victime ? En fait, la plupart étaient des jurés potentiels.

Le juge Richard Hicks avait été désigné pour présider cette audience. Il représentait la quintessence du juge : silhouette massive, tignasse blanche et barbe assortie, regard vif derrière ses lunettes à monture noire. Quoiqu'il pût se montrer jovial, nul ne saurait mettre en doute sa complète autorité sur le tribunal. Au début, il avait été la seule autorité chargée de statuer sur une éventuelle négligence du coroner Wilson dans son enquête sur la mort soudaine de Ronda Reynolds. Néanmoins, il décida de réunir un jury de douze personnes. Les avocats, Royce Ferguson, représentant Barbara Thompson, et John Justice, désigné pour défendre Terry Wilson, choisirent huit femmes, quatre hommes et deux suppléants. Ces jurés devaient rendre un verdict contre lequel la décision du juge Hicks pourrait prévaloir.

Avocats, policiers et plusieurs coroners d'autres comtés étaient venus en observateurs dans cette salle ultramoderne, sans fenêtres, avec des bancs trop durs. J'avais suivi dès le début l'affaire de la mort violente et singulière de Ronda Thompson, et j'étais aussi curieuse que tout un chacun. Évidemment, j'avais hâte d'entendre les dépositions des témoins, de considérer les preuves directes et indirectes, de voir lesquelles seraient retenues par la cour.

Plusieurs exemplaires d'un classeur blanc brillant d'une quinzaine de centimètres d'épaisseur, qui semblait contenir les divers rapports de police, déclarations et photos, suscitèrent la curiosité du public autant que des médias. L'un d'eux se trouvait sur la table du plaignant, un autre sur celle de la défense. Je me demandais ce qu'il pouvait contenir de si décisif.

Néanmoins, quel que fût le résultat de cette audience, cela ne m'empêcherait pas d'écrire un livre sur la mort de Ronda. Cette histoire présentait à peu près autant de facettes qu'un kaléidoscope. J'ignorais si j'allais rapporter l'histoire d'un crime de sang ou d'un suicide désolant. Je savais seulement qu'il faut parfois dire toute la vérité, aussi gênante ou déplaisante soit-elle. Quand un être cher décède de mort violente, on ne tourne jamais vraiment la page.

Je connais mes lecteurs et je sais que la plupart sont cultivés, parfois même d'excellents détectives amateurs. Pour la mort de Ronda Reynolds, ils peuvent trancher pour un verdict de culpabilité ou d'innocence. J'ai tenté de me frayer un chemin à travers la masse enchevêtrée de dépositions et de pistes. En fin de compte, j'espère présenter tous les aspects de cette affaire obsédante.

*
**

Même les incorrigibles optimistes se demandent parfois si leur vie n'est pas trop belle pour durer ainsi. Pour certains, les tièdes bouffées de brise printanière, évocatrices du parfum des fleurs, sont difficiles à supporter, tant elles sont empreintes de nostalgie. Pour d'autres, un nouvel amour peut susciter la peur de perdre quelque chose de plus précieux que tout ce qu'ils auraient pu imaginer.

À l'occasion de réunions de famille ou d'amis, on espère bien profiter d'une ambiance chaleureuse et feutrée. Néanmoins, nul ne saurait nier la peur insidieuse qu'un être cher puisse avoir un accident en venant pour Thanksgiving ou pour Noël, alors que la tempête ou la neige rendent les routes dangereuses. Nous nous inquiétons silencieusement, surveillons la pendule, jusqu'à ce que tout notre monde soit là. À mon sens, ce sont les mères qui souffrent le plus. Même lorsque nos enfants ont grandi, nous préférerions les garder à l'abri sous notre aile, et parfois nous regrettons le temps où nous les mettions dans un berceau en sachant que nous pouvions les protéger de tout danger.

Barbara Thompson était ainsi, même si elle montrait rarement son inquiétude. Elle voulait que ses deux enfants grandissent, réalisent leurs rêves et vivent leur propre vie. Dès les années 1990, elle les avait laissés prendre leur indépendance. Elle les considérait comme des adultes responsables et aptes à se prendre en main. Et ils ne l'avaient pas déçue. Sa fille, Ronda, était devenue agent de la police de l'État de Washington, responsable de la sécurité des autres autant que de la sienne. Si elle ne pouvait se protéger elle-même, quelle femme le pourrait ? Son fils, Freeman, avait dix ans de moins que sa sœur. Âgée d'à peine dix-neuf ans à la naissance de Ronda, Barbara n'avait pas eu une vie facile : à l'époque, les mères célibataires étaient plutôt mal vues. Néanmoins, elle faisait toujours passer ses enfants d'abord, quitte à cumuler deux ou trois emplois pour leur assurer de quoi vivre.

Bien que Ronda fût née prématurée de deux mois, sans ongles, ni cils, ni sourcils, c'était un beau bébé souriant qui se montrait des plus paisibles. La mère de Barbara, Virginia Ramsey, devint sa plus grande fan.

— En fait, expliquerait Barbara, la naissance de Ronda lui avait donné une raison de vivre, et moi j'avais besoin d'elle. Elle s'est occupée de ma fille puis de mon fils pendant que je travaillais. Elle ne se plaignait jamais. Elle était toujours là pour eux, et ils adoraient leur grand-mère.

Barbara se maria deux fois et eut quelques liaisons, mais pour elle l'important restait ses enfants, Ronda et Freeman, ainsi que sa mère, Virginia. Ils se soutenaient les uns les autres dans les moments difficiles et s'en sortaient toujours ensemble.

Tout comme Barbara, Ronda adorait les chevaux, mais elle avait un autre rêve dans la vie. Depuis l'âge de cinq ans, elle regardait *Badge 714/Dragnet*, *Auto Patrouille* et autres séries policières, au point de décider de devenir elle-même shérif ou inspecteur ou bien d'intégrer la brigade de police d'État. À l'époque, cela pouvait surprendre car on n'y acceptait pas encore les femmes. On n'y voyait que de grands gaillards en uniforme gris-bleu et chapeau à large bord.

Barbara croyait que sa fille changerait d'avis, mais ce ne fut pas le cas. Ronda n'a jamais abandonné son rêve de devenir policier, même si elle ne pouvait imaginer le genre de difficulté qu'elle risquait de rencontrer dans un monde essentiellement masculin.

La jolie fille originaire de l'est de l'État de Washington voulait tout – comme on dit à propos des femmes qui veulent à la fois faire carrière et fonder une famille. Ronda comptait bien se marier un jour et, bien entendu, avoir des enfants.

Elle aurait pu y arriver.

*
**

C'était le mercredi 16 décembre 1998, neuf jours avant Noël. Ronda habitait sur ce que les Washingtoniens appellent la « côte », tandis que sa famille résidait à cinq cents kilomètres de là, à Spokane. Barbara, de même que sa mère, Virginia, et son fils, Freeman, attendaient avec impatience sa prochaine visite pour une petite semaine.

Ronda venait pour les fêtes de fin d'année, mais surtout pour voir ceux qu'elle aimait – à la recherche de conseils et de réconfort. Son deuxième mariage se révélait un échec et sa situation professionnelle ne correspondait en rien à ce dont elle avait rêvé. Quelques années auparavant, après huit années passées dans la police d'État, elle avait donné sa démission. Elle regretta longtemps ce métier qu'elle avait tant aimé.

Il y a une vingtaine d'années, on ne comptait

qu'environ trente-cinq femmes dans la brigade de police de l'État de Washington ; aujourd'hui, sur mille deux cents agents, soixante sont des femmes. Peu importait à Ronda. Avec ses notes excellentes au lycée, elle pouvait espérer que ce serait du tout cuit. Enfin, presque.

La brigade sélectionnait soigneusement ses candidats : ceux-ci devaient être âgés d'au moins dix-neuf ans et demi, avoir une vision quasi parfaite et un poids en adéquation avec leur taille. Rien de tout cela ne constituait un obstacle pour Ronda. Ils ne devaient pas avoir de casier judiciaire, donc ne jamais avoir été condamnés pour vol, agression, coups et blessures sur un proche, vol simple, turpitude morale, possession de substances illicites ou délit de fuite. Toute condamnation pour conduite en état d'ébriété ou sous l'emprise de stupéfiants devait remonter à plus de sept ans. Les candidats répondant à ces critères devaient, en plus, passer un test d'aptitude physique. Mais le plus important restait l'enquête sur les antécédents, ainsi que l'étude graphologique.

Ronda franchit toutes les étapes sans difficulté. Elle fut la plus jeune élève admise à l'école de la brigade. À vingt ans, elle voyait sa vie prendre exactement le tour dont elle avait toujours rêvé.

Pourtant, l'entraînement se révéla, huit mois durant, des plus contraignants, assez semblable à celui des marines : on vous arrachait du lit dès l'aube pour vous envoyer faire des pompes dans la boue, puis courir sous la pluie glacée avant même le lever du soleil. Environ un tiers des élèves de la brigade de police de l'État de Washington n'achevaient pas cette formation, s'éclipsant pour une raison ou une autre : certains, par exemple, ne pouvaient supporter le manque de sommeil ou les efforts physiques.

Ronda y parvint.

Moi-même j'ai essayé de patrouiller dans une voiture – mais de jour. Et, c'est vrai, on peut parfois se sentir très seul. Ce métier peut se révéler beaucoup plus dangereux que celui d'agent de la police féminine de Seattle, comme je l'étais moi-même à son âge. L'État de Washington tolère des vitres si fumées qu'un agent ne voit pas toujours qui se trouve à l'intérieur de la voiture qu'il appréhende. Il faut parfois posséder un sixième sens et une totale confiance en soi pour oser arrêter un véhicule dont on ne distingue pas les occupants. Certains conducteurs à l'allure des plus inoffensives, interpellés pour un feu grillé ou un excès de vitesse, peuvent être en fait des criminels en fuite.

Ronda, entrée à l'académie de police de l'État de Washington le 8 septembre 1987, fut nommée agent le 8 janvier 1988. Toute fière dans son uniforme neuf, elle fut reçue avec sa promotion par le gouverneur de l'État de Washington, au milieu des flashs et des caméras, et obtint la plaque numéro 954.

Sa première mission devait consister à sillonner l'I-5, l'autoroute la plus fréquentée de l'État. Ensuite, elle fut affectée à Grays Harbor. Ronda s'était caparaçonnée dans une armure émotionnelle protectrice pour paraître beaucoup plus dure qu'elle ne l'était. Ses amies les plus proches la savaient aimante et vulnérable, souvent ulcérée par les remarques et plaisanteries plutôt douteuses des hommes.

Mais elle ne le montrait jamais.

Connie Riker travaillait comme superviseur radio au poste de Bremerton. Les deux jeunes femmes devinrent bientôt amies, et il leur arrivait d'effectuer des patrouilles ensemble. Connie restait stupéfaite devant les commentaires obscènes et les blagues triviales que devait sans cesse supporter Ronda.

— À cette époque, il y avait un vrai souci de harcèlement sexuel dans la brigade, mais Ronda cherchait à bien s'entendre avec tous les mecs - au point de complètement changer de personnalité avec eux. Ils avaient l'habitude de s'« occuper » des femmes, ce qui revenait à faire à peu près le contraire de ce qu'ils prônaient dans leurs plaisanteries. Mais Ronda ne voulait pas qu'on s'occupe d'elle. Elle était assez forte pour se débrouiller toute seule.

« Si ç'avait été un garçon, on l'aurait traité de "gonflé". Elle ne reculait devant rien, au point qu'elle m'a incitée à franchir le cap en m'annonçant que la police d'Aberdeen recrutait, qu'elle pourrait me présenter au chef. Je me souviens très bien quand elle m'a dit : "Connie, tu en es très capable. Tu seras géniale ! C'est vrai qu'on doit supporter beaucoup de conneries, mais ça ne serait pas super de briser la barrière misogyne d'Aberdeen ?" »

Connie fit donc acte de candidature, passa tous les tests et tous les entretiens, et fut admise, pour sa plus grande joie et celle de Ronda.

— Seulement, je me suis blessée au genou. Ensuite, j'ai eu un cancer. Puis j'ai été mutée à

Tacoma six mois, et j'ai perdu tout contact avec Ronda.

Connie se rappelait encore combien Ronda avait été heureuse l'été où elle avait épousé un de ses collègues, Mark Liburdi. Ils s'installèrent dans un magnifique ranch à McCleary. Ronda aimait les trois enfants de Mark, et le jeune couple semblait bien s'entendre. La jeune femme demanda officiellement à la brigade de ne plus l'appeler que Ronda Liburdi.

Durant leurs patrouilles, les deux amies bavardaient souvent, surtout les nuits d'astreinte quand elles avaient peu d'appels.

— Ronda avait une merveilleuse personnalité, tellement généreuse ! Comme elle était très jolie, elle trouvait toujours de la compagnie. Mais, en épousant Mark, elle comptait bien que ce serait pour toujours.

« Ronda aurait-elle pu se suicider ? » Je posais systématiquement cette question lorsque j'interrogeais ses anciens amis et collègues.

— Non ! s'était écriée Connie. Elle était très forte et dirigeait le programme d'assistance aux victimes de violence conjugale du comté de Lewis. Et puis elle s'appuyait sur ceux qu'elle aimait. J'ai vu des suicides dans ma propre famille, et ça ne lui ressemblait vraiment pas. Quoi qu'il ait pu lui arriver, elle serait passée à autre chose. Elle n'aurait jamais baissé les bras.

Ronda avait plusieurs amies proches, sans doute parce qu'elle ne se sentait pas en concurrence avec elles et se réjouissait de leurs succès. Parmi celles-ci, Claudia Self, employée au bureau du procureur du comté de Grays Harbor. Elle-même avait commencé comme stagiaire dans l'Idaho, en butte aux allusions plus ou moins subtiles ou salaces que devait maintenant affronter Ronda.

— Sous une apparence de force et de rudesse, elle cachait une nature tendre et vulnérable. Elle ne jurait jamais et faisait de son mieux, toujours prête à changer un pneu où à relever n'importe quel défi parce qu'elle estimait devoir sans cesse faire ses preuves. Il lui arrivait de se révolter, mais au fond c'était une femme fragile qui désirait qu'on l'aime.

Comme la plupart de ses amis, Claudia adorait le sens de l'humour de Ronda et redoutait son audace. Par une nuit sans lune, alors qu'elles patrouillaient toutes deux le long de la côte dans une ancienne zone résidentielle, le brouillard était tombé, leur dérobant la vue des bas-côtés de la route. Un individu avait alors surgi sur la chaussée, et Ronda dut faire un écart pour ne pas le renverser : le jeune homme s'approcha de la vitre du conducteur. À l'évidence, il ne s'était pas rendu compte qu'il avait affaire à une voiture de police ; il empestait l'alcool.

— Il avait l'air d'un gamin, raconta Claudia. Pas plus de seize, dix-sept ans. C'est sans doute pour ça que Ronda ne l'a pas fouillé. Elle lui a dressé une contravention pour « possession d'alcool par un mineur » et l'a déposé là où il voulait se rendre.

Quelques semaines plus tard, Claudia reçut un communiqué concernant un jeune homme de vingt ans du nom de Raymond Baca : il venait d'être arrêté pour le meurtre d'une femme sur la plage, poignardée à coups de tournevis. Elle appela Ronda et lui demanda si ce nom lui disait quelque chose.

— C'est le type qui a surgi devant nous l'autre soir, dit Claudia. On a eu de la chance !

C'est le moins qu'on puisse dire. Baca était recherché pour diverses agressions à travers la Californie. Ronda s'en voulut de ne pas l'avoir fouillé ou menotté – mais elle retint la leçon.

Quand je lui demandai si Ronda aurait pu se suicider, Claudia se récria, comme tous les autres amis et la famille.

— Je dirais qu'elle se la jouait un peu, mais jamais elle ne se serait tuée, et surtout pas d'une balle dans la tête ! D'abord parce qu'elle attachait une très grande importance à son apparence ; en disant ça, je ne la critique pas, ça ne me dérangeait pas. Elle portait toujours un uniforme immaculé, avait les ongles vernis, un maquillage impeccable. Impossible de l'imaginer en train de se défigurer, elle n'aurait jamais voulu qu'on la trouve dans cet état. Par-dessus tout, cela ne correspondait pas à la mentalité de Ronda. Si elle subissait une déception ou un chagrin d'amour, elle avait plutôt tendance à s'en aller, pour changer de vie. Je me souviens, la dernière fois que je l'ai vue, elle assurait la sécurité des grands magasins Macy's à Olympia pendant le week-end de Thanksgiving. Je lui ai demandé comment ça se passait avec son nouveau mari, Ron Reynolds, et elle m'a répondu qu'elle avait « eu des mots avec lui » mais que ce n'était pas grave. Elle affichait un sourire radieux.

Après huit ans de bons et loyaux services dans la police, Ronda avait démissionné, pour la plus grande déception de son entourage ; et elle s'était reconvertie dans la surveillance de magasins tels que Wal-Mart puis Macy's. Au cours des années suivantes, sa vie sembla se désagréger comme autant de falaises friables au-dessus d'une gorge profonde. Son premier mariage avec le policier Mark Liburdi s'était terminé par un divorce, et le deuxième donnait des signes de rupture au bout d'un an. Elle ne baissait pas les bras pour autant. Elle était forte, mais elle avait quand même besoin de retrouver sa famille.

Ronda ne passait jamais beaucoup de temps à se lamenter sur ses infortunes ; elle avait plutôt tendance à piquer une bonne crise avant de se calmer et de reprendre les choses en main – ce en quoi elle ressemblait beaucoup à sa mère. Toutes deux discutaient, pesaient le pour et le contre des différentes options possibles.

Ceux qui la connaissaient étaient persuadés que, tel le phénix, Ronda allait renaître des cendres de son mariage avec Ron Reynolds.

*
**

Bien que Barbara Thompson n'en ait rien dit, elle n'avait jamais compris ce que Ronda trouvait à Ronald Reynolds. Âgé de quarante-six ans, il en avait donc quatorze de plus qu'elle ; il exerçait le métier de maître d'école, et, surtout, présidait la section locale des Témoins de Jéhovah. Grand, cheveux grisonnants, il portait des lunettes et une épaisse moustache, mais sa séduction n'approchait en rien celle de Mark Liburdi, le premier époux de Ronda.

Néanmoins, il avait écouté la jeune femme lorsqu'elle s'était tournée vers lui pour entrer dans le groupe, et avait toujours su trouver les paroles apaisantes susceptibles de la réconforter.

Mark et Ronda avaient rencontré Reynolds en se rendant aux réunions des Témoins de Jéhovah, et appris que celui-ci, marié depuis plus de vingt ans avec Katie Huttula, habitait en bas de la rue des Liburdi. Ils se montrèrent très aimables avec Ronda et Mark, au point que celui-ci se rappelait comment Ron leur avait confié avoir eu autrefois des problèmes de drogue ; Katie luttait encore contre son addiction et rechutait souvent.

À cette époque-là, le couple Liburdi battait de l'aile et Ronda sentait venir le fiasco. Alors qu'elle pleurait ce premier mariage, la carrière qu'elle avait aimée et les diverses grossesses qu'elle n'avait pu mener à terme, Ron Reynolds lui avait offert son appui en tant que conseiller spirituel. Lui-même était en train de divorcer d'avec Katie.

Au début, sans doute Ronda n'avait-elle vu en lui qu'un soutien moral, mais elle eut vite fait de tomber amoureuse. Elle était très vulnérable, en 1997, et Ron lui paraissait solide. Il avait installé son père dans une caravane derrière sa maison, afin de pouvoir s'occuper de lui. Prête à prendre soin du vieil homme et de trois ados – qui lui en voulaient à cause du divorce dans lequel ils avaient pris le parti de leur mère –, Ronda espérait que tous finiraient par former une vraie famille… à la longue. Mark n'avait-il pas lui aussi apporté trois enfants dans la corbeille de mariage ?

Ronda se disait qu'un jour elle aimerait aussi les fils de Ron.

*
**

Barbara Thompson n'avait jamais rencontré Ron Reynolds. Elle était inquiète, car elle le trouvait trop âgé, et puis cinq enfants, et puis divorcer après vingt ans de mariage... Elle aurait préféré que sa fille attende un peu pour se remarier, se donne le temps de connaître un peu mieux son futur époux – mais celle-ci ne voulait rien savoir.

Barbara était informée par sa fille de ses difficultés, même les plus intimes. Et la façon dont Ron Reynolds l'avait conquise laissait Barbara sans voix. En effet, il avait avoué à Ronda qu'il était impuissant et qu'il estimait injuste de la laisser tomber amoureuse de lui. Il alla même jusqu'à tenter de lui faire l'amour, en vain, prouvant par là qu'il lui avait dit la vérité. Ronda en souffrait pour lui, pour sa virilité, mais cela ne l'empêcha pas de l'aimer. La fois suivante, Ron parvint à l'honorer et la remercia vivement pour lui avoir permis de se sentir de nouveau vivant – ce que Barbara ne crut pas un instant, mais Ronda était tellement contente d'y croire ! Malgré son assurance, elle avait besoin d'un homme dans sa vie. Apparemment, c'était le tour de Ron.

Ronda et Ron se fiancèrent très vite et fixèrent le mariage au 2 janvier 1998.

Barbara s'occupait alors d'une vingtaine de chevaux de concours, et de quelques vaches, dans son ranch : elle ne pouvait donc quitter Spokane pour assister à la cérémonie, d'autant que sa mère, Virginia, et le frère de Ronda, Freeman, tenaient beaucoup à s'y rendre.

Sorti de l'École navale, le frère de Barbara, Bill Ramsey, avait été pilote d'hélicoptère durant la guerre du Vietnam. Il arriva depuis le Colorado pour prendre la place de sa sœur, considérant la chose comme un grand honneur dans la mesure où il adorait Ronda et Freeman.

Barbara donna sa bénédiction à ce mariage et sa fille lui promit de venir au moins pour la fête des Mères, en mai – ou avant si possible.

La cérémonie eut donc lieu en ce vendredi 2 janvier, au cœur du hameau de Montesano, dans le comté de Grays Harbor. Ronda portait une robe de satin blanc confectionnée par sa grand-mère avec un boléro assorti et un rang de perles ; son bouquet se composait de petites roses et de muguet. Ron portait un costume sombre, une chemise de couleur et une cravate, le tout agrémenté d'une boutonnière de ces deux mêmes fleurs. L'un et l'autre sourient de toutes leurs dents sur la photo.

Ron n'aimait pas l'une des amies de Ronda, Cheryl Gilbert[1], et avait prié sa femme de l'éviter autant que possible. Mark Liburdi éprouvait d'ailleurs à peu près les mêmes sentiments envers cette femme, que Claudia elle aussi trouvait « grossière et mal élevée ».

1. Les noms de certaines personnes ont été changés. Ils sont indiqués par un astérisque (*) la première fois qu'ils apparaissent dans le récit.

— Je n'ai jamais compris comment elle a pu devenir son amie, ou alors c'était par pitié, du pur Ronda.

Ron estimait que Cheryl s'incrustait, sans aucune considération pour leur vie privée. Il ne savait sans doute pas qu'elle faisait le ménage chez eux pour rembourser des chèques sans provision qu'elle avait faits à Ronda. Cependant, si Ron accepta qu'elle continue à faire le ménage chez eux, il ne voulait pas d'elle à leur mariage. Comme il s'agissait d'une petite cérémonie, Cheryl ne fut pas invitée ; elle vint quand même, et personne n'eut le courage de la renvoyer – elle alla jusqu'à poser avec la mariée.

Ronda plaçait un immense espoir dans ce second mariage, mais sans doute avait-elle un peu précipité les choses. Ron lui avait paru si gentil, si attentionné à l'époque où elle se débattait pour retrouver son équilibre… Pourtant, il avait changé après leur mariage. Ronda mit cela sur le compte des accommodements nécessaires à une bonne adaptation mutuelle dans tout couple apprivoisant la vie à deux. Elle avait connu cet homme dans le rôle de conseiller spirituel, puis, très brièvement, comme amant.

Elle ne s'était pas doutée de ce qu'il donnerait comme époux.

Ils commencèrent par vivre dans la maison de Ron à McCleary, une ville de mille cinq cents habitants nichée près de l'autoroute 12 qui relie Aberdeen à l'océan Pacifique. Quelque temps plus tard, Ron se vit offrir le poste de directeur d'une école élémentaire à Toledo. Le couple dut acheter une maison sur Twin Peaks Drive, dans cette petite ville d'à peine sept cents habitants, pour laquelle Ronda versa quinze mille dollars d'acompte. Ni Ron ni Ronda ne furent effarouchés par la série télévisée du même nom, qui remportait alors un vif succès.

À cette époque, Ronda discutait avec la brigade des termes de sa retraite. Aussi emprunta-t-elle ces quinze mille dollars à sa mère, en promettant de la rembourser dès qu'elle recevrait ses indemnités. Elle devait aussi récupérer le montant de la vente d'une maison et d'un terrain qu'elle et Mark Liburdi avaient possédés en copropriété.

Ron expliqua à sa nouvelle épouse que son ex-femme, Katie, avait mis la main sur tous leurs biens durant leur divorce et qu'il n'avait aucune envie de refaire la même erreur. Donc, bien qu'elle ait déjà investi quinze mille dollars dans leur nouvelle maison, il s'engagea seulement à ajouter par la suite son nom sur le titre de propriété. Ronda lui assura qu'elle comprenait. Elle lui faisait totalement confiance et savait combien il était bouleversé que presque tout ce qu'il avait possédé, ce pour quoi il avait tant travaillé pendant des années, ait été finalement attribué à Katie.

Ils déménagèrent sept mois après leur mariage. Ron n'avait plus de meubles, aussi Ronda apporta-t-elle les siens : certains étaient neufs et d'autres, comme le buffet de sa grand-mère, avaient pour elle une grande valeur sentimentale. Les trois plus jeunes fils de Ron emménagèrent avec eux.

On était en août 1998.

Ronda rêvait d'un mariage heureux, de donner naissance à deux ou trois bébés, tout en s'épanouissant dans son nouveau métier de vigile.

Elle ne verrait jamais 1999.

DEUXIÈME PARTIE

Mort subite à Toledo

2

À 1h40 du matin, à Spokane, le mercredi 16 décembre 1998, Barbara Thompson fut arrachée à son sommeil par la sonnerie du téléphone. Encore à moitié endormie, elle tendit le bras vers sa table de nuit. Elle décrocha à la troisième sonnerie et murmura :

— Allô ?

Elle n'entendit que la tonalité.

Complètement réveillée, elle se demanda si elle n'avait pas rêvé. Pourtant, elle était certaine que le téléphone avait sonné. Alors elle attendit qu'on la rappelle.

Mais rien ne vint.

*
**

Barbara avait parlé à Ronda quelques heures auparavant. Sa fille l'avait appelée de Toledo, où elle-même n'était jamais allée. Elle savait maintenant qu'elle ne verrait jamais leur nouvelle demeure : trois jours plus tôt, sa fille lui avait annoncé que Ron demandait le divorce.

Ronda précisait qu'elle arriverait à Spokane le mercredi suivant, à 12 h 59. David Bell, un ami de longue date, sergent de police à Des Moines, avait proposé de la conduire à l'aéroport. Dave et Ronda étaient sortis ensemble une dizaine d'années auparavant et étaient restés bons amis depuis.

Après une longue discussion vers 23 heures ce mardi-là, sa mère fut soulagée de constater que Ronda tenait bon et assumait l'idée de divorcer après onze mois de mariage. Cela ne l'empêchait pas de vouloir récupérer les milliers de dollars qu'elle avait investis dans la maison, outre ses efforts de peinture et de décoration.

— En fait, je voudrais reprendre le cours de ma vie, maman. Il me faudrait juste quelques jours en famille pour faire le point.

— Tu es sûre ? Pas la peine de me jouer la comédie, à moi, tu le sais.

— Je vais bien, maman, j'ai hâte de vous retrouver tous, demain.

Freeman, le « petit » frère de Ronda qui mesurait vingt centimètres de plus qu'elle, devait emmener Barbara à l'aéroport de Spokane pour y accueillir Ronda. Après quoi, ils iraient rendre visite à grand-mère Virginia, dans la maison voisine.

Ils étaient fous de joie à l'idée de tous se retrouver enfin. Ils n'avaient pas revu Ronda depuis la fête des Mères, pour laquelle elle était venue déjeuner avec Ron. Tout s'était très bien passé, rien n'aurait pu laisser croire que le couple était au bord du divorce.

Sans doute Ronda elle-même n'y songeait-elle

pas. Quand son premier époux, Mark Liburdi, s'était remarié, elle lui avait souhaité « autant de bonheur que nous en avons, Ron et moi ».

Freeman déposa sa mère devant l'aéroport.

— Vas-y, maman. Je vous attends ici. Je surveillerai la porte pour venir vous aider à charger les bagages.

Barbara Thompson entra dans le terminal et se rappela soudain que l'aéroport était en pleine réfection. Elle dut parcourir d'interminables couloirs pour gagner, tout au bout, la porte d'arrivée d'Alaska et Horizon Airlines. Elle brûlait d'impatience de revoir sa fille, de la serrer dans ses bras. Mais les panneaux indiquaient que le vol avait été annulé, et le suivant ne devait pas atterrir avant 15 heures.

— Elle est dans le vol 2198, expliqua Barbara à son fils. Ça ne nous fera pas longtemps à attendre.

Juste deux petites heures, mais elles parurent une éternité à Barbara et à Freeman. Ils rentrèrent à la maison sans s'arrêter chez grand-mère Virginia. Le téléphone sonnait comme ils arrivaient. Barbara s'attendait à entendre la voix de sa fille, mais c'était sa mère à elle, qui s'inquiétait.

— Le vol de Ronda a été retardé, expliqua Barbara. Nous devons retourner à l'aéroport pour 15 heures.

— Bon sang ! grommela la grand-mère. Je n'aurai jamais le courage d'attendre aussi longtemps.

— Je te comprends, moi aussi j'ai hâte de la voir. J'espère qu'elle demandera sa mutation après ses six mois d'essai chez Macy's pour venir au magasin de Spokane. Comme ça, on l'aura tout le temps avec nous. Ce serait merveilleux, non ? Mais ne rêvons pas trop.

Barbara s'occupa en vidant le lave-vaisselle et, tout en rangeant la dernière assiette, elle jeta un coup d'œil par la fenêtre. Elle vit une voiture de police vert et blanc se garer devant sa maison. Cela ne l'inquiéta pas trop. En effet, dès qu'on trouvait un cheval errant ou blessé, on venait la voir pour lui demander à qui il appartenait. Barbara faisait office d'experte équine dans la région et ne se faisait jamais prier pour secourir un cheval, mais cela risquait de lui prendre au moins deux heures. Or elle n'avait aucune envie de les perdre en ce moment, alors qu'elle était sur le point de retourner à l'aéroport chercher sa fille. Néanmoins, elle ne pouvait refuser son aide.

Barbara ouvrit la porte à un inconnu d'un certain âge et déchiffra sur la chemise de son visiteur le mot « Aumônier » inscrit sur une bande de tissu. Que faisait-il à sa porte ? Elle sentit son monde quelque peu vaciller. Si un aumônier venait vous voir, c'était plutôt signe de problème.

— Êtes-vous Barbara Thompson ? demanda l'homme aux cheveux gris.

— Oui, c'est moi, dit-elle en ouvrant plus grande sa porte. Mais je n'ai que quelques minutes devant moi. Nous devons aller à l'aéroport chercher ma fille.

Il hésita un instant, puis continua :

— J'ai un message pour vous. J'ai le regret de vous annoncer que votre mère est décédée et qu'il faut prévenir votre père.

Un immense soulagement l'envahit. Quoi qu'il ait pu se produire, cela ne concernait pas sa famille.

— Il doit y avoir une erreur, mon père est décédé depuis plusieurs années et ma mère habite juste à côté !

L'aumônier insista :

— J'ai un message demandant que vous appeliez votre père au bureau du coroner du comté de Lewis.

Barbara fut prise de vertige. Le comté de Lewis ? Elle n'y connaissait personne. Où était-il, d'ailleurs, ce comté de Lewis ?

— Vous avez un numéro de téléphone ? Un nom ?

Il secoua la tête.

— Je suis navré… mais c'est tout ce que j'ai comme information.

— Est-ce que ça concernerait un certain Ramsey, ou un Thompson, ou un Liburdi, ou un Reynolds ?

De nouveau, il secoua la tête. S'il n'était pas arrivé dans une voiture de shérif, elle l'aurait pris pour un fou, quelqu'un s'amusant à aller de porte en porte pour effrayer le monde. Comment se faisait-il qu'il n'ait pas d'autre information ? Ce serait pourtant si simple s'il pouvait lui donner un nom.

— Vous vous appelez bien Barbara Thompson, n'est-ce pas ?

— Oui, c'est moi. Mais ma mère habite la maison voisine et elle est bien vivante. Il doit y avoir une erreur.

— On est bien au 7711 West Highway 2*, n'est-ce pas ?

— Oui.

— Ça correspond au nom et à l'adresse qu'on m'a indiqués, et je suis chargé de vous dire d'appeler votre père.

Barbara resta perplexe. Cet « aumônier » lui donnait la chair de poule. Elle se rappela soudain qu'une autre Barbara Thompson habitait à Spokane, et il lui était arrivé de recevoir des courriels et des appels téléphoniques destinés à son homonyme. Elle ignorait son adresse exacte, mais le bureau du shérif pourrait sûrement les renseigner. Après un coup d'œil à sa montre, elle dit à l'aumônier qu'elle devait absolument partir, maintenant. Hochant la tête, il regagna son véhicule.

Barbara sauta dans la voiture et fila vers l'aéroport. Heureusement, l'avion de Ronda n'allait pas atterrir avant quinze minutes.

Barbara avait donc tout son temps. Néanmoins, elle ne put s'empêcher de courir le long des couloirs, se faufilant entre les gens, les bagages, les enfants et les chariots. Elle resta le regard collé sur le sas vitré qui allait bientôt s'ouvrir pour laisser s'écouler le flot des passagers. Et Ronda serait parmi eux.

— C'était la période des fêtes, se rappellerait-elle dix ans plus tard. Il y avait de la joie dans l'air. Nous allions passer Noël ensemble pour la première fois depuis près de huit ans. Ronda devait repartir le 21 pour reprendre son travail, alors on avait planifié le réveillon en avance. L'important, c'était de se retrouver.

Il était 14 h 50, et Barbara regardait tourner les avions qui venaient de se poser. Elle repéra celui d'Alaska Airlines, se rappela que sa fille serait parmi les derniers à en sortir car elle préférait laisser passer d'abord les familles avec bébés, les personnes âgées et les handicapés.

Imaginant déjà le sourire de Ronda lorsqu'elle l'apercevrait, Barbara détailla chaque visage. À 15 heures apparut la dernière passagère, une mère portant un bébé sur un bras et traînant de l'autre main une gamine qui pleurait.

Et plus personne ? Ce n'était pas possible. Deux hôtesses apparurent, qui tiraient leurs valises en bavardant. Les portes se refermèrent. Barbara eut envie d'interpeller les deux femmes, de leur demander où était Ronda, mais elle n'en fit rien.

— Tout d'un coup, j'avais la nausée, le vertige. Où était passée Ronda ? Je revoyais la tête de l'aumônier et ses paroles semblaient me hurler aux oreilles : « Votre père veut que vous l'appeliez au bureau du coroner du comté de Lewis. » Ça m'a frappée de plein fouet. Oh, mon Dieu ! Ma petite fille ! Non, ce n'est pas possible ! Il ne parlait pas de ma petite fille. Elle a dû juste s'endormir. Les portes vont se rouvrir d'une minute à l'autre et elle sera là.

Mais Ronda n'était pas là. Elle n'était pas montée à bord : son nom n'apparaissait pas sur la liste des passagers. Barbara imagina toutes les raisons possibles qui auraient pu empêcher sa fille d'arriver comme promis. Et l'une d'elles la torturait plus qu'aucune autre, au point qu'elle ne pouvait même pas l'envisager.

Néanmoins, elle appela les renseignements pour obtenir le numéro du bureau du coroner du comté de Lewis. Lorsque l'opérateur lui demanda dans quel État, Barbara s'avisa qu'elle n'en savait rien.

Après quelques recherches, il lui communiqua un numéro qui commençait par 360. Barbara sentit ses jambes flageoler. Le même indicatif que celui de Ronda.

Le cœur serré, Barbara Thompson appela le bureau du coroner et se présenta dès qu'une voix féminine lui eut répondu.

— Êtes-vous la mère de Ronda Reynolds ?

— Oui… c'est moi.

— J'ai le regret de vous annoncer que votre fille est décédée ce matin.

— Mais comment ? s'écria Barbara d'une voix qu'elle ne se reconnut pas.

— Votre fille s'est suicidée.

Barbara n'en crut rien.

Ni à ce moment-là ni jamais. Treize années durant, elle a cherché ce qui a pu causer la mort de sa fille, afin de faire supprimer le terme « suicide » de son certificat de décès.

En ce qui concerne le décès de Ronda, il reste toujours autant de suspects que de causes possibles. Chaque intervenant a sa propre théorie, sa propre description de ce qui a pu se passer en cette nuit glacée de décembre 1998.

Et certains en savent davantage qu'ils n'ont bien voulu en dire.

3

Au petit matin du 16 décembre 1998, le bureau du shérif du comté de Lewis avait reçu un appel, à 6 h 20, de la part d'un homme se présentant sous le nom de Ron Reynolds. Il demandait qu'on envoie des secours chez lui, sur Twin Peaks Drive, parce que sa femme venait de se suicider avec un revolver.

Il s'exprimait d'une voix étrangement calme, tout en expliquant qu'il ne saurait bien décrire ce qui s'était passé puisque lui-même dormait « depuis quelques heures ».

— Je n'ai pas entendu le coup de feu, précisa-t-il. Elle a dû l'étouffer avec un oreiller ou je ne sais quoi.

— Avez-vous tâté son pouls ?

— Non, je peux aller voir…

La standardiste l'entendit poser le combiné et revenir un bref instant plus tard.

— Je n'ai pas senti de pouls, lui déclara Reynolds.

Dans la minute qui suivit, le shérif adjoint, Gary Holt, fut envoyé chez lui.

À cette heure matinale, il lui fallut vingt et une minutes pour gagner le ranch de Toledo. Il ne savait pas trop ce qu'il allait trouver, même si la standardiste lui avait annoncé qu'il s'agissait d'un simple suicide. En arrivant, Holt se dirigea directement vers la chambre principale, située au bout du couloir, sur la gauche. Les secouristes s'y affairaient autour d'une femme étendue sur le côté, à même le sol d'un dressing. Un revolver était posé sur son front. Elle semblait être blessée à la tête et avoir beaucoup saigné.

En tant que premier shérif adjoint arrivé sur les lieux, Gary Holt examina le corps de Ronda, non sans noter au passage combien Ron semblait étrangement calme, peut-être en état de choc. Celui-ci lui expliqua qu'il s'était endormi vers 5 heures, épuisé d'avoir tenté toute la nuit de dissuader sa femme « qui voulait se suicider » de se donner la mort.

Tiré de son sommeil à 6 heures par le réveil, il avait tout de suite vu qu'elle n'était pas auprès de lui ; il l'avait cherchée dans toute la maison sans la trouver. Il expliqua à un policier qu'il était allé regarder le canapé du salon, puis à un autre, arrivé peu après, qu'il était aussi allé voir dans la cuisine au cas où sa femme aurait eu l'idée de nourrir ses chiens. Et c'est seulement en regagnant sa chambre qu'il avait pensé à ouvrir la porte du dressing. Il se rappelait avoir ôté un oreiller pour dégager la tête de sa femme, puis tâté son pouls. Comme il n'en trouvait pas, il avait appelé les secours. (Un peu plus tôt, il avait pourtant dit à la standardiste n'avoir pas cherché le pouls sur le poignet de sa femme ni sur ses artères.)

Le corps de la victime était encore tiède, mais cela pouvait être dû à la couverture chauffante qui la couvrait, branchée par un fil qui courait jusqu'à la salle de bains.

Ronda Reynolds portait un pyjama de flanelle blanche imprimée de petites roses. Les secouristes examinèrent les lividités cadavériques, ces taches apparaissant à l'arrêt du cœur, lorsque le sang s'agglutine sur la partie la plus basse du corps, laissant à cet endroit des marques violacées ou des stries sur la peau. Lorsque le poids d'une personne décédée repose sur une surface dure, la peau devient blême. Si un cadavre est bougé avant que les lividités se soient installées, il peut en apparaître d'autres, dites secondaires, plus claires que les premières. Le sang de Ronda s'était d'abord accumulé sur la partie gauche de son corps. (Par la suite, à la morgue, on trouva des traces de taches sur son dos, indiquant que pendant l'apparition des lividités un peu de son sang s'était accumulé vers le milieu de son dos lorsqu'elle avait été placée sur une civière pour son transport à la morgue.)

Les techniciens cherchèrent aussi des signes de rigidité cadavérique, cette raideur des articulations qui s'installe peu après la mort. Cela commence en général par la mâchoire. Ils furent surpris d'entendre le mari déclarer qu'elle était vivante à 5 heures, dans la mesure où la rigidité semblait avoir beaucoup trop progressé en une heure et demie. De même qu'en tenant compte des lividités ils auraient plutôt situé le décès de Ronda Reynolds vers 2 heures – soit quatre heures avant que son mari la découvre.

Sans doute y avait-il d'autres blessures sur le corps de Ronda, mais celle qui leur apparut en ôtant la couverture chauffante ne pouvait que résulter d'un coup fatal, juste au-dessus de l'oreille droite. Néanmoins, ils ne purent préciser s'il s'agissait là de l'orifice d'entrée ou de sortie de la balle tant qu'ils n'eurent pas lavé le sang qui baignait son visage, sa gorge et ses cheveux.

Les voix inconnues des techniciens médicaux et des policiers finirent par réveiller les trois plus jeunes fils de Ron Reynolds, qui vivaient avec lui et Ronda. Jonathan avait dix-sept ans, David quinze, et Joshua dix. Apparemment inquiet de ce que les garçons s'émeuvent de cette intrusion policière, Ron leur avait ordonné de remonter s'habiller. Après quoi, il avait demandé à Jonathan de conduire ses frères chez leur mère. Katie Huttula habitait à une trentaine de kilomètres de là.

Le shérif adjoint Holt avait seulement entr'aperçu les garçons dans l'entrée, tout habillés et emportant des vêtements de rechange ; il acquiesça en se disant – à tort – que les policiers pourraient toujours les interroger par la suite chez Katie. Sans doute le pourraient-ils, mais le départ de trois des principaux témoins ne pouvait que nuire à l'enquête. Leurs premières émotions, leurs impressions, leurs souvenirs ne seraient jamais plus aussi authentiques ; d'autres personnes allaient leur parler, risquant de leur brouiller les idées. De plus, les policiers ne purent leur poser la moindre question, car les enfants furent évacués de la maison avant même que l'équipe du shérif se rende compte qu'ils étaient partis. Les enquêteurs auraient au moins pu demander à Jonathan l'origine de l'épais nuage d'encens qui sortait de sa chambre.

Ron Reynolds téléphona à Tom Lahmann, le directeur du secteur scolaire de Toledo, et à Bill Waag, le principal du collège de Toledo. Tous deux se précipitèrent pour lui présenter leurs condoléances.

La foule ne faisait ainsi qu'augmenter dans la maison des Reynolds. Arriva David Bell, sergent de la police de Des Moines et ami de longue date de Ronda : il expliqua qu'il venait la chercher pour la conduire à l'aéroport.

Cheryl Gilbert se présenta ensuite, disant qu'elle était la meilleure amie de Ronda et devait l'emmener à Portland prendre son avion. La distance des aéroports de Portland et de SeaTac, au sud de Seattle, était approximativement la même, et chacun assurait un vol pour Spokane à la même heure.

Un annuaire encore ouvert aux pages des compagnies aériennes traînait dans la chambre, près du téléphone. Ronda avait certainement effectué une réservation. Cheryl parut stupéfaite d'apprendre que son amie comptait décoller de Seattle. Si la jeune femme manifesta un léger désarroi à l'annonce du suicide, elle ne s'en montra pas vraiment affectée.

Quant à Ron Reynolds, il restait stoïque, comme s'il n'avait pas encore vraiment compris que son épouse était morte. Tout policier débutant apprend vite que les humains réagissent de bien des façons aux tragédies ; certains s'effondrent, sanglotent, tremblent de tous leurs membres, d'autres semblent rester de marbre alors qu'ils subissent un choc profond.

Il faisait encore nuit. Pourtant, le lieu du drame grouillait de monde, et d'autres gens arrivaient encore. Pour bien faire, les autorités auraient dû laisser entrer le moins de visiteurs possible. La présence de membres de la famille, d'amis, de voisins – ou même de gradés de la police – ne fait qu'augmenter le risque de contamination des preuves matérielles.

Au début, il y eut seulement deux adjoints, Bob Bishop et Gary Holt, pour accompagner les secouristes. L'adjoint Bishop était arrivé trois minutes après Holt. Devant le corps de Ronda, il observa immédiatement qu'elle reposait sur le côté, enveloppée d'une couverture chauffante – branchée –, la tête sur un oreiller.

« Je n'ai vu aucune arme », écrivit-il dans son rapport.

Tandis que les secouristes rassemblaient leur matériel avant de quitter les lieux, Gary Holt pria Ron Reynolds de le suivre dans la cuisine. Il voulait enregistrer son témoignage tant que les événements restaient clairs dans sa mémoire.

Ron raconta être rentré la veille vers 20 h 30. En plein processus de séparation, Ronda et lui s'étaient disputés un long moment, jusqu'à ce qu'elle se mette à parler de suicide. Inquiet, il lui avait alors dit ne plus vouloir divorcer.

— J'avais trouvé l'étui de mon revolver vide, continua-t-il, et je lui avais demandé où se trouvait l'arme. Elle me dit l'avoir confiée à David Bell, un de ses amis, et ça m'a rassuré de la savoir hors de portée de ma femme.

(Lorsque Jerry Berry, qui allait mener l'enquête, lut le rapport, il secoua légèrement la tête. Il avait appris entre-temps que Reynolds était expert en poudre à canon et chasseur. Comment un homme s'intéressant tant aux armes pouvait-il supporter qu'on emprunte le revolver de son père… d'autant que sa femme l'avait confié à un ex-petit-ami. Logiquement, Ron aurait dû être furieux.)

Dans sa déclaration à l'adjoint Gary Holt, ce premier matin, à 7h13, Ron dit avoir fait de son mieux pour rester sur le qui-vive toute la nuit afin de veiller sur Ronda en pleine dépression ; mais, vers 5 heures, il avait dû sombrer. Pour autant qu'il s'en souvienne, sa femme se trouvait alors près de lui, dans le lit. Arraché au sommeil par la sonnerie du réveil à 6 heures, il avait aussitôt constaté qu'elle n'était plus là. Il n'avait perçu aucun bruit inhabituel durant cette heure d'assoupissement.

— Alors je suis parti à sa recherche et je l'ai trouvée dans le dressing de la salle de bains, par terre.

Et d'ajouter une fois de plus :

— J'ai pris son pouls.

Il avait vu la terrible plaie sous sa tempe droite, et appelé les secours.

C'était la deuxième déclaration du directeur d'école. Il y en aurait bien d'autres, à mesure que certains enquêteurs approfondiraient leurs investigations, tandis que d'autres considéraient déjà l'affaire Ronda Reynolds comme « Classée. Décès par suicide ».

Un détail intrigua l'adjoint Bob Bishop. Ron Reynolds disait ne pas avoir entendu de coup de feu parce que les portes du dressing et de la salle de bains étaient fermées. Pourtant, Ronda était morte à quelques mètres seulement du lit où il dormait. Bishop alla vérifier de lui-même. Les pieds de la victime reposaient sur le seuil. Son mari prétendait avoir dû ouvrir le dressing pour y trouver sa femme. Or c'était impossible dans la mesure où ses jambes tendues devaient bloquer la fermeture de la porte.

Bizarre…

L'adjoint Gary Holt écrivit dans son rapport avoir vu le revolver Rossi 8 mm (l'arme de Ron) dans la main gauche de Ronda. En fin de compte, David Bell ne l'avait pas emporté chez lui. Toutefois, dans le souvenir de Bishop, la couverture lui masquait la main gauche et « l'arme était dans la couverture ». En fait, la main gauche de Ronda serrait tellement cette couverture qu'il fut difficile de lui faire lâcher prise.

Pourtant, Ronda était droitière ; Ron, lui, était gaucher.

De plus, dans son premier rapport, l'adjoint Holt précisa que Ronda gisait sur le côté gauche, le revolver posé « non loin de son front ». Cependant, une photo de police la montrait dans une position typiquement fœtale, appuyée sur son bras gauche, le droit replié sous son sein – une position incompatible avec une blessure volontaire qu'elle se serait infligée sur le côté droit de la tête. Comment aurait-elle pu, mourante, tirer la couverture de la main gauche puis l'agripper tout en rabaissant le bras droit à hauteur de la poitrine ?

Un tel mouvement semblait bien improbable.

Il faudrait un neurologue ou un médecin légiste pour déterminer quelles actions délibérées une personne atteinte d'une balle au cerveau pouvait encore effectuer.

Néanmoins, Holt avait tendance à croire Ron Reynolds quand il affirmait que Ronda s'était suicidée. Et il apparut que ce fut l'avis le plus partagé dès les premières interventions de la police. Rien n'est sans doute plus ravageur que les idées préconçues lors d'une enquête. En effet, pourquoi Ronda aurait-elle fait tant de projets si elle comptait se suicider au beau milieu de la nuit ? Car elle avait bel et bien programmé un voyage : ses trois valises attendaient, bouclées, et sa trousse de toilette se trouvait déjà dans sa Suzuki rouge garée devant la maison.

Holt se rendit ensuite dans la chambre proche de l'entrée, celle de Jonathan, d'où provenait une forte odeur d'encens.

Pourquoi Jonathan brûlait-il de l'encens à 6 heures du matin ?

L'inspecteur de la criminelle, David Neiser, fit son entrée dans la maison de Twin Peaks Drive à 7h52. Par la suite, il déclara avoir ôté le revolver, après avoir noté que la victime « le tenait entre les deux mains », alors qu'en ôtant l'oreiller de dessus sa tête il avait remarqué l'empreinte horizontale du barillet profondément imprimée sur sa tempe droite. Il reconnut que la plaie se trouvait juste au-dessus et derrière l'oreille de Ronda, et que sa main gauche restait crispée sur la couverture.

Dans le même ordre d'idées, il dut également expliquer à son sergent, Glade Austin, pourquoi il avait retiré l'arme avant même qu'on ait pris la moindre photo. En fait, il ne savait pas pourquoi il avait agi ainsi – sans doute la réaction instinctive de mettre hors de portée une arme chargée.

Le chef adjoint, Joe Doench, observa la scène et fit appeler l'inspecteur Jerry Berry pour avoir son opinion sur les premiers indices relevés dans la maison. Jerry Berry, dont le nom évoque davantage un héros de dessin animé qu'un inspecteur de la criminelle, était un enquêteur habile et tenace ; il fut bientôt chargé de prélever les indices sur place, tandis que Dave Neiser allait interroger tous les témoins possibles.

Berry prit des photos de l'intérieur de la maison et trouva plus d'un élément incitant à douter du suicide. Les cheveux de Ronda étaient relevés vers l'arrière, comme si on y avait passé la main, peut-être pour examiner sa blessure – à moins qu'elle n'ait été traînée..., mais il n'y avait pas de sillage de sang, ni dans le dressing, ni dans la chambre, ni en fait, dans toute la maison.

À l'aide d'un bâton de rouge à lèvres, quelqu'un avait écrit, sur le miroir de la salle de bains :

Je t'aime !
Appelle-moi, STP
(509-555-0202)

C'était le numéro de la grand-mère de Ronda, à Spokane. Était-ce Ronda qui avait laissé ce message ? Elle aurait dû grimper sur un tabouret pour l'écrire aussi haut. En fait, le graphologue ne put déterminer qui avait tracé ces lettres rouge vif, mais il doutait que ç'ait pu être Ronda Reynolds.

— Quand on écrit sur un tableau ou sur un miroir, on le fait en général à hauteur d'yeux, observa-t-il. Là, c'est beaucoup trop haut pour elle.

De plus, si Ronda avait décidé de se tuer, pourquoi laisser un tel message ? À moins qu'elle n'ait été assez organisée pour vouloir faire passer son suicide pour un meurtre. Et quand l'aurait-elle griffonné ?

La salle de bains et le dressing étaient immaculés, tout comme le reste de la maison. Les chaussures de Ronda étaient soigneusement enveloppées et alignées dans leurs boîtes d'origine, les vêtements tous suspendus dans le même sens, et quelques autres objets rangés dans des caisses en plastique avec leurs couvercles ; les chemises de Ron étaient toutes amidonnées et repassées.

Une seule chose ne paraissait pas à sa place : il restait un panier de fromages, de viandes fumées, de gelées et de biscuits salés, abandonné à droite du corps de Ronda.

Au cours de ses investigations, Berry trouva un flacon de Zoloft, un anxiolytique ; la date de prescription indiquait mai 1998, et il restait encore plusieurs cachets. Si Ronda en avait trop pris, ou même si elle avait juste suivi l'ordonnance, il n'y en aurait plus eu aucun.

Le lit double à matelas d'eau, avec ses draps bleus

et sa couverture blanc et bleu à motifs annelés, ne portait la trace que d'un dormeur, sur la gauche, quand on se tenait au pied du lit. Cela se révéla être la place de Ron. En général, Ronda s'installait plutôt à droite ; or les draps y étaient à peine froissés. Les coussins encore en place ressemblaient à celui retrouvé sur la tête de Ronda.

Sur sa table de nuit traînait une bouteille de deux litres de whisky canadien Black Velvet. On n'allait y trouver aucune empreinte digitale. Les enquêteurs apprendraient que Ronda ne buvait pas d'alcool fort, plutôt des jus de fruits mêlés d'un peu de vin, du soda, et parfois de la bière. Ron affirma que, la dernière fois qu'il avait vu cette bouteille, elle était aux trois quarts pleine. Et il assura n'y avoir pas touché.

*
**

Toute investigation sur un décès est une procédure des plus délicates. Les meilleurs enquêteurs doivent toujours commencer par envisager l'homicide, ensuite le suicide, puis l'accident et, enfin, la mort naturelle. Ils arrivent sur la scène d'un désastre et se doivent de recueillir aussitôt tout ce qui pourrait devenir d'éventuelles pièces à conviction, témoignages et indices à soumettre au laboratoire – taches de sang, traces d'ADN, cheveux et fibres, marques de dents, etc. Après quoi, ils intégreront à leur enquête les résultats de l'autopsie, les analyses balistiques et toutes sortes de preuves susceptibles d'incriminer ou d'innocenter un suspect. Un processus particulièrement important si la victime a été découverte chez elle et qu'on y trouve des empreintes digitales inconnues.

D'innombrables indices pouvaient être prélevés dans la petite maison de Twin Peaks Drive. Durant ces heures glacées précédant l'aube, dix jours avant Noël, l'équipe du bureau du shérif du comté de Lewis s'employait à résoudre une énigme après l'autre.

Certes, la plupart des adjoints et inspecteurs du comté de Lewis dépêchés sur les lieux crurent Ron Reynolds lorsqu'il déclara que sa femme s'était suicidée, et leur esprit se fixa d'office sur cette hypothèse.

Jerry Berry, en revanche, n'était pas près de tirer ce genre de conclusion. Cet homme n'approchait jamais un lieu de décès le cœur léger. Chaque fois, mille questions lui venaient à l'esprit, même si la mort ne remontait qu'à quelques heures. Il notait tout ce qui le dérangeait et comptait bien que l'enquête allait durer plusieurs jours – ou même plusieurs semaines.

Il n'est pas rare qu'un enquêteur passe vingt-quatre heures ou davantage sur un lieu de décès, travaillant à proximité du corps du défunt. Ce ne fut pas le cas pour Ronda. Le comté de Lewis, n'ayant pas de légiste attitré, faisait appel à un coroner. Terry Wilson occupait ce poste depuis vingt-sept ans. Il envoya sur les lieux son adjointe, Carmen Brunton, une femme élégante aux épais cheveux blonds. L'heure exacte de son arrivée ne put être clairement établie. D'après son rapport, elle fut informée du décès de Ronda à 6 heures. Mais Ron Reynolds n'avait appelé la police qu'à 6 h 20.

En outre, il avait fallu entre vingt minutes et une demi-heure aux enquêteurs pour arriver sur les lieux. Dès lors, Carmen Brunton n'avait pu être là avant 7 heures au plus tôt.

Sa première remarque porta sur la rigidité cadavérique des jambes de Ronda. Elle ne pensa pas à prendre la température de la morte, ce qui aurait pourtant permis de déterminer plus précisément l'heure du décès. Elle nota que la plaie au-dessus de l'oreille correspondait plutôt à un orifice de sortie, l'entrée devant se situer dans la bouche. Deux constatations suggérant le suicide – deux constatations erronées.

Le cadavre de Ronda fut transporté à la morgue de Brown, à Centralia, et la coroner adjointe Brunton signa le certificat de décès. Les circonstances de la mort restèrent « indéterminées » tandis que la cause indiquait « une blessure à la tête par coup de feu à bout portant ». Carmen Brunton estimait que Ronda était décédée « dans les minutes » qui avaient suivi le coup de feu.

C'était techniquement possible. Ronda pouvait être restée inconsciente et/ou paralysée. Le cœur d'une personne en bonne santé peut continuer de battre même si le cerveau a cessé toute activité, même si elle est déjà en état de mort cérébrale.

Nul ne le contestait : Ronda était bel et bien morte depuis plusieurs heures. Mais une question se posa dès le début : quelles étaient les circonstances de son décès ?

4

Tandis que les enquêteurs du comté de Lewis s'activaient sur les lieux du décès de Ronda Reynolds, sa mère, Barbara, à cinq cents kilomètres de là, préparait joyeusement la visite de sa fille, comptant les heures qui la séparaient encore de leurs retrouvailles à l'aéroport. Tout semblait bien se présenter, à part peut-être ce vague souvenir d'une sonnerie téléphonique à l'aube… et du silence quand elle avait décroché. Elle avait déjà presque oublié l'incident.

Barbara savait combien Ronda était triste après l'échec de son second mariage, mais elle ne lui avait pas paru trop effondrée en l'appelant, la veille au soir, entre 22 heures et 23 h 30. Ronda semblait prendre cette rupture aussi bien que possible.

Jamais elle n'avait parlé de suicide, absolument jamais. C'était impensable.

— Elle était perturbée, bouleversée par cette annonce catégorique de divorce, se souvenait sa mère. Mais elle ne baissait pas les bras. Elle se demandait seulement ce qu'elle allait faire ensuite.

Barbara ne connaissait pas bien la situation

financière de Ronda, mais elle la supposait peu brillante : sa fille travaillait au service de sécurité du Bon Marché (qui allait bientôt être absorbé par Macy's), terminant sa période d'essai. Elle remettait l'intégralité de son salaire à Ron : c'était lui qui tenait la comptabilité et payait les échéances – il avait insisté sur ce point.

Au début, Ronda avait accepté la situation ; mais après six ou sept mois de mariage elle avait perçu un changement chez son époux, et soupçonné qu'il voyait une autre femme. Puis elle avait découvert qu'il s'agissait de son ex ! Ronda avait mis toutes ses économies dans l'achat de leur maison de Twin Peaks Drive, ainsi que ses meubles et sa retraite de la police d'État. Elle craignait maintenant de tout perdre.

Elle envisageait de se faire muter au Macy's de Spokane dès la fin de sa période d'essai. Barbara croisait les doigts, espérant que tout se passerait bien. Si toutes deux vivaient de nouveau près l'une de l'autre, Barbara pourrait s'assurer que sa fille ne manquerait jamais de rien, quoiqu'elle-même ne fût pas vraiment riche. Et puis cela lui apporterait une telle sérénité de savoir ses deux enfants dans le voisinage !

Plutôt que de se lamenter sur le passé, Ronda Reynolds était tournée vers l'avenir. Âgée de trente-trois ans seulement, elle était jolie, intelligente, douée.

— Ronda, dit Barbara, était du genre à se relever, à se reprendre et à continuer sa route. Elle avait hâte de revenir chez nous, de discuter avec les gens qu'elle aimait, peut-être de panser ses blessures avant de se tourner vers l'avenir. Et nous avions tellement hâte de la serrer dans nos bras, de lui dire que nous la soutiendrions dans sa décision !

***

Mais Ronda ne se trouvait dans aucun des deux avions auxquels Barbara était allée la chercher. Et maintenant un employé du bureau du coroner lui annonçait que sa fille était morte – qu'elle s'était suicidée. Dans la main de Barbara, le téléphone pesait soudain une tonne.

Elle parvint enfin à demander :

— Il y a une enquête ?

— Oui, madame.

— Qui la mène ?

— Le bureau du shérif du comté de Lewis. J'ai le nom et l'adresse du policier, si vous voulez.

— Oui, s'il vous plaît.

— J'ai aussi le numéro de David Bell. Il attend votre appel.

Barbara nota les deux numéros dictés par cette voix quasi désincarnée puis raccrocha. Elle connaissait déjà celui de David Bell mais l'avait noté tout de même.

— J'étais en pilotage automatique, même pas certaine d'être encore vivante. Pourtant, il le fallait. Mon cœur battait follement. Le temps de quelques paroles, à peine le temps de respirer, et toute ma vie se trouvait bouleversée. Je sentais les larmes me couler le long des joues, peut-être que je pleurais mais je n'arrivais pas à émettre un son. Le silence était assourdissant. La douleur me déchirait le cœur et tout mon corps tremblait de façon incontrôlable.

Ronda soupçonnait Ron d'infidélité depuis des mois. Elle savait son couple définitivement brisé. La veille au soir, elle s'était inquiétée de ce qui allait arriver à ses chers rottweilers, car elle allait devoir les laisser à la maison le temps de son séjour à Spokane. Ron ou ses fils accepteraient-ils de les nourrir pendant quelques jours ? En outre, elle craignait que ses beaux-fils ne leur fassent du mal.

Néanmoins, Ronda n'était pas seule. Son meilleur ami, Dave Bell, l'homme en qui elle avait le plus confiance depuis dix ans, était toujours là pour l'aider. Ils avaient été amants des années auparavant. Même quand Ronda épousa Mark Liburdi, dont elle était sincèrement éprise à cette époque, elle ne renonça jamais à son amitié platonique avec Dave. Il leur arrivait de passer des mois, parfois des années sans aucun contact, mais tous deux savaient pouvoir toujours compter l'un sur l'autre. Dave Bell l'avait épaulée de toutes ses forces tandis qu'elle se préparait à quitter Ron. Il était célibataire, et Ronda allait bientôt le redevenir.

— Elle n'allait pas se précipiter dans un nouveau mariage, précisa sa mère. Elle voulait divorcer, obtenir ce qui lui revenait légalement.

Barbara Thompson estimait tout à fait possible que Ronda et Dave décident de se marier un jour, mais ils n'étaient pas pressés. David voulait prendre son temps pour la présenter à ses enfants.

— J'espérais que ses garçons seraient plus gentils avec elle que ceux de Ron. Un seul fils de Reynolds semblait l'aimer un peu : Josh, le plus jeune. Il était ravi d'avoir une « maman » qui lui prépare ses sandwichs pour l'école et veille à ce qu'il ait toujours des vêtements propres. C'était encore un petit garçon.

Barbara s'avisa soudain que Dave Bell avait pu se rendre à la maison de Twin Peaks Drive ce matin-là pour y prendre Ronda afin de l'accompagner à l'aéroport.

Oh, mon Dieu ! se dit-elle. *Pauvre Dave. Sur quoi est-il tombé en arrivant là-bas...*

Barbara eut la pénible tâche d'annoncer à Virginia que sa petite-fille chérie ne viendrait pas passer Noël avec elles, ne reviendrait jamais. Puis ce fut le tour de Freeman d'apprendre que sa grande sœur était morte d'un coup de feu. Quant à Barbara, elle n'était plus qu'un bloc de glace. Elle n'avait pas le temps de se laisser aller à pleurer : elle se sentait désormais investie d'une mission. Elle comptait bien découvrir ce qui était vraiment arrivé à Ronda. Elle ignorait combien de temps cela lui prendrait, toute sa vie s'il le fallait, peu lui importait.

Barbara était une femme forte. À cinquante-deux ans, elle avait surmonté d'innombrables épreuves, pas toujours victorieusement, mais elle s'en était sortie, et sa famille avec elle. De plus, elle était futée ; pas question de laisser ses émotions dévoiler trop vite ses soupçons. Dût-elle se laisser ronger par ce poison amer, elle garderait le sourire et ferait mine de ne pas tirer de conclusions hâtives. Au fond, elle savait que sa fille, si jolie, si généreuse et, oui, si têtue, n'avait pas pu se suicider. En revanche, elle soupçonnait nombre de personnes d'avoir pu lui faire du mal.

D'une façon ou d'une autre, elle trouverait le coupable. Il le fallait.

***

L'après-midi était bien entamé lorsque les autres membres de la famille de Ronda apprirent sa disparition ; le soir tombait déjà. La température devenait glaciale et les routes se couvraient de verglas, conditions d'autant plus dangereuses pour des conducteurs dans un tel désarroi.

Si elle avait suivi son impulsion, Barbara aurait filé immédiatement vers la côte, par la route, par les airs, le plus vite possible… Aussi s'efforça-t-elle de réfléchir de façon rationnelle. Pour le moment, elle ne pouvait strictement rien changer à la situation. Il était beaucoup trop tard. Elle devait préparer ses bagages et entreprendre les démarches pour les obsèques de Ronda. L'angoisse l'étreignit : comment choisir entre inhumation et crémation, alors qu'en ce moment même Ronda aurait dû être là, admirant le sapin de Noël, bavardant avec sa grand-mère Virginia ?

Et qu'allait-il advenir des chiens de Ronda ? Ron n'aimait pas les rottweilers, ni d'ailleurs aucun chien. Il avait insisté pour qu'ils restent dans leur enclos, dehors, même en plein hiver. Quand la température tombait en dessous de zéro, Ronda les faisait quand même entrer dans la maison ; alors il se plaignait de ce que ces bêtes le réveillaient avec leurs mouvements et leurs reniflements. Et s'il oubliait de les nourrir, maintenant ? De plus, certains des beaux-fils de Ronda maltraitaient les bêtes. L'un d'eux avait tué un chat et jetait souvent des pierres aux rottweilers. Ronda s'inquiétait toujours quand elle devait les laisser à la garde de Ron et de ses enfants, surtout depuis que Duchess était morte à huit ans alors qu'elle se trouvait seule avec Jonathan. Ron soutenait que l'animal avait succombé à une crise cardiaque, mais Ronda n'en croyait rien. Elle savait très bien que sa chienne avait été rouée de coups ; elle en avait confié les cendres à sa mère.

Depuis longtemps, Barbara se faisait du souci pour la sécurité de Ronda. Les garçons ne l'avaient jamais acceptée. Jonathan, le plus âgé des trois qui vivaient sous le toit familial, avait presque dix-huit ans et, d'après elle, aimait à se faufiler dans la chambre des parents pendant que sa belle-mère prenait sa douche.

Ronda l'avait plusieurs fois surpris à l'épier à travers le rideau. Au point qu'elle ne se sentait plus du tout tranquille chez elle. La troisième fois, en apercevant son rictus, elle avait réagi. Après tout, du temps où elle était policier, elle avait enseigné aux débutants comment se défendre, sans compter le nombre de fois où elle avait dû maîtriser seule des suspects récalcitrants. Là, elle en avait assez. Elle était sortie brusquement de la douche, avait bloqué les poignets de l'adolescent dans son dos et l'avait jeté à terre, le visage contre le sol de la salle de bains.

Après quoi, elle raconta tout à Ron. Sa colère ne

fit qu'augmenter lorsque son mari haussa les épaules comme s'il estimait l'incident sans importance.

— Après ça, Jonathan a commencé à détester Ronda, expliqua Barbara à Dave Bell. Elle l'avait humilié, attaqué physiquement. Mais il l'avait cherché. Elle m'a même dit qu'il avait menacé de la tuer.

Ronda avait porté plainte contre Jonathan au bureau du shérif du comté de Lewis, l'accusant de l'avoir menacée de mort. Le juge envoya le garçon vivre quatre mois avec sa mère, Katie, avec injonction de soins pour ses accès de colère.

Jamais il ne le pardonnerait à Ronda.

***

Barbara connaissait à peu près tous les proches de Ronda : Ron Reynolds, bien sûr, Dave Bell, Mark Liburdi, Cheryl Gilbert, qui était venue la chercher à Twin Peaks Drive pour la conduire à l'aéroport de Portland, des myriades d'amis, et même quelques collègues avec qui elle travaillait à Wal-Mart et chez Macy's. Si Barbara en appréciait certains, d'autres la mettaient mal à l'aise. Elle voulait en apprendre davantage sur eux.

Avant tout, Barbara Thompson avait besoin de sommeil – si seulement elle pouvait passer une nuit sans cauchemars. Elle n'avait pour ainsi dire pas dormi la nuit du mardi, tant elle brûlait d'impatience de revoir sa fille ; toutes deux avaient bavardé tard dans la soirée, faisant mille projets. Barbara avait raccroché vers 23 heures. Après quoi, il y avait eu cette sonnerie qui l'avait réveillée alors qu'elle venait tout juste de s'endormir.

Aussi bizarre que cela puisse paraître aux yeux de certains, Barbara se demandait si l'appel ne provenait pas de Ronda lui envoyant un dernier adieu de quelque mystérieux endroit entre terre et ciel d'où elle ne pourrait plus l'atteindre. Peut-être Ronda était-elle morte à 1 h 40 et non à 5 ou 6 heures comme Ron l'avait dit aux enquêteurs.

Barbara avait vraiment besoin de sommeil. Sans doute aurait-elle les idées plus claires le lendemain.

Elle savait que, désormais, jusqu'à la fin de ses jours, elle s'éveillerait matin après matin en pensant à Ronda.

Le jeudi matin, Barbara Thompson s'éveilla avant l'aube afin de prendre l'avion pour Seattle. C'était un vol d'une heure, au-dessus des cimes enneigées des monts Cascades, toujours bondé à l'époque des fêtes. Noël était dans une semaine et les familles commençaient à se rassembler. Barbara avait oublié Noël.

Dave Bell, l'ancien fiancé de Ronda, avait promis de venir la chercher à l'aéroport de SeaTac à 7 h 45 ; le trajet jusqu'au bureau du shérif du comté de Lewis, à Chehalis, durait deux heures.

Barbara avait confiance en lui, et elle avait désespérément besoin d'une épaule sur laquelle s'appuyer. Outre Ron Reynolds et elle-même, c'était sans doute l'une des dernières personnes à avoir parlé à Ronda. Au cours de leurs premiers échanges après sa mort, Barbara avait pu constater qu'il était aussi désolé qu'elle. Sans doute pourraient-ils échanger quelques points de vue tout en roulant vers la ville où Ronda vivait… et avait trouvé la mort.

5

Barbara Thompson attendait, seule, sur le trottoir à la sortie de la zone de retrait des bagages de l'aéroport de SeaTac. Le jour commençait juste à se lever et un vent glacé soufflait. L'aéroport était décoré de sapins de Noël, et un instant elle se demanda pourquoi. Elle avait dû rassembler toute son énergie pour prendre l'avion. Peu lui importait son apparence. Incapable de se coiffer correctement, elle avait posé sur sa tête une vieille casquette de base-ball grise. Elle avait mis des lunettes de soleil pour cacher ses yeux rouges et gonflés.

— Pourtant, j'avais encore peur qu'on voie à travers, qu'on découvre que je n'étais plus qu'un zombie.

Elle attendait avec impatience Dave Bell, guettant anxieusement sa Dodge verte. Il était toujours à l'heure. En même temps, elle redoutait son arrivée car elle savait combien il souffrait lui aussi. Alors elle se répétait, comme un mantra : « Je peux le faire, je vais y arriver. » Finalement, après ce qui lui avait paru une éternité mais n'avait duré que trois minutes, la Dodge arriva.

Dave rangea les bagages à l'arrière puis étreignit Barbara. Ils roulèrent un moment en silence. Tous deux savaient qu'ils devaient parler de ce qui s'était passé, mais ils n'en avaient pas encore le courage. Curieusement, Barbara le considérait plus comme son gendre qu'aucun des deux maris de Ronda. Dave était un homme bienveillant, un flic honnête. Si elle pouvait parler à quelqu'un, c'était bien à lui ; mais, pour le moment, ses questions lui restaient dans la gorge.

Dave Bell entreprit de lui raconter les dernières heures passées avec Ronda, deux jours auparavant – ses ultimes moments sur terre. Ni lui ni elle ne se doutaient de ce qui allait se passer. Ou, si Ronda le savait, elle n'en souffla mot. Il l'avait aidée à faire ses bagages, à emballer tout ce qu'elle possédait puis à porter le tout dans sa Suzuki. Soudain il se rappela l'avoir entendue dire qu'elle irait peut-être s'installer chez une de ses amies à son retour de Spokane – sans doute Cheryl Gilbert, selon lui.

— Elle voulait quitter la maison, ajouta-t-il. Elle avait promis de me réveiller mercredi matin pour que je puisse la conduire à l'aéroport.

Mais Ronda n'avait pas appelé. Dave s'était tout de même rendu chez elle. Il avait téléphoné en route et, à sa grande surprise, c'était Ron qui avait répondu.

— Je lui ai demandé de me passer Ronda, et là il m'a dit…

Bell poussa un long soupir avant d'ajouter que son interlocuteur lui avait annoncé d'un ton « presque nonchalant » le suicide de Ronda. Abasourdi, Dave n'en avait pas moins poursuivi sa route vers Toledo. Pas une seconde il ne crut que Ronda avait attenté à sa vie.

En arrivant à la maison de Twin Peaks Drive, il fut accueilli par un adjoint du shérif qui l'interrogea après lui avoir rapporté leurs dernières conclusions : Ronda s'était tiré une balle dans la tête, de la main gauche sur la tempe droite, et on l'avait retrouvée dans le dressing, sous une couverture chauffante branchée.

— Ron dormait à moins de trois mètres de là… Pourtant, il n'a pas entendu le coup de feu.

Barbara écoutait en silence, mais chacune des paroles de Dave renforçait ses soupçons.

— On a rangé ses affaires mardi soir dans sa chambre, continua Dave, et Ronda a sorti un revolver d'un placard puis me l'a tendu. Elle voulait que je le garde.

Il avait alors demandé à qui appartenait cette arme, et Ronda avait répondu :

— À Ron. Elle lui vient de son père.

Bell avait expliqué qu'il ne pouvait pas la prendre ; il s'était contenté de la décharger avant de la remettre dans son étui et de la placer sous le lit de la chambre.

— Franchement, ajouta-t-il, je ne me souviens pas si j'ai jeté les balles sur le lit ou par terre.

Il ignorait pourquoi Ronda voulait qu'il emporte ce revolver.

— Ronda avait peur de quelque chose, ou de quelqu'un ? lui demanda Barbara Thompson.

— Je ne crois pas. Elle ne savait pas trop. Elle voulait juste venir passer la nuit chez moi et, de là, prendre son avion pour Spokane. En même temps, elle hésitait à partir de chez elle sans emporter toutes ses affaires, car elle était certaine de ne plus rien retrouver à son retour.

Et puis il restait le problème de ses animaux. Comment pouvait-elle amener ses trois chiens chez Dave, qui avait des chats ? Ils allaient forcément se battre Sans compter les fils de Dave : certes, ils avaient grandi, mais ils ne connaissaient toujours pas Ronda. Il avait espéré pouvoir faire les présentations à son rythme. Il ne voyait pas encore comment leur expliquer qu'il recueillait une jolie femme éprouvée… et ses chiens.

Bien sûr, s'il l'avait crue en danger, rien de tout cela n'aurait compté.

— Je l'aurais emmenée de force s'il l'avait fallu.

Après quoi, raconta-t-il, ils avaient roulé à travers le comté de Lewis en se tenant la main. Juste pour la réconforter. De nouveau, Ronda se retrouvait à un carrefour de sa vie – et, celui-là, elle ne l'avait pas vu venir. Elle était soulagée de quitter Ron Reynolds quoiqu'elle s'en voulût d'avoir raté son mariage, et ce pour la seconde fois. Elle avait appelé plusieurs amis sur son portable, et même Ron Reynolds, très brièvement, pour préciser quelques détails sur leur séparation.

— Ensuite, on s'est arrêtés pour manger un morceau. Là, Ronda m'a annoncé qu'elle avait décidé de passer une dernière nuit chez elle… parce qu'elle voulait discuter avec Ron des modalités de leur divorce.

Ils étaient aussi passés chez Cheryl Gilbert. Ronda avait envisagé un moment de lui demander l'asile pour la nuit et aussi lors de son retour des vacances de Noël, mais elle avait changé d'avis. Elle avait parfois quelque difficulté à supporter son amitié envahissante. Par exemple, celle-ci avait l'air de toujours savoir où se trouvait Ronda.

— Ça la contrariait beaucoup…

Dave Bell avait observé Ronda quand elle était allée frapper chez Cheryl. Comme personne ne répondait, elle avait ouvert juste ce qu'il fallait pour glisser à l'intérieur le trousseau de clefs, puis refermé en claquant la porte.

En revenant à Twin Peaks Drive, ils avaient constaté que Ron était déjà là. Dave Bell ne tenant pas du tout à le croiser, il avait décidé de retourner directement à son poste de police.

— On s'est dit au revoir et c'est la dernière fois que j'ai vu Ronda, même si on s'est ensuite parlé au téléphone dans la soirée, deux fois, pour fixer notre rendez-vous du lendemain pour que je l'emmène à l'aéroport de SeaTac.

— À quelle heure ? demanda Barbara. Parce que, moi aussi, je lui ai parlé mardi soir assez tard.

— Vers minuit. Elle allait réserver son billet pour partir de Portland, mais je lui ai dit que ce serait trop loin pour moi, que je préférais la conduire à Seattle. Elle a accepté.

— Dites-moi la vérité, Dave ! Vous étiez amis depuis des années, c'est sans doute vous qui la connaissiez le mieux. Est-ce qu'elle vous a paru affolée ou suicidaire ?

— Non… Pas du tout. Vous savez très bien que je ne l'aurais pas laissée si j'avais senti ce genre de détresse. Elle avait l'air d'aller bien… Fatiguée, oui, espérant ne pas commettre une erreur. Mais elle ne semblait pas dépressive, et encore moins sur le point de se supprimer. C'était quelqu'un de fort, qui prenait ses responsabilités. Jamais elle n'aurait abandonné comme ça...

Dave et Barbara arrivèrent au bureau du shérif du comté de Lewis vers 11 heures. L'inspecteur Dave Neiser les reçut et leur expliqua qu'il avait été l'un des premiers dépêchés la veille, le mercredi, chez les Reynolds, dès 7 heures du matin. En principe, il aurait dû être chargé de l'enquête ; mais il partait en vacances, aussi avait-il passé l'affaire à Jerry Berry. Il leur assura que c'était « le meilleur enquêteur de toute la police ». En quoi il avait sans doute raison.

Barbara allait l'apprendre beaucoup plus tard : Neiser avait déplacé l'arme – « par mesure de sécurité ». Il voulait éviter que les pompiers ne risquent de se blesser si un coup partait tout seul. À cause de cette grossière erreur, il n'y avait plus aucun moyen de savoir où l'arme se trouvait exactement ; ce « détail » revêtait pourtant une importance capitale.

Barbara était furieuse : comment des gens pouvaient-ils encore songer à leurs vacances, comme si de rien n'était ? Elle avait l'impression de passer au second plan.

— Neiser affichait une attitude détachée, insouciante. Comme si David Bell et moi lui cassions les pieds et qu'il n'avait pas de temps à perdre avec nous. Il m'a fallu faire appel à toute ma volonté pour ne pas exploser : « Excusez-moi, mais ma fille est morte, figurez-vous ! Vos vacances comptent davantage qu'une vie humaine ? »

Sentant sa colère, Dave Bell lui pressa le bras juste à temps pour la calmer. Barbara Thompson traversait toutes les étapes habituelles du chagrin. Tout ce en quoi elle avait cru s'écroulait autour d'elle. Elle savait que la police et le système judiciaire avaient leurs défauts, mais elle les avait toujours respectés. À présent, son instinct lui dictait de se méfier.

— Nous devions rester sur nos gardes. Dave, lui, au moins, avait son entraînement de policier. Pas moi. J'ai dû m'adapter, apprendre à la boucler, ne rien montrer. Et j'y suis arrivée. Pour Ronda, ç'aurait sûrement été plus difficile, mais moi j'y suis arrivée.

*
**

L'inspecteur Jerry Berry, du comté de Lewis, les reçut à son tour. Ce n'était pas un homme imposant, pourtant, Barbara trouva sa présence « énorme ». Il la fixa de ses yeux bleus et elle sut aussitôt qu'elle pouvait faire confiance à cet homme aux traits taillés à la serpe, plutôt rassurant, au visage tanné par le soleil et aux cheveux bruns qui commençaient à grisonner ; il portait un pantalon noir, une chemise blanche sans cravate, une veste de sport et des bottes de cow-boy.

Il serra la main de Barbara d'une poigne ferme mais chaleureuse. Face à lui, elle se sentait enfin un peu rassurée.

— Je me réjouissais que Jerry Berry soit chargé de l'enquête parce qu'il voyait en Ronda un être humain qu'il fallait traiter avec dignité, et non un simple cadavre parmi tant d'autres. Je sentais qu'il ferait tout son possible pour découvrir la vérité sur sa mort… où que ça puisse nous mener.

Toutefois, Berry ne leur donna pas beaucoup d'informations. Barbara le comprenait : il ne pouvait fournir certains détails, même aux proches de la victime, afin de préserver la procédure criminelle. En effet, mieux valait garder secrètes certaines informations connues du seul meurtrier.

— Jerry Berry nous a dit que Ron les avait appelés à 6 h 20, le mercredi matin, pour annoncer d'un ton calme que sa femme s'était suicidée. À l'arrivée des premiers enquêteurs, il se trouvait dans la maison en compagnie de ses trois fils ainsi que de deux collègues.

Dave Bell serra les dents en apprenant que les garçons avaient eu l'autorisation de quitter les lieux du drame sans avoir été entendus. N'importe quel policier le savait : cela allait à l'encontre des principes élémentaires de toute enquête sur un meurtre. Combien d'autres erreurs avait commises cette police affiliée à un si minuscule comté ? Combien d'omissions, combien de bévues, qui allaient ralentir un peu plus l'enquête sur la mort de Ronda ?

Berry paraissait lui aussi furieux de ce que les garçons n'aient pas fait de déposition, mais il ne pouvait évidemment pas l'avouer. Barbara sentit néanmoins qu'il aurait voulu leur en dire bien plus, mais qu'il luttait contre cette impulsion.

— M. Reynolds nous a dit avoir découvert votre fille dans le dressing… sous une couverture chauffante, continua le policier. L'orifice d'entrée de la blessure se trouvait près de son oreille droite ; elle gisait sur le côté gauche. Apparemment, ses deux mains reposaient sous la couverture et le revolver était dessus. Il a déclaré l'avoir trouvé dans sa main gauche.

— Mais Ronda était droitière ! s'étonna Barbara Thompson. C'est Ron qui est gaucher.

— Comment le savez-vous ?

— Nous avons pris un petit déjeuner avec ma fille et lui en mai, pour la fête des Mères, et on en a parlé ce jour-là. Ça nous a fait rire de constater que lui et moi étions gauchers.

Jerry Berry la fixait toujours, sans manifester aucune émotion.

Elle se jeta à l'eau.

— Vous ne trouvez pas ça bizarre ? Le mari de Ronda demande le divorce, elle exige une compensation financière correspondant à son investissement dans leur maison, elle m'annonce lui avoir refusé le divorce avant six mois, le temps de vérifier ses tests de sida… Et pan !… la voilà morte ! Ça ne vous met pas la puce à l'oreille ?

Surpris, Berry haussa les sourcils. Cette histoire de test de sida constituait un fil nouveau dans un écheveau déjà bien emmêlé. Barbara expliqua que Katie Huttula Reynolds avait eu des problèmes de drogue des années durant. Ron ayant renoué avec son ex-femme, Ronda craignait d'être contaminée.

Apparemment, celle-ci n'avait aucun secret pour sa mère, ce que Berry s'empressa d'enregistrer. Il conserva néanmoins une attitude parfaitement posée.

— On n'a trouvé aucun message de « suicide », juste deux lignes sur le miroir de la salle de bains, disant : « Je t'aime ! Appelle-moi », accompagnées d'un numéro de téléphone précédé de l'indicatif 509.

— Ça ne veut rien dire, répondit Barbara. Je ne crois pas que ma fille se soit suicidée. Je veux une enquête.

— Mais j'ai bien l'intention d'en mener une, madame Thompson.

— Vous croyez qu'elle a pu se supprimer ? Ça vous semble plausible ?

— J'ai trouvé quelques contradictions pour le moins troublantes. Désolé, mais je ne peux pas vous en dire davantage à ce point de l'enquête. Je vous promets de faire tout mon possible, d'accorder la priorité à votre affaire.

Elle le crut. Mais elle avait encore une demande à lui faire : voir le corps de Ronda. Ni Dave Bell ni Jerry Berry ne s'y attendaient.

— Je ne vous le conseille pas, rétorqua celui-ci. Vous devriez plutôt garder le souvenir de ce qu'elle a été, pas de ce qu'elle est maintenant.

Le regard alarmé de Dave Bell soutint celui de l'inspecteur.

— Il a raison, Barbara. Croyez-moi, il vaut mieux éviter…

Jusque-là, Barbara s'était interdit de penser à Ronda, la tête fracassée par une balle. Mais cette image se frayait maintenant un chemin dans son esprit, et soudain elle dut ravaler ses sanglots. Elle voyait sa fille allongée dans quelque morgue, sur une planche métallique, et n'avait qu'une envie : la serrer dans ses bras, la réconforter, comme elle l'avait toujours fait – comme le faisaient toutes les mères.

— J'avais envie de la rassurer, se souviendrait-elle des années plus tard. « Maman est là, maman va s'occuper de tout. » Mais je savais qu'il ne fallait pas penser à ça, que je devais passer à autre chose. Alors je me suis dit : *Regarde bien. Tu vois son sourire ? Elle te sourit. Et toi tu assures. Calme-toi et réfléchis à ce que tu vas faire.*

Face à Berry, elle avait juste poussé un soupir.

— Bon, si vous ne voulez pas que je voie ma fille… je veux au moins rencontrer son mari.

L'inspecteur Berry voulut l'en dissuader aussi mais comprit que, cette fois, elle ne céderait pas. Barbara semblait animée d'une force intérieure plus puissante encore que son chagrin.

— Je ne vous le conseille pas non plus, souffla Berry. Croyez-moi.

— Il le faut. Je dois l'entendre raconter ce qui s'est passé. Il était seul avec elle, hier… à part ses enfants.

— Vous êtes bouleversée, en colère, ce n'est pas le moment…

— Alors ça ne le sera jamais !

— Bon… Si vous y tenez… Il va falloir vous contrôler, ne pas poser des quantités de questions. En revanche, écoutez attentivement tout ce qu'il vous dira. Ensuite, notez ses propos aussi fidèlement que possible. Et revenez me voir.

Barbara acquiesça. Elle s'en voulait de demander à Dave Bell de l'emmener chez Ronda, car elle imaginait à quel point il serait difficile pour lui de revivre les événements de la veille. Le drame remontait à un peu plus d'une journée, pourtant, elle avait l'impression que Ronda était morte depuis une semaine, voire plus. Il lui semblait qu'elle s'enfonçait dans des sables mouvants. Tous deux regagnèrent la camionnette verte pour parcourir les quinze kilomètres qui les séparaient de Toledo.

Barbara se demandait ce que son gendre allait lui dire. Et elle s'avisa qu'elle le connaissait à peine.

6

Jerry Berry n'était pas entré dans la police par vocation. En fait, il avait passé les vingt-deux premières années de sa vie active dans le bâtiment – où il avait débuté à dix-sept ans. Le métier lui plaisait et il y gagnait correctement sa vie. Il éprouvait toujours un sentiment de fierté après avoir achevé un travail et observait son œuvre sous un soleil brûlant comme sous une pluie battante.

À trente-neuf ans, il se rendit compte qu'un jour viendrait où il ne pourrait plus soulever de poids comme à vingt ans. Ses muscles le faisaient souffrir le soir venu, et le bâtiment ne le fascinait plus autant qu'autrefois.

— J'avais envie de faire autre chose, mais je ne savais vraiment pas quoi.

À l'époque, il travaillait à Mossyrock, un hameau si minuscule qu'il n'apparaît même pas sur la plupart des cartes de l'État de Washington. Comme de juste, tout le monde y connaît tout le monde, et Berry bavardait avec Knute*, le propriétaire du Mossyrock Market, lorsque entra le marshall Rufe*, représentant des services d'ordre de la ville. C'était un brave homme, très simple, qui portait son arme dans un étui attaché à son cou. Heureusement, il ne s'était jamais tiré de balle dans le pied, il n'avait d'ailleurs jamais tiré sur personne.

— Que faut-il faire pour devenir marshall ? demanda Knute, histoire de lâcher un commentaire.

— Je m'en tirerais sûrement mieux que lui, rétorqua Berry pour plaisanter.

Et Knute de lui conseiller d'aller trouver le maire pour lui demander ce poste. James Roberts, le maire de Mossyrock, n'avait même pas de bureau permanent dans ce petit village. Détenteur d'une licence, il tenait la cave à vins et s'occupait des affaires de la ville derrière le comptoir de son magasin. En entrant, Berry retint son souffle pour ne pas trop respirer l'épaisse fumée qui circulait autour des bouteilles, sur les affiches, dans les vitrines et autres étalages. Il annonça qu'il voulait poser sa candidature pour le poste de marshall.

Roberts le jaugea des pieds à la tête, sortit le cigare de sa bouche et demanda :

— Vous avez de l'expérience ?

— Non, admit Berry, mais je suis en forme.

Quand le bureau du shérif du comté de Lewis eut vérifié ses antécédents, le maire Roberts engagea Berry et l'envoya suivre un stage à l'école.

Si nul ne trouva rien à redire à son expérience passée ni à ses tests sur sa forme physique, il eut droit à toutes sortes de moqueries. À quarante ans, Jerry Berry était en forme et, bien que ses petits camarades, deux fois plus jeunes, l'appellent « le Vieux », il tint le coup.

En revanche, la veille du dernier test concernant

sa condition physique avant l'obtention du diplôme, il se foula la cheville gauche, au point de ne plus pouvoir poser le pied par terre. Ses camarades voulurent l'emmener à l'hôpital, mais il refusa.

— Je voulais réussir en même temps que toute ma classe. Je leur ai fait promettre de ne rien dire.

Le lendemain matin, il fit un bandage aussi serré que possible sur sa cheville enflée et, malgré quelques regards inquisiteurs, parvint à marcher sans boiter. Chaque candidat devait effectuer un tour de piste de quatre cents mètres aussi rapidement que possible. À mi-chemin, il fallait franchir un muret de bois d'un mètre quatre-vingts de haut sans cesser de courir. Ensuite venait un fossé à traverser en rampant, puis de nouveau la course et une barrière de trois mètres à escalader avant de sauter de l'autre côté, suivi d'un sprint final.

Berry s'en tira avec le muret, parvenant à atterrir sur le pied droit, après quoi le fossé à plat ventre lui parut une partie de plaisir. Mais, en se relevant, il commit l'erreur de repartir sur le pied gauche. La barrière se dressait entre lui et la ligne d'arrivée, apparemment insurmontable. Cependant, il l'escalada à la force des biceps, se hissa au sommet en balançant sa jambe gauche par-dessus et, de l'autre côté, se laissa tomber sur le pied droit.

Il franchit la ligne puis s'effondra, mais il fut reçu.

Par la suite, Berry embaucha un jeune homme qui avait fait partie de sa classe : Erick Hendrickson, solide gaillard blond surnommé « Baby » – ce qui ne valait guère mieux que « le Vieux ».

Berry aurait pu être le père de Hendrickson. Ils

formèrent pourtant une bonne équipe, parvenant ensemble à faire régner l'ordre dans Mossyrock et ses environs. Ils commencèrent par surveiller les deux tavernes du village, d'où partaient à peu près toutes les bagarres ; après quoi, ils firent passer aux conducteurs le goût de prendre le volant en état d'ivresse. Le taux d'arrestations augmenta de 400 pour 100 durant la première année de leur collaboration.

Berry s'était promis de tenir au moins un an à ce poste. Il le savait, c'était là un emploi des plus limités. Pourtant, il travailla dur et découvrit que le monde de la police lui convenait à la perfection. Il voulut en apprendre davantage. Quand on lui proposa un poste de shérif adjoint au comté de Lewis, en 1991, il l'accepta.

Cette nouvelle perspective l'enthousiasmait. Il avait un but : passer inspecteur le plus vite possible, sans se laisser marcher sur les pieds par de plus jeunes candidats. Il courait toujours pour rattraper les deux décennies d'expérience qui lui manquaient. Il accepta donc tous les stages possibles, la plupart tournant autour des méthodes d'enquête criminelle.

John McCroskey, le shérif du comté de Lewis, accepta de financer en partie ses frais de scolarité, ce qui lui permit d'étudier les procédures d'interrogatoire enseignées par le FBI à Seattle. Lorsque le bureau du shérif n'eut plus de quoi lui payer ses cours, il n'hésita pas à mettre la main à la poche.

En collaboration avec l'Office des forêts et le FBI, il participa au démembrement d'une bande de trafiquants de métamphétamines, récupéra cent cinquante mille dollars d'argent sale, et fut nommé Agent de l'année.

Il avait postulé pour entrer dans l'équipe des cinq inspecteurs du comté de Lewis et finit par voir son vœu se réaliser. Entre 1995 et 2001, il participa à vingt-trois enquêtes de décès. Néanmoins, il n'avait encore jamais rien vu qui ressemblât à la mort de Ronda Reynolds. Refusant de baisser les bras, il s'attacha à rechercher la vérité sur cette disparition subite.

Les années passant, son entêtement à ne pas toujours respecter les décisions de sa propre hiérarchie lui valurent des ennemis, particulièrement son brigadier et quelques officiers. Petit à petit, il allait devenir le rebelle qui empêchait de boucler une affaire. Nombre de ses supérieurs se sentaient entravés dans leur progression à cause de ses interventions intempestives.

Ses opposants accusaient Jerry Berry d'autoglorification, comme s'il se croyait le seul à pouvoir résoudre l'affaire Ronda Reynolds. En fait, il se sentait surtout concerné par le chagrin d'une mère. Un inspecteur n'avait certes pas intérêt à s'impliquer personnellement, mais ce sont souvent les enquêteurs les plus humains qui obtiennent les meilleurs résultats.

Barbara Thompson n'avait pas conscience de ces luttes intestines. Pour elle, Berry faisait son boulot en tenant secrètes les sacro-saintes informations obtenues par son bureau.

Ronda Reynolds n'était pas morte depuis quarante-huit heures que la majorité de l'équipe du shérif accordait déjà foi aux allégations du mari prétendant qu'elle s'était suicidée.

Cependant, il leur restait d'innombrables points à vérifier pour savoir qui était vraiment Ronda.

7

Le 17 décembre, sous un ciel gris correspondant assez à leur humeur, Barbara Thompson et Dave Bell quittèrent le bureau du shérif, mettant ainsi un terme à leur première rencontre avec Jerry Berry.

Les arbres perdaient leurs dernières feuilles sous les vents du Pacifique ; seuls les pins et les cèdres pliés dans la tempête ajoutaient encore des touches de verdure au paysage. La voiture roulait silencieusement vers ce qui avait été la maison des rêves de Ronda. Barbara se rendit soudain compte qu'elle ne l'avait jamais vue qu'en photo.

Elle avait toujours soupçonné sa fille de rester amoureuse de Dave, même si Ronda avait épousé deux autres hommes. Certes, Dave ne s'était pas manifesté au cours des dix années vécues de son côté. Lui-même connaissait des difficultés de couple, et, passé le divorce, la lutte se poursuivait pour la garde de ses enfants. Il aimait ses fils et ne pouvait se résoudre à l'idée de les perdre. S'il avait épousé Ronda à cette époque, à coup sûr, son ex-femme l'aurait empêché de les voir – juste pour se venger. Il ne pouvait prendre un tel risque.

Le temps qu'il obtienne la garde de ses garçons et soit enfin libre de se marier avec Ronda, il était trop tard.

*
**

En effet, Ronda avait commencé à sortir avec un collègue de la police de l'État de Washington, Mark Liburdi, trente-deux ans, grand et bel homme roux à moustache, particulièrement séduisant en uniforme ; elle eut tôt fait de tomber amoureuse de lui. De huit ans son aîné, il avait obtenu, suite à un précédent divorce, la garde de ses deux garçons et de sa fille. Cela ne constituait pas un obstacle pour Ronda, car elle adorait les enfants et n'avait rien contre l'idée de devenir belle-mère.

Le mariage eut lieu à Spokane, en juin 1989. Ronda portait une robe rappelant les années 1920 et un chapeau à voilette, dessinés par elle et confectionnés par sa grand-mère, Virginia. Mark était en grand uniforme.

Ronda rêvait d'avoir elle aussi un bébé avec Mark, de former une grande famille recomposée. Les jeunes mariés s'installèrent un temps à Renton, mais ils souhaitaient vivre à la campagne. Neuf mois plus tard, ils furent tous deux mutés à Hoquiam, sur la côte Pacifique. Ils achetèrent une maison avec toute la place rêvée pour les enfants, ceux de Mark et ceux que Ronda espérait lui donner un jour. La jeune femme aimait les trois enfants de Mark, même s'il lui arrivait de hausser le ton avec l'aînée, âgée de treize ans, chose banale entre belle-mère et adolescente.

Tous les rêves de la jeune femme se réalisaient. Le ranch était entouré de deux hectares de pâturage. Il y avait des écuries pour les chevaux, et un ruisseau coulait derrière la maison. Ronda n'était jamais aussi heureuse que lorsqu'elle sortait de sa maison pour respirer le grand air, écouter le vent dans les cimes.

Malheureusement son rêve de devenir mère ne se réalisa pas. Elle fit plusieurs fausses couches. Parfois, elle se sentait vide, inutile. Ils s'étaient mariés pleins d'espoir en 1989, mais en 1997 leurs difficultés devinrent impossibles à surmonter. Ronda commençait à se dire qu'elle ne pourrait jamais avoir d'enfant, et il semblait que Mark ne s'en souciait pas beaucoup.

Une autre fausse couche ou, plutôt, la naissance prématurée d'un fœtus mâle, se produisit au cinquième mois de sa dernière grossesse. Elle qui était si heureuse d'avoir enfin passé la barre fatidique des trois mois, qui avait cru enfin porter celui qu'elle mènerait à terme ! Elle accoucha dans la salle de bains d'un bébé qui ne pleurait pas. Mark la conduisit à l'hôpital – mais sans vraiment y croire – pour que les médecins parviennent à faire respirer le bébé. Ronda ne s'inquiétait pas pour elle-même, elle voulait juste sauver son petit garçon. Mark la déposa aux urgences ; elle crut qu'il allait seulement se garer, mais il repartit directement reprendre son poste comme si de rien n'était.

Elle ne le lui pardonna jamais vraiment. Comment n'avait-il pas compris qu'elle avait besoin de lui en ce moment tragique ? Elle se sentit abandonnée quand le bébé fut déclaré mort.

Mark et Ronda se disputaient et se séparaient fréquemment. Leurs querelles tournaient presque toujours autour des finances. Tous ceux qui la connaissaient savaient que Ronda n'était pas douée pour la gestion. Si elle oubliait de régler une facture, elle savait que Mark serait furieux, alors elle ne disait rien. Il finissait toujours par s'en apercevoir, mais elle préférait ne pas y penser. C'était devenu un sujet de tension entre eux. En outre, la perte de son bébé la laissa inconsolable. Elle restait hantée par le souvenir de ce petit garçon qui ne grandirait jamais.

Le dossier professionnel de Ronda montre qu'elle a prévenu son sergent en mars 1992 qu'elle était enceinte et pensait accoucher à la fin du mois d'octobre. À cette époque-là, son obstétricien recommandait qu'elle cesse les patrouilles et ne soulève plus de poids supérieur à dix kilos durant sa grossesse. Il lui avait fallu prendre quelques jours de congé pour examens médicaux et aussi, bien sûr, quand elle eut perdu le bébé.

Pour les anciens, elle était la preuve vivante que les femmes ne pouvaient apporter que des difficultés à la police ; entre eux, ils disaient que les hommes étaient plus forts et ne connaissaient pas ces histoires de grossesses et de complications menstruelles. Bien sûr, personne n'osait le dire à voix haute.

Ronda ne s'attendait pas à subir un tel harcèlement sexuel ni de telles brimades de la part de ses supérieurs destinés à la dégoûter de la police de l'État de Washington. Elle aimait ce métier dont elle avait rêvé depuis son adolescence et comptait l'exercer encore de longues années. Et voilà que, tout d'un coup, elle se sentait bannie, rabaissée. Au cours d'une banale évaluation elle reçut deux réprimandes, ce qui la choqua au plus haut point. La première relevait la mauvaise gestion d'une collision : « Le rapport était incomplet. Ni la déclaration du chauffeur, ni les schémas, ni les mesures, ni les témoignages n'ont été relevés. Les codes ont été utilisés à tort. À la suite d'un avertissement, vous vous êtes vengée en rendant ce rapport illisible... Il y avaient (*sic*) des fautes de grammaire contradictoires... »

L'auteur commettait lui-même des fautes en la critiquant. Son supérieur commença à l'accuser de toutes les erreurs possibles. « Vous devez vous montrer responsable de vos propres actions » : ainsi se concluait la réprimande. D'aucuns auraient pu dire qu'il en rajoutait. Même si elle avait commis des erreurs, Ronda faisait partie des agents les plus compétents et les plus courageux de la brigade.

Une autre réprimande l'accusait d'avoir endommagé le châssis du véhicule de l'unité en traversant le terre-plein de l'I 5. Ses supérieurs déclarèrent l'incident « évitable ».

Un jour, elle interpella un meurtrier qui avait fui la Californie et l'arrêta toute seule ; mais cela ne parut pas compter en regard des fautes de grammaire émaillant son rapport.

En outre, un sergent ne cessait de lui lancer des remarques salaces. Comme sa mère, Ronda avait une poitrine plutôt développée ; l'homme ne la regardait jamais dans les yeux mais fixait ostensiblement ses seins. Un jour, il lui demanda de se mettre torse nu pour vérifier son gilet pare-balles, Ronda refusa.

Quand un brigadier lui toucha la poitrine, soi-disant sans le faire exprès, elle en eut par-dessus la tête. Ronda avait de moins en moins le cœur à se battre et, malgré ses réticences, songeait à quitter la brigade. Elle savait que la grande majorité des officiers restait parfaitement correcte, mais elle n'en pouvait plus.

Plusieurs de ses collègues promirent de la soutenir si elle portait plainte pour harcèlement. Néanmoins, quand elle alla effectivement déposer sa plainte, ceux qui avaient promis se récusèrent, craignant pour leur carrière.

*
**

Mark et Ronda continuaient de se disputer – presque toujours à propos de son incapacité à tenir un budget. Elle se montrait parfois d'une folle générosité, dépensait sans compter, ce qui irritait de plus en plus Mark, beaucoup plus méticuleux qu'elle. Souvent, elle prenait un oreiller et allait dormir seule.

— La plupart du temps, expliqua Mark, c'était moi qui allais m'installer sur le canapé.

Ils étaient au moins d'accord sur un détail qui allait avoir un lourd impact sur l'enquête : ni l'un ni l'autre n'aimait les couvertures électriques. Il n'y en avait pas chez eux ; et quand ils passaient la nuit chez des amis qui en avaient garni leur lit, ils la débranchaient ou l'ôtaient. Ils ne supportaient pas l'idée du courant électrique sur leur corps pendant leur sommeil.

Dans ce cas, pourquoi Ronda aurait-elle choisi une couverture électrique pour dormir dans le dressing ? Elle avait sous la main toutes sortes de couvertures disponibles.

Bien que les Liburdi aient été profondément amoureux à l'époque de leur mariage, leurs difficultés n'avaient fait que s'aggraver avec les années. Parfois, Mark avait l'impression que Ronda menait une double vie… mais ce n'était vrai qu'en matière financière. En effet, Ronda utilisait une boîte postale secrète pour certains courriers bancaires. Elle avait vendu l'un de ses chevaux, resté dans le ranch de sa mère, pour une somme considérable – certains de leurs poulains et yearlings pouvaient rapporter entre dix mille et vingt mille dollars. Avec cet argent, Ronda avait ouvert un compte en banque sans en parler à Mark ; elle voulait avoir un peu d'argent de son côté. Néanmoins, le compte était à leurs deux noms.

Elle continuait d'acheter des vêtements de marque et des jouets pour les enfants de Mark, même s'il considérait qu'ils en avaient assez. Mark s'offrait des « jouets » très chers : un nouveau pick-up, des fusils et autres équipements pour la chasse. Ronda ne voulait pas qu'il sache combien elle avait économisé, de façon à pouvoir lui réserver quelques surprises.

Cheryl Gilbert proposa à Ronda de faire envoyer ses relevés à sa boîte postale. Elle adorait se mêler de sa vie et se considérait comme sa « meilleure amie ». Or Cheryl ne tarda pas à se servir de ce compte pour payer ses propres factures, au point de le vider. Ronda ne voulut pas porter plainte contre son amie, préférant s'arranger directement avec elle. Et c'est ainsi que cette dernière accepta de faire des ménages chez les Liburdi, jusqu'à extinction de sa dette. Ronda, toujours prête à se mettre en quatre pour les autres, ne pouvait s'empêcher de se sentir navrée pour Cheryl, qui ne cessait pourtant de s'insinuer dans sa vie.

Ronda avait beaucoup d'amies ; la plus proche était Glenda Larson, une autre cavalière, épouse de Steve Larson, shérif adjoint de Grays Harbor.

Ronda avait rencontré ce policier le jour où, passant dans sa circonscription, un quidam avait envoyé une pierre dans son pare-brise ; elle avait appelé les secours et c'est lui qui était arrivé, quasi instantanément.

— Je connais quelques voyous dans les parages, avait-il expliqué avec un sourire. Ils sont bien capables de ce genre de bêtise.

Les lanceurs de cailloux avaient été rapidement identifiés et appréhendés, puis déférés devant un juge pour enfants. Après quoi, Steve et Ronda avaient commencé à bavarder, et il s'était illuminé en l'entendant évoquer son amour des chevaux ; il lui dit que sa femme les adorait elle aussi et toutes deux devinrent amies, se téléphonant presque chaque jour.

Glenda et Ronda étaient voisines à McCleary, les Larson possédant une grande étendue de terres, avec écuries et, bien sûr, plusieurs chevaux. Les deux amies avaient toujours quelque chose à se raconter.

— Nous aimions nous abriter dans mes écuries quand il pleuvait, se souvient Glenda. Nous nous occupions des chevaux en écoutant la pluie tambouriner sur le toit de tôle.

*
**

Malgré son amour pour Mark et les enfants, et son plaisir d'habiter ce ranch, Ronda ne pouvait ignorer les difficultés qui s'accumulaient. Vint un jour où elle se refusa à subir cette vie dans la police de l'État de Washington. Parfois, elle en venait à regretter d'avoir des formes ou de ne pas être laide. Elle ne pouvait plus supporter ce harcèlement. De plus, la brigade refusait de rembourser ses arrêts de travail, dus l'un à sa fausse couche, l'autre à sa blessure dans le dos récoltée en poursuivant un malfaiteur : alors qu'elle faisait demi-tour à cent kilomètres à l'heure, le radar du véhicule avait été catapulté du tableau de bord vers son épaule.

Le 18 octobre 1994, Ronda rédigea sa lettre de démission, adressée au chef Roger W. Bruett.

« Je me souviens, quand j'avais seize ans, je ne rêvais que d'entrer dans la police de l'État de Washington. Cette démission m'est plus pénible que tout ce que j'ai pu affronter dans ma vie. La seule chose qui s'en approche, c'est le harcèlement sexuel et la discrimination que j'ai eu à subir tout au long de ma carrière dans cette brigade.

« Les représailles lancées contre moi à la suite de ma plainte, le refus de me laisser suivre une nouvelle formation pour les premiers secours, le PR-24[1], les constats de conduite en état d'ivresse, sur la diversité culturelle, mais aussi la suppression de ma boîte aux lettres et de mon casier, de leur contenu et l'absence d'ordre de virement ne font que confirmer les intentions de la brigade à mon égard.

« Dans le but de protéger ma santé physique et mentale, qui n'a fait que se détériorer à la suite de ces mauvais traitements peu professionnels, allant d'un brigadier qui m'a palpé la poitrine à un environnement professionnel hostile, je démissionne de la police d'État, démission qui prend effet immédiatement. »

La lettre porte en paraphe ses initiales : « R.L. »

Son rêve d'enfance était réduit en cendres.

1. Bâton de défense en usage dans la police.

8

Mark restait agent de la police d'État, ce qui posait souvent problème à Ronda. À sa vue, elle ne pouvait s'empêcher de penser sans cesse à sa carrière ratée. Néanmoins, elle n'allait pas lui demander de quitter un emploi qu'il aimait tant.

Son amie Glenda Larson lui trouva un poste d'agent de sécurité au magasin Wal-Mart d'Aberdeen dès le printemps 1996. La direction la remercia d'avoir trouvé une personne aussi compétente. Pour Ronda, ce travail n'avait rien à voir avec ses fonctions dans la brigade, mais elle avait l'œil pour repérer les voleurs à l'étalage et ne demandait qu'à se consacrer à ses nouvelles fonctions.

Glenda travaillait aussi au Wal-Mart, ainsi que Cheryl Gilbert – qui suivait souvent Ronda dans ses mouvements de carrière. Ronda eut pour collègue Dan Pearson, plus jeune, et qu'elle forma.

— Elle débordait de vitalité, se rappellerait-il. On se battait ensemble contre les plus violents, ce qui nous arrivait au moins une fois par semaine. Un jour, on est tombés sur un type qui devait peser quarante kilos de plus qu'elle. Ronda l'avait vu voler un jean. Il a voulu l'écarter de son chemin, mais elle a sauté sur son dos et l'a ainsi chevauché sur une cinquantaine de mètres à travers le centre commercial. On a dû s'y mettre à deux pour lui passer les menottes.

Les deux collègues se faisaient parfois des farces. Un jour, au Wal-Mart, Dan Pearson vit un homme pousser un chariot plein de cartons de cigarettes vers la sortie, sans s'arrêter à la caisse. Dan lui emboîta le pas au moment où il passait la porte, tout en appelant Ronda à la rescousse.

— Je lui ai demandé de rester à surveiller le chariot pour que le type ne puisse pas le récupérer, et elle a attendu là pendant que je me battais avec lui. Elle était furieuse d'avoir manqué la bagarre.

Elle lui rendit la monnaie de sa pièce, un jour qu'il prenait sa pause dans la salle de repos, en lui renversant sur les genoux un verre de soda plein de glaçons.

— Elle avait un curieux sens de l'humour mais savait se montrer tout à fait professionnelle le moment venu. Et puis elle suivait toujours l'évolution des gens qu'on attrapait, lisait les dossiers autant qu'elle le pouvait.

Certains voleurs avaient un casier bien rempli quand les autres étaient des amateurs. Ronda était une investigatrice-née et tirait le maximum de sa formation dans la police. Avec Dan, elle était arrivée au Bon Marché (désormais Macy's) en 1997. En jean et imperméable, les deux vigiles savaient se fondre parmi la foule des clients.

Dans les métiers de la sécurité, il faut savoir éviter bien des écueils, entre autres, ne pas arrêter systématiquement les membres de minorités. Un jour, Ronda repéra un Hispanique qui traînait dans une allée d'articles sportifs ; il prit une casquette à vingt dollars, la posa sur sa tête et continua son chemin. Elle l'arrêta, et il porta plainte contre elle pour discrimination.

— Elle n'allait pas non plus le laisser voler une casquette comme ça ; elle ne tenait compte ni de sa couleur, ni de sa race, ni de sa religion. Pour elle, c'était un voleur comme un autre.

*
**

Brusquement, le couple Ronda-Mark explosa. Après huit années de vie commune, elle le soupçonnait de la tromper. L'agent immobilier qu'ils avaient retenue pour vendre la maison de la mère de Mark se montrait étrangement familière avec lui. Ronda essaya d'abord de lutter contre ses soupçons, qu'elle attribuait à un accès de paranoïa.

Les femmes commettent peu d'erreurs en matière de cœur ou de passion, et Ronda divorça en décembre 1997. Ce fut un triste Noël pour elle, mais au moins elle put se tourner vers sa famille et ses amis, en particulier Ron Reynolds, qui la conseillait depuis plus d'un an en tant que Témoin de Jéhovah. À la fin des années 1990, les Liburdi et les Reynolds habitaient la même rue et les deux couples s'entendaient bien. La femme de Ron, Katie, avait même été très amie avec Ronda, au point de la conseiller à l'époque où elle voyait s'effondrer son couple.

Les Reynolds avaient quelque quinze ans de plus que Mark et Ronda. Le temps aidant, Ron fit bien plus que conseiller la jeune femme. Pour elle, il était toujours disponible, au point qu'elle racontait à son collègue Pearson combien elle le trouvait « gentil », surtout comparé à Mark, qui avait tendance à piquer des colères.

Indubitablement, Mark et Ronda avaient fait un mariage d'amour. Mais leurs personnalités se heurtaient et ils savaient que leur couple ne tiendrait pas davantage.

Ronda était tombée amoureuse de Ron Reynolds en 1997, et réciproquement. Vu de l'extérieur, sa demande en mariage put sembler un peu précipitée, mais pas pour eux. Ils se fiancèrent et décidèrent de se marier dès janvier 1998.

Ronda ne resta donc célibataire qu'un mois. Avec Ron, elle se sentait arrivée à bon port. Malgré cette décision rapide, et malgré leur différence d'âge, son collègue Dan Pearson put constater à quel point elle était épanouie, du moins durant les premiers mois de son mariage.

Certes, il y eut quelques accrochages. Ronda confia à Dan Pearson sa colère quand elle découvrit que Ron avait payé la caution de son ex-femme, Katie, après son emprisonnement pour possession de drogue.

— Ronda s'inquiétait de ne pouvoir régler ses propres factures. Elle disait que Ron ne les payait pas, alors qu'elle lui remettait l'intégralité de son salaire.

Ainsi, elle eut tôt fait de découvrir que Katie Huttula Reynolds se servait de sa carte de crédit du Bon Marché pour faire des achats personnels.

— Elle n'avait eu aucun mal à se procurer le code

et j'ai cru comprendre qu'elle allait jusqu'à réclamer la ristourne consentie aux employés.

Dan Pearson faisait de son mieux pour soutenir Ronda dans sa vie privée comme dans leur métier. Un mois avant sa mort, elle l'avait appelé de l'autoroute.

— Ronda était en panne d'essence. Elle avait quitté Ron, après une dispute, au beau milieu de la nuit. Alors, je suis allé la chercher.

Il fut l'une des dernières personnes à qui elle adressa la parole. Elle l'appela le 15 décembre pour lui dire qu'elle prenait quelques jours de vacances et se rendait à Spokane, dans sa famille.

Le lendemain, le patron de Pearson se présentait à sa porte pour lui annoncer l'impensable, la mort de Ronda.

— J'ai fondu en larmes, comme tous ses collègues de travail. Nous étions assommés. Il y avait tellement d'employés à ses obsèques que le magasin a dû louer plusieurs cars pour les y emmener.

9

Malheureusement, la vie de Ronda se dégrada de nouveau en décembre 1998. Elle avait divorcé de Mark Liburdi et allait bientôt divorcer encore, de Ron Reynolds.

Un seul homme l'avait vraiment aimée : Dave Bell. Bien que sans nouvelles de lui depuis des mois, elle le savait à présent libre et vivant avec ses enfants. Il l'aimait toujours, mais elle ne s'en était pas rendu compte alors qu'elle se rapprochait de Ron Reynolds.

Barbara Thompson, elle, savait que Dave était le seul à vraiment aimer Ronda.

*
**

En ce 17 décembre 1998, Dave Bell et Barbara Thompson s'engageaient dans Twin Peaks Drive. La bordure bleue de l'avant-toit donnait un air de gaieté à l'ensemble. C'est Ronda qui en avait eu l'idée : elle en avait parlé à sa mère, qui pouvait maintenant constater combien cette demeure aux fenêtres en éventail, entourée d'un large terrain, paraissait attrayante.

Ce jour-là, un drap mortuaire semblait flotter au-dessus. Ronda n'était plus de ce monde depuis deux jours.

L'herbe de la pelouse avait jauni. Barbara revoyait les photos des plantes dont sa fille garnissait régulièrement les massifs, entre genévriers et berbéris. Les fleurs roses avaient disparu, ne laissant que des rameaux brunis. Quelques arbustes végétaient dans leurs pots d'origine ; on aurait dit des chrysanthèmes abandonnés, aux racines dénudées et sans doute gelées.

Ronda avait découvert la liaison de Ron avec son ex-femme dès le printemps précédent ; elle en avait parlé à sa mère en septembre. À l'époque, elle n'était pas prête à le quitter, tant leurs finances étaient entremêlées – d'autant que Ronda remettait tout son salaire à Ron. Il lui disait de ne pas s'inquiéter, qu'il payait toutes ses factures ainsi que les échéances du foyer. Elle espérait qu'il disait vrai.

Ronda avait aussi espéré pouvoir sauver leur couple – jusqu'à cette fin d'automne où elle s'était rendu compte qu'il lui mentait à peu près sur tout. Ce fut sans doute à cette époque qu'elle cessa d'entretenir la pelouse et le jardin. Les chrysanthèmes négligés symbolisaient pleinement l'instant où elle avait compris que son couple était brisé. Leur seule vue mit Barbara au bord des larmes. Elle se demandait si elle aurait le courage de parler avec Ron en tête à tête.

Elle vit alors Dave Bell, les yeux pleins de larmes, les mains tremblantes. Cet homme, policier depuis plus de vingt ans, semblait au bord de la crise de nerfs.

— Je ferais mieux d'attendre dehors, déclara-t-il.

Barbara n'osa pas insister.

En se garant, ils observèrent les véhicules à proximité : le nouveau pick-up de Ron, la Suzuki de Ronda, mais aussi la Ford Taurus qui avait appartenu au père de Ron, décédé en mai, et dont il avait hérité. Quant au quatrième véhicule, ni l'un ni l'autre ne connaissait son propriétaire.

Dans leur enclos, sur la droite de la maison, les chiens de Ronda aboyèrent. Jamais celle-ci ne les aurait laissés ainsi livrés à eux-mêmes.

Son joyeux petit Jack Russell, Tuffy, avait été enfermé seul dans un coin, et les deux rottweilers dans un autre. L'un des deux, Jewel, était la sœur du chien de Barbara ; quant à l'autre, Old Daisy, elle s'était présentée à la porte de Ronda, couverte de blessures dues soit à des accidents, soit à de mauvais traitements. La fraîcheur de ces jours de décembre était pénible pour le vieil animal, mais Barbara savait que Ron ne laissait jamais les chiens entrer dans la maison.

Ronda avait fait de son mieux pour qu'ils n'importunent pas son époux, ne leur servant leur repas que le soir, afin qu'ils ne soient pas insupportables la nuit… au risque de réveiller Ron.

À présent, Barbara s'efforçait de garder l'esprit aussi ouvert que possible – au point qu'elle se demanda s'il n'était pas arrivé à sa fille quelque chose d'horrible susceptible de l'avoir acculée au suicide. Mais si quelqu'un avait tiré une balle dans la tête de

Ronda, elle se sentait capable de le prendre à la gorge (elle imaginait un tueur masculin) et « de lui arracher le cœur. Je m'imaginais déjà ses petits yeux exorbités de terreur alors que la vie le quittait ».

En elle la rage le disputait au chagrin, et elle devait lutter contre l'un et l'autre. Elle donna contre la porte de vigoureux coups de poing, jusqu'à ce que celle-ci s'ouvre sur son gendre en T-shirt et pantalon de jogging ; bien qu'on soit déjà au début de l'après-midi, elle l'avait apparemment tiré du lit. Il paraissait tout surpris de la voir là.

— Il faut que je vous parle, lui dit-elle.

Il la laissa entrer en s'excusant, la conduisit dans le living, qui ouvrait sur un couloir donnant sur les chambres. Sur la droite, un comptoir séparait la cuisine et le coin repas du séjour. Tandis que Ron allait s'habiller, Barbara regarda autour d'elle et eut un choc en apercevant une de ces selles western que Ronda aimait tant.

Tous les meubles venaient de sa fille : son canapé, sa causeuse, le coin salon avec la télévision, les tables basses, les lampes – tout. Barbara en fut d'abord stupéfaite, puis elle se rappela que l'ex-femme de Ron, Katie, avait gardé la maison et tous les meubles après leur divorce au bout de vingt ans de mariage. Pour autant que Barbara le sût, Katie Reynolds avait, de plus, reçu une indemnité financière assez élevée, environ cent mille dollars, ce dont Ron ne se remettait toujours pas. Mais deux décennies et cinq enfants mettaient la légalité du côté de l'épouse délaissée.

Dans le coin repas, Barbara retrouva l'impressionnant buffet, installé au fond, à peu près vide.

Elle se demanda où étaient passées les précieuses porcelaines de Ronda, ainsi que les photos qu'elle avait mises aux murs : on n'en voyait plus que des traces plus ou moins apparentes sur la tapisserie. Sans doute Ronda les avait-elle récupérées dans son intention de déménager.

Ron revint, en boutonnant sa chemise. Il proposa du café à Barbara, qui refusa.

— Je voudrais savoir ce qui s'est passé. Comment une chose aussi abominable a-t-elle pu se produire ?

Son gendre remplit d'eau le réservoir de la cafetière, ajouta un filtre puis du café fraîchement moulu ; il prit la parole d'un ton monocorde, d'une voix quasi synthétique.

— Ronda était quelqu'un de très instable, vous savez. Elle n'était pas gentille. Elle avait beaucoup de problèmes, aucune confiance en elle. Je devais sans cesse la rassurer, l'aider à rebâtir son estime de soi, ne serait-ce que pour trouver un nouvel emploi. Elle répétait : « Je ne suis bonne à rien. » Et puis elle avait ce côté obscur, ignoble, que personne ne lui connaissait. Pourtant, il existait. Elle était mauvaise, cruelle, méchante, manipulatrice… une menteuse chronique, maniaco-dépressive. Elle en est arrivée seule à cette issue. Elle n'avait pas d'autre solution.

Barbara pouvait à peine respirer. Même s'il y avait un soupçon de vérité dans ce qu'il disait, comment pouvait-il se montrer si cruel ? Lui, qui accusait Ronda de méchanceté, semblait prendre un malin plaisir à dire tout cela devant la mère de sa femme.

Barbara se répétait mentalement les consignes de

Jerry Berry : ne pas s'emporter, ne pas poser trop de questions, et ne rien oublier.

— Et c'est vous qui l'avez trouvée ? demanda-t-elle, parvenant à parler d'un ton calme.

Elle avait envie de lui hurler des obscénités, de le frapper. Comment osait-il proférer de telles horreurs sur la fille qu'elle venait de perdre ? Pourtant, elle ne changea pas d'expression.

— Je l'avais empêchée de s'endormir avant 5 heures du matin, expliqua-t-il. Je ne voulais pas la laisser seule. J'avais peur qu'elle se fasse du mal. Et puis j'ai dû m'endormir. Le réveil a sonné à 6 heures, mais elle n'était plus à côté de moi dans le lit. Je suis parti la chercher. Je pensais la trouver dans la cuisine occupée à nourrir les chiens.

Barbara savait pourtant que Ronda nourrissait les chiens le soir et non le matin. Bien sûr, elle aurait pu vouloir prendre ses précautions avant de partir pour Spokane, de peur que Ron ne les nourrisse pas. Et puis non, pensa Barbara : elle aurait demandé à un ami de s'en charger. Mais elle ne dit rien.

L'inspecteur Berry lui avait précisé que Ron n'avait pas appelé les secours avant 6 h 20. La maison n'était pourtant pas si grande qu'on doive passer vingt minutes à y chercher quelqu'un. De plus, Ronda se trouvait juste à côté, dans le dressing, à l'entrée de la salle de bains. Pourquoi Ron n'avait-il pas regardé là d'abord ? On avait aussi dit à Barbara que les pieds de Ronda bloquaient l'entrée du dressing. Comment Ron aurait-il pu la manquer ?

Elle avait beau le scruter, il évitait son regard, posant les yeux sur des objets ou des meubles, le comptoir de la cuisine, le mur, le canapé, et même le sol. Mais jamais sur elle, qui le fixait intensément.

— Pourquoi aurait-elle fait ça ? demanda-t-elle, étonnée de son propre sang-froid. Vous vous étiez disputés ?

Ron Reynolds bondit sur l'occasion :

— Euh... nous parlions du divorce. Nous... Elle m'avait menti, elle avait brisé ma confiance en utilisant à tort et à travers mes cartes de crédit. Nous en avons discuté et je lui ai dit que je ne pouvais plus lui faire confiance, et que si je la dénonçais elle irait même en prison.

— Elle vous a laissé entendre quelque chose avant de se suicider ? Elle vous a dit qu'elle allait le faire ?

— Nous allions nous séparer un moment. J'avais rendez-vous chez mon médecin, à Olympia, et Ronda m'a appelé sur mon portable, alors que je rentrais, pour me parler pendant presque trois quarts d'heure, me disant qu'elle allait se suicider.

Information surprenante. Ron ignorait-il que Dave Bell avait été témoin de cette communication ? Sans doute. Il pouvait fort bien y avoir eu plusieurs appels dont un avant le départ de Dave pour Toledo, le mardi. La compagnie des téléphones leur permettrait de vérifier.

Selon Dave, Ronda avait appelé son mari depuis son portable, ce mardi après-midi. Le sergent avait entendu tout ce qu'elle disait : elle n'avait aucunement parlé de suicide. Et la conversation n'avait pas duré trois quarts d'heure : elle avait été plutôt brève, et Ronda y avait calmement évoqué leur séparation.

La version de Ron était en complète contradiction avec les souvenirs de Dave.

— Si elle menaçait de se suicider, fit remarquer Barbara, pourquoi n'avez-vous pas appelé les urgences ?

La réponse de son gendre la choqua.

— En fait, j'y ai songé, et j'aurais dû le faire. D'un autre côté, je me disais que si elle ne le faisait pas tout de suite, elle se suiciderait plus tard. Alors je suis allé manger un hamburger avant de me rendre à la fête de Noël de l'école.

Barbara crut entendre des voix juvéniles – vraisemblablement les trois fils de Ron vivant chez leur père.

Ron se hâta d'expliquer qu'à son retour de l'école il n'avait plus quitté Ronda, comme s'il voulait effacer son indifférence devant la perspective de son suicide.

— Je suis resté avec elle toute la nuit. Je l'ai gardée près de moi après lui avoir expliqué qu'on en parlerait le matin.

Percevant un mouvement dans le couloir, Barbara Thompson leva la tête ; elle s'attendait à voir l'un des fils de Ron, et non une femme mince en peignoir de bain sortant de la chambre.

Oh, mon Dieu !

Elle venait de reconnaître Katie Huttula Reynolds, l'ex-épouse de Ron, la mère de leurs cinq fils.

10

Ni Ron Reynolds ni son ex-épouse, Katie, ne parurent gênés d'avoir été surpris par la mère de Ronda, en sous-vêtements, à peine trente-six heures après la mort de celle-ci. À l'évidence, ils avaient dormi dans la même chambre, celle donnant sur le dressing où Ronda avait poussé son dernier soupir. Incapable d'articuler un mot, Barbara Thompson les regardait, bouche bée. C'était comme s'ils venaient de faire l'amour sur une tombe.

Pourquoi la police n'avait-elle pas posé les scellés sur cette maison avant de recueillir toutes les preuves nécessaires ?

Katie Reynolds était maigre à faire peur. Pourtant, la structure de son visage laissait deviner qu'elle avait été jolie ; mais elle avait maintenant les orbites creuses et le teint blême. Elle se dirigea vers Barbara Thompson, la prit dans ses bras en un geste maladroit.

— J'aurais sans doute dû la plaindre, commenta Barbara, mais je n'ai pas pu. Elle semblait complètement sous la domination de Ron. Cela aurait pu sembler naturel puisqu'elle avait vécu plus de vingt ans avec lui et lui avait donné cinq enfants.

Barbara sentit que Katie lui glissait un papier froissé dans la main.

— J'ai écrit un poème pour Ronda, souffla-t-elle. C'est pour vous. Je l'aimais beaucoup.

Barbara n'en croyait ni ses yeux ni ses oreilles. Ces gens-là lui semblaient « au-delà du croyable ».

Elle se rendit compte qu'elle serrait les mâchoires à s'en faire mal. Tous deux paraissaient prêts à balayer les cendres de Ronda sous le tapis – même si Ron tenait à garder ses meubles.

— Vous avez prévu quelque chose pour l'enterrement ? demanda Barbara.

— Non, répondit le veuf, visiblement irrité.

— Je crois qu'elle aurait voulu être incinérée… Pourrais-je faire ramener son corps à la maison pour l'inhumer là-bas ?

— Faites ce que vous voulez, du moment que je n'ai rien à payer…

Soudain, malgré son chagrin, Barbara se sentit assez forte pour supporter n'importe quoi, et prête à tout pour venger Ronda. Elle avait de nombreuses questions à poser, bien des points sombres dans la vie de sa fille à éclaircir.

En pilotage automatique, elle poursuivit :

— Et ses affaires ? Je peux les récupérer ? Ses chiens ? Ses bijoux ?

— Emmenez ses chiens, répondit-il aussitôt. Elle aurait voulu qu'ils vous reviennent. Elle avait beaucoup de beaux bijoux, vous savez, mais je ne peux pas vous les donner. Je vais devoir les vendre pour faire face à toutes les dépenses. Je mettrai de côté ses autres affaires.

Quelles dépenses ? se demanda Barbara. Il n'allait

même pas payer les obsèques de sa femme, et allait sans doute hériter de la maison. Peu lui importait, mais il restait des objets auxquels Barbara tenait, à titre sentimental, sans compter les quinze mille dollars qu'elle avait prêtés à Ronda pour l'aider à payer la maison.

Ron laissa alors échapper une explication dont il ne soupçonnait pas la portée.

— Vous savez, j'ai découvert qu'elle n'avait pas réglé l'échéance de décembre pour son assurance vie… Il a bien fallu que je m'en occupe, que j'aille la poster avant la levée de 15 h 15 hier. Là encore, elle m'avait menti.

Enfin, il semblait s'émouvoir, comme s'il craignait de voir lui échapper l'argent de l'assurance de Ronda. En outre, en réglant une échéance après sa mort, il se mettait dans l'illégalité. Mais il passait déjà à d'autres récriminations.

— Elle m'a fait croire qu'elle avait souscrit pour un montant de trois cent mille dollars, et c'était seulement cinquante mille. Elle n'a jamais signé le formulaire de conversion nécessaire pour que l'assurance la suive dans son nouvel emploi.

En fait, Ronda avait bien signé un formulaire de conversion de sa police, mais il stipulait que le règlement des échéances était « à ses frais » et non à ceux de Wal-Mart. De plus, elle avait changé le nom du bénéficiaire, remplaçant son frère Freeman par Ron. En revanche, elle n'en avait jamais augmenté le montant. Par la suite, l'administrateur de la compagnie d'assurance dut regarder attentivement la signature du formulaire de la conversion, doutant qu'elle soit de la main de Ronda.

Ron semblait très préoccupé par l'argent, beaucoup plus que par la mort de sa femme. Barbara dut se mordre les lèvres pour ne rien objecter. Après tout, peut-être était-il encore sous le choc d'une fin aussi brutale. Barbara voulait bien le comprendre. Sinon, comment pouvait-il se montrer aussi insensible, prêt à tirer un trait aussi rapide sur cette épouse qui l'avait aimé ? Il avait bien dû y croire un peu, onze mois auparavant…

— Est-ce que je peux récupérer sa voiture ?

Barbara espérait bien trouver quelques indices dans la Suzuki de Ronda pour l'aider à comprendre ce qui avait pu se passer.

— Non, répondit-il vivement. Je la garde, elle est à mon nom.

— Écoutez, je suis arrivée ici en catastrophe. Prêtez-la-moi, au moins pour que je puisse emmener les chiens.

— C'est-à-dire… Bon, peut-être. Je vais demander aux garçons de la vider.

Mais Barbara ne voulait pas en entendre parler. Les enfants pourraient faire disparaître d'importants indices, accidentellement ou même volontairement. Peut-être le shérif pourrait-il obtenir un mandat de perquisition avant. Elle dit à Ron qu'il valait mieux attendre qu'elle ait trouvé un endroit pour loger les chiens.

— Je pourrai reprendre son buffet ? Il lui venait de sa grand-mère.

Ron refusa encore.

— Non, je le garde. Avec Ronda, on avait acheté une salle à manger assortie.

Sidérée, Barbara balbutia qu'elle serait à Toledo

quelques jours encore et qu'il pouvait toujours appeler chez elle pour y laisser un message.

— Je vais m'organiser pour l'enterrement et je vous tiendrai au courant, conclut-elle.

Elle se tourna vers Katie et lui adressa un sourire forcé. Celle-ci ne parut pas s'en apercevoir.

Barbara regagna la camionnette de Dave. Le « poème » de Katie l'intriguait ; elle aplatit le papier sur ses genoux. Le poème, dédié à Ronda, s'intitulait *Tristesse tragique.* Katie s'y dépeignait comme une personne ayant toujours aidé Ronda.

Il se terminait ainsi :

À présent, je déplore de mes larmes la mort tragique
De cette fille tourmentée
Mais pétrie d'amour et de grâce,
Aux si belles qualités
Qui empliront tant d'espace.
Je l'aimais comme une sœur
Et je pleure sa disparition.
La musique de cet adieu
Je la jouerai au piano…
Repose en paix, chère Ronda – tu me manqueras.

Barbara se demanda comment Katie avait eu l'audace de lui donner ce poème sirupeux où elle prétendait que Ronda lui manquait, alors qu'elle couchait avec Ron dans le lit conjugal dès la nuit qui avait suivi le décès de son épouse.

— Il n'a même pas dit qu'il avait aimé Ronda, confia-t-elle à Dave Bell. Il n'a pas même dit qu'il était triste de sa mort.

11

À 13 heures, ce même jour, Dave Bell et Barbara Thompson regagnèrent le bureau de Jerry Berry. Encore abasourdie par l'accueil qu'elle avait reçu chez Ronda, Barbara lut à haute voix les notes rédigées sur le chemin du retour, décrivant son gendre non seulement comme indifférent à sa mort, mais aussi railleur et insultant. Rien ne semblait l'intéresser que sa situation financière. Au point d'avoir engagé un avocat pour récupérer sa part sur la maison de McCleary que Ronda possédait avec son précédent mari, Mark Liburdi. Jerry Berry promit de vérifier ce point.

Cette attitude n'étonnait pas l'inspecteur du comté de Lewis. La veille, il avait déjà remarqué à quel point le veuf semblait bien prendre les choses. Certes, il avait laissé la police inspecter les lieux sans se faire prier, autorisant même Berry à revenir examiner et mesurer le dressing, mais il ne paraissait pas très affecté.

— Depuis combien de temps Ronda savait-elle que Ron voulait divorcer ? demanda-t-il.

— Ça n'a pas été une surprise, répondit Barbara

après une hésitation. Quand je lui ai parlé, dimanche… le 13 décembre… elle m'a dit que Ron voulait renouer avec Katie, qu'elle le savait depuis plusieurs jours, mais moi je me doutais depuis des mois que ça n'allait plus du tout entre eux. Je lui ai conseillé de vérifier qu'il payait bien leurs échéances comme il le prétendait, puisqu'elle continuait de lui remettre son salaire.

Jerry Berry avait envie de poursuivre cet entretien, mais un rendez-vous urgent l'en empêchait. Il ne précisa pas qu'il s'agissait du médecin légiste, de peur de remuer le couteau dans la plaie.

En cet après-midi du jeudi 17 décembre, le Dr Dan Selove s'apprêtait à effectuer l'autopsie du corps de Ronda Reynolds. C'était un « légiste ambulant », souvent engagé par de petites bourgades ayant besoin de l'avis d'un expert car personne ici ne pouvait se charger de cette tâche : le coroner Terry Wilson n'était pas médecin. D'ailleurs, ce dernier, comme on l'a vu, ne se rendit pas à l'autopsie de Ronda Reynolds mais envoya son assistante, Carmen Brunton, qui y retrouva les inspecteurs Glade Austin et Jerry Berry.

Ronda mesurait un mètre soixante-dix et pesait entre soixante-deux et soixante-cinq kilos. C'était une jolie femme : cela se voyait maintenant que le sang inondant sa joue et son oreille ainsi que ses cheveux blonds aux racines brunes avait été nettoyé. Elle portait un minislip mauve assorti à son pyjama, dont le haut restait imprégné de sang séché.

C'était à l'évidence une femme qui prenait grand soin d'elle-même, avec ses faux ongles en parfait état – à part celui du majeur gauche à la pointe cassée. La balle l'avait-elle entamé en passant ? Ronda s'était-elle défendue ? Pourtant, elle ne présentait que peu de signes d'une éventuelle bagarre : outre cet ongle cassé, elle avait deux hématomes violacés sur le genou et le tibia gauches qui pouvaient aussi bien remonter à quelques heures avant sa mort.

Le légiste examina la blessure par balle à proximité de l'oreille droite, et put bientôt déterminer qu'il s'agissait d'une marque d'entrée sans trace de poudre sur la peau, dans la mesure où toute la poudre se trouvait à l'intérieur de la plaie. Autrement dit, le coup avait été tiré à bout portant.

Ronda – ou un autre tireur – avait placé le canon sur la peau. La balle avait pénétré d'avant en arrière, de droite à gauche, selon un angle légèrement vertical vers le bas. Elle n'avait pas traversé le centre du cerveau. Selon le Dr Selove, Ronda était cliniquement morte à l'instant où la balle avait traversé sa moelle épinière – après quoi elle n'aurait plus pu remuer un membre.

Son cœur, ses poumons, son foie, ses reins, ses voies urinaires et son système reproducteur étaient normaux. Cela ne l'avait pas empêchée de faire plusieurs fausses couches, le grand regret de sa vie. Aucun médecin n'avait pu en déterminer la cause. Le Dr Selove lui non plus ne parvint pas à détecter une quelconque malformation propre à l'empêcher de mener à terme une grossesse.

Jerry Berry lui demanda de procéder à des prélèvements oraux, rectaux et vaginaux. Le prélèvement vaginal révéla la présence en quantité modérée de spermatozoïdes avec leurs flagelles. Ronda avait donc eu un rapport sexuel – à moins qu'elle n'ait été violée – quelque temps avant ou après sa mort, ce qui pouvait expliquer les hématomes à la jambe. Dans la mesure où les analyses ADN étaient loin d'atteindre la perfection en 1998, on n'était pas certain d'identifier l'« auteur » du sperme, à moins de connaître son groupe sanguin.

La rigidité cadavérique était déjà bien avancée, la cause de la mort ne faisait pas de doute. Il restait des milliers de questions, du genre « pourquoi ? », « quand ? », « qui ? »...

Une fois ôtés les sacs de papier protégeant les doigts de Ronda, on observa dans sa paume gauche la présence de fibres provenant sans doute de cheveux, et une fibre identique sous l'ongle cassé. Ronda avait-elle tenté d'écarter la balle d'un geste de la main ? Si elle s'était endormie, le bras gauche sous la tête, l'ongle n'aurait pu être cassé par le passage de la balle dont la trajectoire ne traversait pas tout le crâne. Les cheveux ou les fibres de couverture pris sous l'ongle pouvaient constituer une pièce à conviction, ou rien du tout.

Glade Austin et Jerry Berry avaient fait de leur mieux pour préserver tout ce qui pourrait être utile à la résolution de l'affaire, mettant soigneusement sous scellés puis étiquetant tout ce qui pourrait servir à prouver le suicide – ou une autre cause de la mort.

Et, puisque Ron avait dit à Barbara Thompson qu'il se moquait de ce qu'elle allait faire du corps, celle-ci prit des dispositions pour l'incinération.

*
**

Barbara Thompson appela sa mère pour lui donner des nouvelles. Ensuite, elle téléphona à son compagnon, Skeeter. Skeeter n'était pas le grand amour de Barbara, mais il savait se montrer prévenant et combler son immense besoin de tendresse. Sans hésiter, sans jamais y réfléchir à deux fois, il était toujours là. Il livrait seul ses propres combats avec lui-même : le souvenir de son épouse décédée, l'alcool, sa santé qui se détériorait.

Barbara avait rencontré Skeeter grâce à sa meilleure amie, Sandy – car ils étaient voisins. En 1991, Skeeter et son épouse eurent un grave accident de voiture, au cours duquel celle-ci trouva la mort ; lui dut être transporté en hélicoptère vers l'hôpital dans un état critique. La colonne vertébrale fracturée, il était encore dans le coma lors de l'enterrement de son épouse.

— Il faudrait que je te présente Skeeter, dit un jour Sandy. Il vit seul, il adore les chevaux et c'est un mécanicien exceptionnel.

Barbara et son ami de longue date, Don Hennings, s'étaient séparés d'un commun accord trois ans plus tôt, malgré l'amour qui les unissait. Leurs modes de vie étaient trop différents.

Cela n'empêcha pas Don de rester la figure paternelle dans la famille ; fier des enfants, il s'en occupa toujours avec attention.

— C'est Don qui a conduit Ronda à l'autel lors de son mariage avec Mark.

*
**

Toujours aussi généreux, Skeeter lui assura au téléphone que Daisy, le chiot offert par Ronda, se trouvait bien dans sa pension, et qu'il irait dès le lendemain lui rendre visite.

— Nous nous sommes dit « Je t'aime » et « Au revoir », puis je me suis allongée dans ma chambre pour essayer de dormir un peu. Mais je n'ai pas pu fermer l'œil, je ne pensais qu'à Ronda et à ce qui avait pu se passer au 114, Twin Peaks Drive.

Trois jours plus tard, Barbara retournait au domicile de sa fille. Elle savait qu'elle devait parler avec Ron Reynolds, et jouer la comédie, comme si elle ne le soupçonnait en rien de la mort de Ronda.

— Ma fille avait versé quinze mille dollars de son propre argent pour leur maison de Toledo et travaillait constamment pour la maintenir propre, la nettoyer, la repeindre, l'entretenir. Peut-être que, pris un à un, ces éléments ne représentaient pas grand-chose, mais mis ensemble ils décrivaient un homme profondément avide et mauvais.

Barbara redoutait cette nouvelle rencontre avec Ron mais la savait indispensable.

— J'espérais qu'il m'apporterait de nouveaux indices sur ce qui avait pu se passer cette nuit-là. Je devais aussi organiser les obsèques et vérifier si les chiens allaient bien.

Elle ne fut pas surprise d'apercevoir la voiture de Katie dans l'allée. Le pare-brise était couvert de givre, preuve qu'elle y avait passé la nuit.

— Cela ne me surprenait pas. Je me demandais juste comment ces deux-là pouvaient dormir dans la chambre de Ronda, dans son lit, à quelques mètres de l'endroit où elle était morte, comment ils pouvaient y coucher ensemble. Ça m'écœurait d'autant plus quand je songeais au « poème » de Katie. Alors, je m'efforçais de penser à autre chose.

Entendant les chiens aboyer, Barbara se rendit du côté du garage pour aller les voir. Ils tremblaient de froid mais avaient de la nourriture et de l'eau, et Ron avait allumé la lampe chauffante au-dessus des niches.

Curieusement, l'attitude de Ron fut plus aimable que le jeudi précédent. Il assura à Barbara avoir demandé à Katie et à ses fils de lui préparer quelques affaires de Ronda pour qu'elle puisse les emporter, bien qu'il refusât toujours de lui donner un seul bijou. À quoi il donna une explication absconse.

— J'ai peur que ça m'incrimine, que ça me donne l'air d'avoir eu un mobile pour la tuer. Elle achetait beaucoup de beaux bijoux.

Barbara le savait bien. Néanmoins, elle apprit par la suite qu'il avait déclaré ces bijoux pour une valeur totale d'à peine mille dollars !

— Je suis passé au détecteur de mensonge, reprit-il. Et ça n'a pas marché. Jerry Berry m'a dit que c'était fréquent dans ce genre de circonstance, mais mon avocat m'a conseillé de ne plus parler à personne. Vous savez qui m'accuse, peut-être ?

Barbara réfléchit à toute vitesse et suggéra que cela pouvait venir de la grand-mère paternelle de Ronda qui vivait dans l'Oklahoma. Jamais Ron ne pourrait prendre contact avec elle.

Il lui répéta ce qu'il avait dit aux inspecteurs : Ronda était vivante à 5 heures du matin, le 16 décembre, il lui avait parlé pour lui demander si elle allait bien.

— Je l'avais gardée auprès de moi toute la nuit, sans cesser de lui parler... jusqu'à ce qu'elle s'endorme.

À son seul langage corporel, Barbara devinait qu'il pensait maîtriser complètement la situation.

— Je lui ai laissé croire qu'il m'avait convaincue de son innocence, raconta-t-elle plus tard.

C'était plus facile ainsi. Il chercherait moins à éviter de commettre des erreurs. Sa confiance en lui devenait sans doute sa pire ennemie.

Ron énuméra la liste d'objets que son avocat lui avait conseillé de garder. Y compris la voiture de Ronda. Il ajouta qu'il ne pourrait assister aux obsèques, car il avait « trop à faire ». Il proposa tout de même de participer aux frais, étant donné qu'il se sentait « un peu responsable ».

Barbara dut se mordre la langue jusqu'au sang pour s'empêcher de hurler et de lui taper dessus.

— Il voulait que je prenne les chiens parce qu'ils n'avaient presque plus rien à manger et qu'il n'avait pas l'intention de racheter de la nourriture pour eux. Mon cœur saignait de les lui laisser une minute de plus. Mais si je les avais pris à ce moment-là, je n'aurais plus eu aucun moyen de récupérer les affaires de Ronda.

Elle réfréna donc son envie de déchiqueter sur place cet homme qu'elle soupçonnait d'avoir tué sa fille. Elle parvint même à afficher un air serein, afin qu'il ne se doute de rien. Ron Reynolds accepta qu'elle emporte les niches des chiens et la selle décorant le living.

Barbara ne pouvait rien faire de plus. Elle devait juste se taire et s'en aller.

⁂

En retrouvant Jerry Berry, le soir, David Bell et Barbara Thompson commencèrent par confronter leurs souvenirs respectifs. Ainsi, David raconta à l'inspecteur comment, alors qu'il dînait avec Ronda à une époque où elle travaillait de nuit chez Macy's, celle-ci avait reçu un appel de Ron ; apparemment, il tentait de la convaincre de rester à Olympia jusqu'au matin, car il ne voulait pas qu'elle roule si tard.

— Alors elle lui a demandé qui était à la maison, ajouta Bell.

Elle se doutait que c'était Katie ; à lui aussi, elle confia avoir demandé un bilan de santé pour vérifier qu'elle n'avait pas le sida, avant d'accepter le divorce.

— Elle avait un ongle cassé, la dernière fois que vous l'avez vue ? demanda Berry.

— Non. Ses mains étaient impeccables quand je l'ai déposée chez elle entre 20 heures et 20 h 30. Elle était très soigneuse et, croyez-moi, si elle s'était cassé un ongle, elle me l'aurait dit. En revanche, elle m'a parlé des quinze mille dollars qu'elle avait investis dans la maison et auxquels Ron espérait bien qu'elle allait renoncer.

Leur dernière conversation avait eu lieu vers 0 h 45, le 16 décembre, quand elle l'avait appelé pour préciser l'heure de son vol, disant qu'elle décollerait de SeaTac, à Seattle, à 14 heures. Dave devrait donc quitter Des Moines vers 10 heures s'il voulait arriver à Toledo à temps pour la conduire à l'aéroport.

— Elle paraissait contente d'aller chez sa mère. Elle disait avoir un peu dormi et se sentir beaucoup mieux. Je l'ai trouvée beaucoup plus calme que dans l'après-midi.

Le sergent de police de Des Moines dit aussi à Berry combien l'attitude de Ron Reynolds l'avait bouleversé lorsqu'il avait voulu appeler Ronda plus tard dans la matinée du 16. Son mari s'était montré atrocement impassible, et même désinvolte, en lui annonçant qu'elle s'était suicidée.

Berry, Barbara et Bell ne se séparèrent que tard dans la soirée, ces deux derniers plus convaincus que jamais que Ronda avait été assassinée - même s'ils n'avaient pu amener l'inspecteur à le leur confirmer.

— Au fond, il le savait lui aussi, se souviendrait Barbara. Seulement, il ne voyait pas comment corriger les fautes commises sur la scène, ni comment trouver assez de preuves pour soutenir ce que nous croyions tous les trois. Il m'a de nouveau promis de poursuivre ses recherches et m'a dit que je pouvais lui téléphoner quand je voudrais. Je l'ai cru. C'était un homme sincère et dévoué.

12

Cheryl Gilbert se proposa pour aider Barbara Thompson à organiser le service funèbre. Ainsi qu'elle le proclamait partout, Ronda et elle étaient devenues de grandes amies. À présent, elle allait devenir le centre d'attention en s'occupant de Barbara. Elle l'invita même à dormir chez elle, et Barbara accepta sans se faire prier.

Pour lui montrer sa reconnaissance, Barbara l'aida à déboucher ses tuyaux gelés en allant les vérifier un à un sous la maison.

Cheryl accompagna Barbara à la maison de Twin Peaks Drive. Ron les accueillit à la porte et chargea avec elles les niches et des nattes en caoutchouc de verrouillage de stalle dont il n'avait plus besoin. Ils ne parlèrent pas beaucoup, mais Ron accepta d'appeler le coroner du comté de Lewis pour l'autoriser à remettre le corps de Ronda à sa mère. Comme on était tout près de Noël, ils décidèrent de fixer au 4 janvier la date des funérailles.

Ron accepta finalement que Barbara emporte une grande photo encadrée de Ronda, et quelques autres. Elle entassa le tout à l'arrière de la camionnette avec les niches, les nattes et d'autres affaires de Ronda, et décida de rentrer ainsi à Spokane pour revenir au volant de son grand pick-up afin de récupérer tout ce que Ron la laisserait prendre. Il s'était montré parfaitement clair : il ne lui abandonnerait rien de « personnel » comme les bijoux de Ronda, son ordinateur, ni aucune de ses lettres ; mais il voulait bien qu'elle emporte de vieux meubles et quelques-uns de ses vêtements. Pour la porcelaine que son père avait donnée à Ronda, Ron promit de réfléchir.

Barbara savait qu'elle devait agir vite, pour ne pas lui laisser le temps de changer d'avis. Ce qu'il lui cédait n'avait pas une grande valeur intrinsèque mais, pour elle, c'était tout un monde.

— J'étais prête à récupérer la moindre miette qu'il me laisserait, même les vieux vêtements abîmés. Je trouvais dommage de ne garder que ces pauvres objets informes pour me rappeler ma fille magnifique et pleine de vie que plus jamais je ne serrerais dans mes bras.

Barbara avait déjà pleuré toutes les larmes de son corps, au point de ne plus rien éprouver, de se sentir le cœur froid. Choisissant soigneusement ses mots, elle évitait de mentionner tout ce qui pouvait se rapporter à la mort de Ronda, s'efforçant seulement d'attendrir Ron pour le persuader de lui donner le maximum d'affaires.

« Pas moyen d'attendrir cet homme, écrivit-elle dans son journal. À part ce qu'il aurait de toute façon jeté à la poubelle, il voulait garder tout ce qui avait la moindre valeur… ou ce qui, d'une façon ou d'une autre, pouvait l'impliquer dans la mort de Ronda.

***

Cheryl proposa que le service funèbre se déroule à l'église de son père, et promit qu'il officierait. L'église se montra accueillante, offrant son aide pour préparer la cérémonie et disposer les fleurs.

À la morgue, Ron s'était assis à côté de Barbara et il feuilletait des cartes, à la recherche de celle qu'il conviendrait de distribuer pour les obsèques. La colère de Barbara grandissait tant qu'elle craignait de ne pouvoir la réprimer plus longtemps, mais ce n'était ni le lieu ni l'endroit. Aussi se raisonna-t-elle en songeant que la justice saurait venger la mémoire de Ronda. Elle se demandait seulement combien de temps encore elle parviendrait à se dominer.

— Et la réponse m'est venue : éternellement. Je me suis prise à le dire tout haut : « S'il le faut, j'y passerai ma vie entière, mais je ne céderai pas, je ne rendrai pas la justice de mes mains. » Je me suis fait cette promesse, à moi et à Dieu.

Barbara repartit pour Spokane, mille kilomètres aller et retour à travers la montagne, en plein hiver, deux nuits avant Noël. Les routes étaient toutes blanches, mais les chasse-neige avaient dégagé la chaussée.

— L'autoroute était calme, le ciel clair et les étoiles brillantes. Au volant de mon pick-up, j'avais chaud et je me laissais bercer par le ronronnement du moteur. J'avais déjà mémorisé toutes les bornes, tous les virages, toutes les stations-service.

J'ignorais alors combien de fois j'allais refaire ce chemin au cours des années à venir.

Barbara arriva chez elle à l'aube. À peine avait-elle franchi la porte que Daisy lui sautait dessus, folle de bonheur de la revoir. Skeeter aussi l'avait attendue, s'endormant à moitié dans son fauteuil à bascule.

— Il voulait juste s'assurer que je rentrais bien à l'heure prévue. Et puis il voulait me parler, me serrer dans ses bras, savoir ce qui s'était passé... Mais je n'arrivais pas à aligner deux mots. J'avais envie d'être seule. Il ne comprenait donc pas ? L'unique personne que j'avais envie d'étreindre, de toucher, d'aimer, c'était ma fille. Je ne me rendais pas compte que je lui brisais le cœur. Skeeter ne cherchait qu'à m'aider, à me consoler. Et moi je repoussais un homme qui me chérissait. Plus il voulait m'aider, plus je me détournais. Ce fut le commencement de la fin.

*
**

Le lendemain matin, Barbara retourna dans le comté de Lewis. Elle passa un tranquille dîner de Noël dans la famille de Cheryl. Les deux femmes parlèrent de Ronda et choisirent les chants pour la cérémonie. Il fallut six soirées à Barbara, entre Noël et le jour de l'an, pour mettre au point les détails du service funèbre. Méticuleusement, elle transféra toutes les photos de sa fille sur l'ordinateur de l'église. Elles apparaîtraient au rythme des musiques sélectionnées.

— Et là je me suis aperçue qu'elle souriait

toujours, qu'elle avait toujours les yeux brillants comme si elle était vivante, en personne, devant moi, et je me sentais envahie par son amour. Chaque nuit, je me retrouvais avec elle, et je refusais de la quitter.

Barbara était alors en pleine phase de déni : elle ne pouvait plus rien faire pour sa fille, sinon préparer ses obsèques ; alors elle se raccrochait aux détails.

Virginia, la grand-mère de Ronda, arriverait par avion le 4 janvier au matin, en compagnie de deux anciennes camarades de classe de sa petite-fille. Lorsque Barbara apprit que Ron allait finalement venir, elle décida d'éloigner Freeman et Don Hennings de peur qu'ils ne se jettent sur lui pour se faire justice. En effet, tous deux l'accusaient ouvertement de les avoir privés d'un être qu'ils aimaient profondément. Il y aurait donc une autre cérémonie à Spokane, à laquelle n'assisterait pas Ron.

Le frère de Barbara, Bill, était immédiatement venu la soutenir à Spokane en apprenant la mort de Ronda – mais il n'avait pu rester jusqu'au 4 janvier.

Barbara avait cinq hommes importants dans sa vie, et quatre d'entre eux n'assisteraient pas aux obsèques de Ronda. En revanche, David Bell serait là, malgré son chagrin et sa douleur.

— Je savais que je pouvais compter sur lui et que nous traverserions ensemble cette épreuve.

*
**

La veille des obsèques, Barbara et Cheryl Gilbert se rendirent à Toledo pour y récupérer les affaires de Ronda. Barbara fut surprise de tout ce que Ron leur abandonnait finalement. Son canapé rouge groseille et sa causeuse étaient quelque peu abîmés, mais elle les récupéra avec joie, ainsi que sa télévision et sa stéréo, sa commode, d'autres photos et, curieusement, tous leurs portraits de mariage ainsi que sa bible. Cheryl la demanda en souvenir de son amie et Barbara n'osa la lui refuser. D'autant plus qu'elle semblait épouser les théories de Barbara, selon lesquelles Ronda ne pouvait en aucun cas s'être suicidée.

Il y avait aussi beaucoup de chaussures bien emballées, sa robe de mariée, ses uniformes de police, et aussi bon nombre de manteaux, des couvertures, des édredons et quelques oreillers défraîchis.

— J'étais certaine qu'ils n'avaient jamais appartenu à Ronda, il s'agissait juste de vieilles choses dont il voulait se débarrasser. En revanche, Ron ne voulait pas que je prenne son argenterie, mais j'ai vu l'un des garçons apporter le coffret dans lequel elle la rangeait. Je l'ai vite déposé dans le pick-up sans en vérifier le contenu. Je me doutais que certaines boîtes contenaient ses verres en cristal et ses assiettes Elvis Presley, hérités de son père.

Barbara et Cheryl durent transporter seules le canapé et le fauteuil : ni Ron ni aucun de ses fils ne proposèrent de les aider. Ensuite, Ron ne leur permit pas d'entrer dans la maison : elles durent attendre dehors que les garçons apportent d'autres affaires, entre autres, des vêtements qui ne pouvaient avoir appartenu à Ronda. Mais le ficus d'un mètre cinquante offert autrefois par Don Hennings, Barbara put l'emporter… Ron ne tenait pas non plus à garder les laisses des chiens, ni leurs colliers, ni leurs médicaments.

Cheryl et Barbara déposèrent le tout dans un garde-meuble. Elles eurent l'impression que la présence de Ronda au 114 Twin Peaks Drive avait déjà été effacée – il n'y resterait d'elle que les meubles coûteux achetés après son mariage, un an et deux jours auparavant.

Les obsèques eurent lieu le 4 janvier 1999. Avant de se plonger dans la doctrine des Témoins de Jéhovah, Ronda avait fréquenté la paroisse d'Elma dont le pasteur était le révérend Jacob Winters*, le père de Cheryl.

Barbara, grand-mère Virginia et David Bell reçurent ensemble les condoléances des personnes venues assister à la cérémonie. Barbara en connaissait certaines, mais la plupart ne lui disaient rien : des cars entiers de collègues de travail, et des amis d'enfance. Tout le monde put voir les photos que Barbara avait installées sur l'écran, et elle entendit les commentaires : comme elle, tous constataient que Ronda souriait sur chacune d'elles.

Un murmure parcourut la nef à l'entrée de Ron Reynolds au bras de son ex-épouse, Katie Huttula. Il s'installa au premier rang avec l'un de ses fils, tandis que Katie s'asseyait juste derrière lui. En fait, et légalement, Ron était veuf depuis quelques jours. Pourtant, il semblait s'être bien vite adapté à sa nouvelle existence – comme si Ronda n'avait été qu'un petit écart sur sa route. Alors que Katie

Huttula semblait assez secouée, il ne laissait paraître aucune émotion : pas une larme, pas un mot de réconfort.

Les jambes flageolantes, Barbara Thompson se leva pour parler de sa fille qu'elle avait tant aimée et termina sur la révélation de la mission qu'elle s'était imposée.

— Elle nous a été arrachée si soudainement, si tragiquement, que je ne trouve pas les mots pour exprimer le chagrin, la colère et l'indignation que je ressens. Je ne sais qu'une chose. Je ne pourrai ni ne voudrai lâcher prise tant que je n'aurai pas complètement compris, tant que je n'aurai pas trouvé de réponses à toutes les questions qui m'assaillent, pour qu'enfin Ronda repose en paix.

En regagnant sa place, Barbara ne voyait plus rien à travers ses larmes. Un à un, les assistants se levèrent pour parler de la gentillesse de Ronda, de son dévouement, de son sens de l'humour, de sa sensibilité et de son goût de la vie.

Quand tout fut terminé, Jerry Berry s'approcha de Barbara et l'étreignit en lui murmurant :

— Tenez bon, je dois rencontrer plusieurs personnes qui ont des choses à me dire. On reste en contact.

Soudain, Ron Reynolds se matérialisa devant elle.

— Il voulait me parler, se souviendrait-elle. Il y avait si longtemps que je gardais la tête droite… mais, là, je n'en pouvais plus. Sans lui laisser le temps d'ouvrir la bouche, j'ai lâché ce que j'avais sur le cœur : « Vous êtes content de vous ? Alors que vous auriez pu empêcher ça ? J'espère que Dieu ne vous le pardonnera jamais. »

Trop tard. David Bell la saisissait par les épaules, la tournait vers lui pour la serrer dans ses bras. Deux personnes qu'elle ne connaissait pas emmenaient déjà Ron. Barbara restait livide à l'idée qu'il ait pu l'approcher, qu'il ait osé amener Katie Huttula aux obsèques de Ronda. Elle bouillait de colère au souvenir de toutes ces fois où elle s'était mordu les lèvres, en faisant comme si elle se moquait des cruelles accusations qu'il avait portées contre Ronda.

— Je venais juste de détruire toute chance de lui soutirer de nouvelles informations ou tout autre objet ayant appartenu à Ronda. Je m'étais laissée aller, il savait désormais que je le croyais coupable de la mort de ma fille.

*
**

Après la cérémonie, Judy et Larry Semanko, la sœur de Ron Reynolds et son époux, shérif adjoint à la retraite, discutèrent avec Jerry Berry. Tous deux sentaient que quelque chose ne tournait pas rond. Ils étaient passés chez Ron à 9 heures, le matin de la mort de Ronda.

— C'était surréaliste, commenta Larry. Ron plaisantait avec ses collègues de l'école, tout en emballant des cadeaux de Noël. Il n'avait pas l'air bouleversé pour un sou.

Larry avait parcouru la maison de son beau-frère et en avait eu froid dans le dos. En tant qu'ancien policier, il avait suivi une formation sur les enquêtes pour homicide, et tout lui semblait bizarre.

— D'abord, se rappelait-il, j'ai senti une odeur de lessive. On avait dû laver des vêtements à la machine.

Il constata aussi que la porte du dressing ne pouvait se fermer, bloquée par les jambes de Ronda. Il vit le message tracé au rouge à lèvres sur le miroir de la salle de bains et comprit immédiatement qu'il ne pouvait s'agir d'une annonce de suicide.

Il avait vu de nombreux cadavres dans son métier. La mort de Ronda ne correspondait à rien de ce qu'il connaissait. Avec Judy, ils décidèrent de confier à la famille de Ronda ce qu'ils en pensaient.

Et d'en faire la déclaration officielle auprès de Jerry Berry.

*
**

La deuxième cérémonie en mémoire de Ronda eut lieu plus tard, dans une église de Spokane, la ville où elle avait grandi. Ron Reynolds n'y assista pas. Dave Bell vint en voiture depuis la côte. Au cours des années qui allaient suivre, Barbara allait pouvoir constater qu'il serait toujours là pour elle, prêt à l'assister dans sa recherche de la vérité. Le père adoptif de Ronda, Don Hennings, se déplaça lui aussi et prit place auprès de Barbara, grand-mère Virginia, Skeeter et Freeman. L'église était remplie d'amis de Ronda, dont un groupe d'agents de la police de l'État de Washington.

Ni Barbara, ni sa mère, Virginia, ni le frère de Ronda, Freeman, ne purent se résoudre à enterrer l'urne contenant ses cendres. Ils firent le vœu de les garder jusqu'à ce qu'ils sachent exactement ce qui était arrivé à Ronda. Barbara plaça l'urne dans une vitrine de son salon, parmi les trophées obtenus par sa fille lors de concours équestres.

1998 s'achevait. L'année avait pourtant commencé pleine de promesses pour Ronda. À présent, la vie paraissait plus difficile que jamais à Barbara, à grand-mère Virginia et à Freeman. Leur fille, petite-fille et sœur était partie, et ils commençaient seulement à comprendre ce que signifiait « pour toujours ».

Barbara était persuadée que la nouvelle année allait apporter des réponses au décès de Ronda – peut-être même une arrestation. Elle n'aurait jamais imaginé combien d'années épuisantes allaient encore s'écouler avant la révélation de nombreux secrets.

TROISIÈME PARTIE

Barbara

13

Jerry Berry s'était juré de mener cette affaire à son terme. Néanmoins, il ne se sentait pas prêt à réitérer cette promesse devant Barbara Thompson. La pauvre femme vivait un enfer, ce n'était pas le moment de lui donner sa parole s'il ne pouvait la tenir.

Il ignorait à quel point elle allait rester en contact avec lui, jusqu'à le harceler. Convaincue qu'il pouvait découvrir la vérité, elle n'avait pas l'intention de le lâcher.

Bien qu'il l'admirât pour sa farouche obstination, il en vint à redouter la sonnerie du téléphone. Car Barbara, se révélant une excellente détective, eut tôt fait de trouver tous ses numéros, tant ceux du bureau que ceux de sa maison et de son mobile, et même les fréquences radio utilisées par son équipe.

— Au début, ça m'ennuyait, puis j'ai fini par me cacher quand elle arrivait et je ne prenais plus ses appels à chaque fois.

Jerry Berry s'était marié entre-temps avec Susan, qui a travaillé au bureau du procureur du comté de Lewis jusqu'en 2003. Une femme au cœur d'or…

Aussi protestait-elle lorsque son mari refusait de décrocher le téléphone.

— Pourquoi ne veux-tu pas lui parler ? demandait-elle. Tu n'as pas pitié d'elle ?

Bien sûr qu'il avait pitié, mais il avait parfois l'impression d'être le seul de tout le comté à enquêter sur l'affaire Ronda Reynolds. Pour les autres policiers, il suffisait de conclure au suicide et ce serait terminé. Avec ses collègues inspecteurs, ils avaient souvent discuté des divers témoignages sur l'affolement de la jeune femme devant la perspective d'un deuxième divorce en si peu de temps. Il était le seul à ne pas y trouver un motif suffisant de suicide.

En outre, nombreux étaient ceux qui connaissaient trop bien Ronda pour imaginer qu'elle ait pu attenter à sa vie. À commencer par Mark Liburdi, venu déposer en compagnie de sa nouvelle épouse, Krista. Selon lui, ce n'était pas du tout le genre de Ronda. Leur couple s'était brisé dans une certaine amertume, mais il insistait sur la force dont elle avait toujours su faire preuve.

Elle avait appelé chez lui à 22 h 20, la nuit de sa mort. Mark l'avait écoutée déposer un message sur le répondeur, mais il n'avait pas décroché.

— Vous n'avez rien remarqué de spécial dans sa voix ? demanda Berry.

— Disons qu'elle tremblait un peu…

— Cela lui arrivait souvent ?

— Oui. J'ai tout de suite deviné qu'elle s'était disputée avec son mari. Quand elle s'emportait, elle vibrait de partout.

Mark Liburdi n'avait pas pensé qu'elle ait pu simplement avoir peur – d'autant qu'elle laissait aussi un message à Krista. À l'évidence, elle voulait discuter de la vente du ranch de McCleary où elle avait vécu avec Mark.

— Je l'ai vue piquer de grosses colères, mais elle n'a jamais parlé de suicide. Ni rien fait qui donne l'impression qu'elle y songeait.

Krista Liburdi s'occupait de la vente du ranch de McCleary. Les capitaux de Ronda et de Mark s'y trouvaient mêlés, mais ils avaient l'intention de tout partager équitablement.

Ron Reynolds voulait accélérer le mouvement. Pourtant, Krista se rappelait que Ronda avait toujours voulu donner cet argent à sa mère. Il ne s'agissait pas d'une somme énorme, entre cinq mille et sept mille dollars.

Or, la chose se révélait assez compliquée pour qu'ils aient tous besoin d'en passer par un avocat.

— Krista, commença Jerry Berry, Ron vous a bien dit qu'elle était énervée la nuit de sa mort et qu'il avait dû écourter un rendez-vous chez le médecin ?

Elle assura que oui, expliquant qu'elle avait appelé Ronda à 8 h 19, le mercredi matin, ignorant bien sûr que l'ex-femme de Mark était morte.

— C'est Ron qui a répondu et il m'a raconté ce qui était arrivé. J'ai dû le rappeler plus tard dans la journée, et là il s'est mis à me parler de ce qui s'était passé le mardi, comment elle l'avait appelé, folle de rage, alors qu'il était chez le médecin… Il en est parti pour se rendre… quelque part, mais il lui a fallu trois quarts d'heure pour y arriver, et tout ce temps-là il dit l'avoir gardée au téléphone pour s'assurer qu'elle allait bien. Après, ils se sont disputés toute la nuit jusqu'au moment où il s'est endormi.

Ron lui avait raconté à peu près la même histoire qu'aux hommes du shérif du comté de Lewis.

— Il a cherché Ronda dans toute la maison pour finalement la découvrir « en dessous d'une pile de vêtements » dans le dressing.

Krista l'avait trouvé fort peu ému tandis qu'il lui rapportait ces faits. Jerry Berry nota que, chaque fois que Ron reprenait son histoire, il y changeait quelques détails – mais aucun de ceux à qui il avait parlé ne l'avait senti bouleversé, ni même un tant soit peu déboussolé par la mort subite de sa femme.

*
**

Ronda avait beaucoup d'amies dans la police. Quelques années auparavant, les membres féminins de la police et de la justice s'étaient promis de se soutenir mutuellement. Une jeune recrue de la police d'État – sortie de l'école bien après Ronda – s'était suicidée, ce qui les avait toutes bouleversées. Elles se jurèrent que cela ne se reproduirait jamais, qu'elles se téléphoneraient si elles étaient déprimées.

Ronda faisait partie des plus véhémentes sur la question.

— Le suicide ne constitue jamais une réponse à un problème. La vie s'améliore toujours si on s'accroche.

Non, aucune des amies de Ronda ne pouvait croire qu'elle ait fait cela. Ce n'était pas son genre.

*
**

Lauren Sund*, qui n'avait jamais rencontré Ronda, assurait que celle-ci lui avait servi de modèle, même après sa mort. Même si les deux femmes ne se connaissaient pas, Ronda Reynolds fut le catalyseur qui l'incita à entrer dans la police de l'État de Washington.

À la fin de 1998, Lauren Sund travaillait comme agent de recouvrement ; elle pouvait ainsi téléphoner trois fois au domicile d'un débiteur et une fois sur son lieu de travail.

— Ron Reynolds, ou quelqu'un qui signait de ce nom, avait fait à une épicerie plusieurs chèques revenus sans provision. La dette s'élevait au total à mille huit cents dollars.

Lauren Sund l'appela à la mi-décembre 1998. Un homme répondit au numéro de son domicile mais raccrocha abruptement dès qu'elle eut exposé la raison de son appel.

La fois suivante, la voix semblait plutôt appartenir à un jeune garçon de douze ou treize ans. Lauren feignit alors de parler comme une adolescente, assurant que Ron lui avait donné le numéro de son lieu de travail mais qu'elle l'avait perdu. Josh Reynolds donna le numéro de son père à l'école élémentaire de Toledo.

Quand elle l'appela, le 18 décembre 1998, Lauren Sund n'avait jamais entendu parler de Ronda ; elle ignorait donc que celle-ci était morte deux jours auparavant. Elle demanda à parler à Ron Reynolds et il prit la communication ; stupéfaite d'apprendre qu'elle avait affaire au directeur de l'école, elle ne lui en demanda pas moins comment il comptait rembourser ces mille huit cents dollars.

— Il était fou de rage, raconterait-elle. Jamais je n'ai eu une discussion aussi éprouvante avec un débiteur. Il m'a dit que sa femme était morte « inopinément » quelques jours auparavant et qu'il avait fait revenir son ex-épouse à la place ! On n'aurait jamais cru qu'il était en deuil. « C'est Katie, mon ex-épouse, qui a fait ces chèques », expliqua-t-il, comme s'il s'agissait de la chose la plus naturelle du monde. Il ne paraissait pas du tout lui en vouloir.

Cachant son effarement, Lauren Sund lui donna une semaine pour rembourser l'épicerie et payer les pénalités, ce qu'il fit. Elle ignorait d'où venait l'argent, il ne lui incombait pas de se poser ce genre de question. En revanche, elle lut tous les articles de presse se rapportant à la mort de Ronda.

Elle découvrit ainsi que Ron Reynolds avait été interrogé par la police et, après avoir vérifié ce qu'il lui avait dit, trouva la situation si intéressante qu'elle s'inscrivit à des cours de droit criminel.

— En 2002, l'un de mes professeurs nous a demandé de rédiger un article basé sur des exemples d'enquête. J'ai choisi l'histoire de Ronda Reynolds. Au début, comme je ne savais pas par où commencer, mon professeur m'a conseillé d'appeler le bureau du shérif pour lui rapporter ce que m'avait déclaré Ron deux jours après la mort de sa femme. L'inspecteur sur lequel je suis tombée paraissait s'ennuyer à mourir. Il ne faisait que répéter « hem, hem… ». Il m'a promis de me rappeler mais ne m'a demandé ni mon nom ni mon numéro.

Pas découragée pour autant, Lauren Sund

présenta sa candidature à l'école de police. Depuis, elle travaille à la police de l'État de Washington et adore son métier. Comme Ronda, elle a affaire à toutes sortes de prédateurs.

Quelques années plus tard, en apprenant que Barbara Thompson cherchait des informations sur la mort de Ronda, Lauren Sund lui offrit son aide. Bien que l'inspecteur du comté de Lewis n'ait prêté aucune attention à son témoignage, elle n'avait pas oublié Ronda ni l'attitude pour le moins cavalière de son époux.

14

Barbara Thompson avait surmonté tous les obstacles possibles et s'en était sortie, mais la mort de Ronda l'avait mise à genoux.

C'était une femme altruiste, toujours prête à pardonner, même à ceux qui ne le méritaient pas. Née le 4 mai 1945, juste à la fin de la Seconde Guerre mondiale, elle était la benjamine d'une famille de trois enfants, dont un frère, Bill, de deux ans son aîné.

— J'étais la petite chérie de mon père. Il était adorable avec ma sœur, mais encore plus avec moi. Mon frère n'avait pas cette chance : comme ma mère, il subissait ses brutalités.

Warren Ramsey était alcoolique, et Virginia, la mère de Barbara, récoltait injures et coups ; au gré de ses fantaisies, la famille devait sans cesse déménager. De San Diego, ils partirent pour l'Oregon, puis pour le Nebraska, l'Illinois et, enfin, l'Utah. Barbara fréquenta plusieurs écoles entre Salt Lake City et Murray, dans cet État.

Quand elle avait trois ans, ils vivaient dans une ferme en Oregon et son père travaillait dans une briqueterie. Ils élevaient des poulets et des lapins. Leurs conditions de vie n'étaient pas vraiment luxueuses.

Barbara et sa sœur n'osaient sortir de la maison parce qu'elles devaient passer devant un jars qui leur donnait des coups de bec. Leur père obligeait souvent leur frère à attraper le volatile par le cou pour le retenir pendant que ses sœurs filaient sur le chemin ; s'il ne l'attrapait pas, le petit Bill recevait des coups de ceinture.

— Un jour, il a dû recommencer cinq fois, alors il en a eu assez. Je n'étais pas encore à l'abri quand il l'a relâché et le jars m'a bousculée. Il ne m'a pas fait très mal, mais j'ai eu peur parce qu'il me paraissait énorme. Quand je l'ai dit à mon papa… parce que j'étais une vilaine enfant gâtée… il a impitoyablement fouetté mon frère.

Barbara se jura alors de ne plus jamais rien rapporter à leur père ; elle aimait trop Bill et ne voulait plus le voir souffrir à cause d'elle.

Ils déménagèrent en ville car Warren avait trouvé un emploi de chauffeur de camion-poubelle. Malgré son jeune âge, elle n'oublierait jamais sa mère pleurant dans sa chambre tout en essayant de ramollir du pain dans du lait pour pouvoir le manger.

— Mon père l'avait battue, elle aussi. Elle avait la bouche tout enflée, noir et bleu, au point qu'elle pouvait à peine parler… encore moins manger.

La petite Barbara mûrit trop vite pour son âge et se sentit bientôt responsable de sa famille. Une nuit, son père entra dans la cuisine furieux parce qu'il avait trouvé un mégot de cigarette dans le hangar à charbon.

— Qui est-ce qui a fumé ? demanda-t-il.

Comme ce n'était ni elle ni son frère, Barbara soupçonna sa sœur – ou bien un garçon du voisinage. Mais déjà la ceinture du père s'abattait sur eux tous.

— Il m'a à peine effleurée, il y est allé un peu plus fort avec ma sœur… mais c'est Bill qui a presque tout pris. Je savais qu'il ne fumait pas, et je ne pouvais pas supporter de le voir battre ainsi. Alors j'ai avoué. Parce que je savais que papa ne me punirait pas. En effet, j'ai continué d'obtenir tout ce que je voulais… du moins quand on pouvait se l'offrir, ce qui n'arrivait pas souvent.

Barbara avait le cœur retourné en voyant sa mère préparer le repas et attendre que les enfants aient fini de manger pour se mettre à table… et se contenter des restes.

— Quand il y avait du poulet, le dimanche, nous, les gosses, on prenait tout ce qu'on voulait, ensuite papa se servait et je revois maman mâchonner le cou ; quand elle avait de la chance, il lui restait la carcasse. Jamais elle ne se plaignait. Nous, les enfants, nous ne connaissions pas la faim, tandis qu'elle, maintenant que j'y repense, oui… Mais pas nous.

Warren Ramsey continua de faire régner la violence dans sa famille. Nul ne savait pourquoi il traitait si cruellement son fils. Jamais Bill ne recevait d'argent de poche et il n'avait pas le droit d'assister aux fêtes scolaires. Bill était passionné par tout ce qui touchait à l'aviation et il rêvait d'entrer dans la Patrouille aérienne civile, mais son père le lui interdit. Là encore, Barbara trouva une parade.

Bien que cela ne l'intéressât pas du tout, elle s'écria qu'elle aimerait aussi en faire partie ; elle savait très bien que son père ne voudrait pas la laisser y entrer seule. Aussi Bill fut-il désigné comme son protecteur.

— Je détestais ce truc, mais j'étais contente de faire plaisir à mon frère. Ça en valait la peine, pour le voir enfin réaliser un rêve.

Car Bill Ramsey était un génie.

— À l'école, il n'avait que des A. Il a obtenu une entrevue à l'Académie navale des États-Unis quand un sénateur de l'Utah a appris ses succès scolaires. Mais il n'avait pas de quoi se payer le voyage vers le Maryland et mon père ne voulait pas l'aider.

Son père avait donné à Barbara une vieille jument grise qui avait donné naissance à une adorable pouliche. À quinze ans, Barbara aimait déjà les chevaux. Sans hésiter, elle vendit sa pouliche pour permettre à Bill d'acheter son billet d'avion.

Bill Ramsey devint pilote d'hélicoptère de secours au Vietnam. En quittant la marine, il fut engagé dans des compagnies privées : il partait à la recherche de dépôts minéraux ou pour sauver des alpinistes pris dans des avalanches. Aujourd'hui encore, il intervient en hélicoptère contre les feux de forêt.

— Je l'idolâtrais, et c'est toujours le cas. Mais les deux hommes que j'ai épousés ressemblaient plutôt à mon père. Quand on grandit en voyant sa mère se laisser brutaliser par son père, sans jamais cesser de l'aimer, on finit par croire que la violence fait partie de l'amour. Ce fut mon cas, et Ronda a hérité de moi.

Sa sœur aînée avait quitté la maison pour se

marier quand Barbara était encore adolescente, maintenant, c'était le tour de son frère. Rien n'avait changé dans leur foyer, mais elle se dit que la vie de sa mère serait plus facile si ses enfants ne comptaient plus sur elle ; aussi partit-elle rejoindre sa sœur en Californie.

Au cours de sa dernière année de lycée à San Diego, Barbara s'appliqua pour obtenir son diplôme. Mais un événement inattendu se produisit. En 1963, après trente-deux ans de mariage, leur père abandonna leur mère pour une femme beaucoup plus jeune. Virginia n'avait jamais vraiment travaillé. Brisée, humiliée, elle subit de plein fouet l'abandon de son mari.

Barbara allait bientôt obtenir son diplôme, mais rien ne comptait plus pour elle que la famille. Elle décida donc de travailler pour aider sa mère. Elle verrait plus tard pour les études.

Virginia et Barbara louèrent donc un petit appartement. La mère travaillait de nuit comme serveuse, la fille de jour comme dactylo dans une compagnie d'assurances. Elle avait dix-huit ans et Virginia était encore relativement jeune, mais toutes deux passaient presque tout leur temps à travailler. Au cours des années qui suivirent, elles découvrirent de nouveaux métiers. Barbara travaillait à la comptabilité de diverses entreprises, et dans un bar cinq soirs par semaine. Virginia apprit à se servir d'une machine à coudre et entra dans une usine. Le travail ne manquait pas.

San Diego était une belle ville au climat tempéré qui dominait l'océan Pacifique et regorgeait de fleurs les trois quarts de l'année. Jolie comme une starlette de Hollywood, Barbara sortait souvent et se maria très jeune. Elle mit Ronda au monde le 16 septembre 1965, mais le père, Ronnie Scott, n'était pas prêt à entretenir une famille.

— Ce fut une relation très houleuse. Son oncle lui a proposé un poste à Dallas, au Texas, où nous avons déménagé avec le bébé en 1966. Ma mère nous y a suivis quelques mois plus tard, pour m'aider à m'occuper de Ronda. Elle l'adorait.

Barbara occupait toujours deux emplois. Au Texas, elle fut gestionnaire dans une usine de béton. Elle savait se montrer professionnelle et organisée, classant et rangeant minutieusement tous les documents. Un jour, cela lui servirait.

Néanmoins, elle avait épousé un homme de la même trempe que son père. Ronnie Scott buvait trop et, quand il avait bu, la jalousie le rongeait ; il devenait alors un autre homme. Quand Barbara envisagca pour la première fois de le quitter, elle se rendit compte qu'elle était prise au piège. À son plus grand effroi, il la ligota, la bâillonna et alla acheter de la pellicule pour son appareil photo. Elle ne voyait pas trop ce qu'il voulait faire mais fut terrifiée. Elle essaya en vain de se libérer de ses liens et réussit à s'échapper par la fenêtre ; fort heureusement, un voisin la vit.

Elle ne voulut pas porter plainte contre Ronnie : c'était son mari, même s'ils ne s'entendaient plus. Ils rompirent en 1968, alors que Ronda avait trois ans. Quatre ans plus tard, en juin 1972, Ronnie se tua dans un accident de voiture. Désormais, Barbara devenait soutien de famille. Elle remercia Dieu que sa mère soit encore là pour s'occuper de Ronda, une adorable gamine au visage frais comme une rose.

— Elle ne nous causait jamais aucun souci, se souvient Barbara Thompson. Elle travaillait bien à l'école et les professeurs étaient contents d'elle. Jamais elle ne se révoltait, jamais elle n'a touché à la drogue ni à l'alcool. Sa grand-mère lui a appris à coudre, à faire la cuisine, enfin, toutes les tâches dévolues aux filles. Et si elle se mettait en faute en ne faisant pas ses devoirs ou en ne rangeant pas ses affaires, elle courait se réfugier dans les bras de sa grand-mère, toujours là pour partager ses rêves et ses chagrins. Virginia était le « refuge » de Ronda.

*
**

Barbara se maria pour la seconde fois au Texas. Elle avait rencontré Hal Thompson au début des années 1970, et elle l'épousa en mars 1974. Leur fils, Freeman, naquit à Dallas le 2 juillet 1975. Quand Hal obtint un emploi à Spokane en juin 1976, ils déménagèrent tous. Finalement, Barbara Thompson put s'installer dans une de ces grandes fermes de l'est de l'État de Washington qu'elle aimait tant ; il y avait là toute la place pour laisser courir les chevaux, les chiens et les gosses. Trente-quatre ans plus tard, elle habite toujours la même maison, et Virginia est sa voisine.

Ronda entra à l'école élémentaire dépendant de la base aérienne de Fairchild. Elle regrettait le Texas et en cultivait l'accent traînant, ce qui avait le don d'énerver ses petites camarades, sauf une. Un jour,

Rahma Starret vit un rassemblement de jeunes furies frappant à coups de pied un corps à terre.

— C'était Ronda, raconterait-elle. Elles étaient cinq ou six à s'acharner sur elle... Alors je suis intervenue.

Toutes deux vivaient dans une ferme, Ronda avec ses chers chevaux, Rahma avec un troupeau de vaches. Elles se retrouvaient souvent chez l'une ou l'autre.

— Ronda était toujours optimiste, très gentille mais aussi très forte. Elle était pour les droits de la femme et voulait toujours défendre les filles maltraitées.

Au collège, Ronda portait des bretelles et Rahma l'enviait beaucoup pour cette coquetterie.

— Seules les filles riches avaient des bretelles. J'en ai demandé à ma mère, mais elle s'est moquée de moi, disant que je n'en avais pas besoin, qu'il ne fallait pas dépenser d'argent pour ça.

Les deux filles fréquentèrent ensuite le lycée Cheney, à vingt-cinq kilomètres à l'ouest de Spokane ; elles prenaient le bus ensemble.

— La dernière année, Ronda savait déjà qu'elle voulait entrer dans la police, et je trouvais que ça lui allait bien. Elle était intelligente, compréhensive et honnête.

Rahma fut invitée au premier mariage de Ronda.

— Quand j'ai appris sa mort, je croyais qu'elle était toujours mariée à Mark Liburdi. Je me rappelle qu'elle était très gentille avec ses enfants.

*
**

Barbara s'efforçait de ne jamais dire du mal de leurs pères à ses enfants. Elle avait été maltraitée, tant émotionnellement que physiquement, mais ne s'en plaignait jamais à Ronda ni à Freeman. Il lui paraissait essentiel que tous deux respectent leurs pères, car ils en étaient la meilleure part.

Hal Thompson était un homme bien – sauf quand il avait bu. Là, il devenait un autre. Une nuit, alors qu'il n'était pas encore rentré, Barbara s'aperçut qu'un des chevaux était malade. Elle le conduisit chez le vétérinaire puis le ramena à l'écurie.

— Je venais de me garer quand soudain Hal est apparu. Il pointait un 357 Magnum chargé sur ma tête, en répétant que j'avais volé son cheval. Il ne voulait rien entendre. J'ai vraiment cru ma dernière heure venue.

Là encore, le salut lui vint d'un voisin. Ayant vu la scène, il appela la police. Une fois dessoûlé, Hal se confondit en excuses. Mais elle savait que cela pourrait se reproduire, le jour où il se remettrait à boire.

Barbara se demandait maintenant si elle pourrait faire un jour confiance à un homme. Pour le moment, elle avait trop à faire : élever Ronda et Freeman, et s'occuper de sa mère.

Bien que Don Hennings soit, comme elle, engagé dans une autre relation, elle pensait souvent à lui. Elle l'avait connu bien avant Hal Thompson et ils ne s'étaient jamais perdus de vue. Il s'était montré gentil avec toute la famille. Il adorait Ronda et devint, selon Barbara, « le seul vrai père qu'elle ait jamais connu ». C'était un homme à la John Wayne, à la carrure impressionnante et à la beauté virile, un Stetson vissé sur le crâne, les mains calleuses et la peau tannée par le grand air. Les années passant, la sagesse venant, Barbara se rendit compte que c'était lui qu'elle aimait. Ce fut sans doute pour cette raison qu'elle reprocha à sa fille de commettre la même erreur avec David Bell. Elle ne raconta jamais à personne comment elle avait rencontré Don, mais il voyageait beaucoup à travers l'État de Washington.

— Nous ne nous sommes jamais menti, jamais trahis… Seulement nous n'avions pas les mêmes objectifs de vie.

À Ritzville, où vivait Don, d'aucuns pensaient qu'il était le père biologique de Ronda. Simples rumeurs, assure Barbara.

— Les parents de Don considéraient mes deux enfants comme leurs petits-enfants et ils ont été les premiers à regretter que notre relation ne se conclue pas par un mariage.

Barbara n'a jamais vécu avec Don.

— Je n'ai jamais, au grand jamais, laissé entrer dans ma chambre d'autres hommes que mes époux. Pour mes enfants, je me devais d'être exemplaire.

*
**

Barbara Thompson se montrait beaucoup plus stricte que la plupart des parents. Ronda et Freeman prenaient toujours un copieux petit déjeuner. Le dîner se déroulait dans la cuisine avec toute la famille, la télévision éteinte. On ne l'allumait qu'une fois les devoirs terminés. Barbara refusait de voir sa fille porter des shorts à l'école, ou des jeans coupés aux genoux, ou des T-shirts laissant voir son ventre. Elle ne cessait de répéter que chacun était responsable de son attitude et qu'il ne fallait jamais céder aux pressions exercées par l'entourage.

Devenus grands, le frère et la sœur remercièrent leur mère d'avoir été si « enquiquinante » – d'avoir su les protéger. Ni l'un ni l'autre n'avait été tenté par la drogue ou l'alcool, passant le plus clair de leur adolescence à dresser et à monter des chevaux. À dix-sept ans, Ronda reçut son propre quarter horse, un hongre qu'elle baptisa Clabber Toe : ensemble, ils gagnèrent de nombreux concours. Elle s'entraînait religieusement chaque jour.

Barbara put pousser un soupir de soulagement en constatant que ses enfants s'étaient tirés sans heurts des périlleuses années de l'adolescence.

— Je ne crois pas que Ronda se soit jamais rendu compte des violences verbales et émotionnelles que j'ai subies de la part de certains hommes. Mais, dès l'âge de dix-huit ans, elle m'a confié ce qui l'attirait chez les garçons. J'en étais malade, parce que je me rendais compte qu'elle préférait les « dominateurs » ; elle m'avait observée, elle avait vu mes réactions, et elle croyait que c'était ça, l'amour.

Ronda avait pourtant essayé de lutter contre cette tendance.

— Je ne comprends pas, dit-elle un jour à sa mère. J'ai bien essayé de rompre ce cycle. Peut-être que la solution, c'est de changer d'homme. C'est peut-être pour ça que je tombe souvent amoureuse.

QUATRIÈME PARTIE

L'enquête continue

15

Huit jours après la mort de Ronda, c'était la nuit de Noël 1998. Ce soir-là, le coroner Terry Wilson déclara la cause du décès « indéterminée ». Il restait assez de détails inexpliqués pour élaborer d'innombrables théories. Chaque fois que les enquêteurs du comté de Lewis croyaient en avoir fini, chaque fois qu'ils essayaient de classer l'affaire, des révélations venaient tout remettre en question.

L'inspecteur Jerry Berry avait hérité du dossier le jour où David Neiser était parti en vacances. Au début, il avait suivi l'avis des enquêteurs, mais il le regrettait à présent – du moins pour ce qui concernait l'affaire Reynolds. Nombre de détails avaient été négligés sur la scène du décès, et ce n'était pas des semaines plus tard qu'on allait pouvoir s'en occuper.

Le 16 décembre, quelques heures après que le corps de Ronda eut été enlevé, Jerry Berry était retourné à la maison de Twin Peaks Drive pour y prendre des mesures, surtout dans le dressing. La scène était déjà contaminée, des indices cruciaux balayés ; beaucoup trop de personnes, enquêteurs et hommes de loi, allaient et venaient sur les lieux.

Tout en mesurant le dressing, il s'avisa que c'était un lieu minuscule : à peine un mètre cinquante sur un mètre quatre-vingts. On voyait bien que les jambes de Ronda ne pouvaient qu'avoir dépassé le seuil, empêchant la porte de se fermer. Berry était consterné à l'idée de tous les indices qui avaient déjà dû être effacés. En outre, la plupart des voisins n'avaient pas été interrogés. Et ils ne le seraient jamais.

*
**

Le sperme trouvé au cours de l'autopsie dans le vagin de Ronda était sans doute le même que celui dans le préservatif féminin jeté dans la corbeille de la salle de bains. Mais le préservatif avait disparu, et apparemment on n'avait pas cherché à découvrir de qui provenait le sperme.

Dave Bell nia toute relation sexuelle avec Ronda ce jour-là. Ron Reynolds s'était complu à dire qu'ils avaient eu un rapport au cours de cette nuit où il avait veillé sur elle pour l'empêcher de se tuer – ce qui parut suspect aux yeux de Berry : une femme dans cet état pouvait difficilement s'abandonner à une partie de plaisir. Il semblait plus probable qu'elle ait été violée.

Mais par qui ?

Jerry Berry profita de sa présence sur les lieux pour prendre davantage de photos.

— Je voyais partout des signaux d'alarme. La seule personne qui ait déclaré Ronda suicidaire était son mari, La seule personne qui prétendait l'avoir vue boire un alcool fort était aussi son mari. La bouteille de whisky trouvée dans la chambre était vide… et, selon lui, il y restait la veille de quoi servir deux ou trois personnes. À côté traînaient deux verres et une canette de soda.

Pourtant, l'autopsie et les divers examens de laboratoire ne révélèrent pas la présence d'alcool dans le corps de Ronda. Qui donc avait vidé cette bouteille ?

On n'avait pas vérifié le taux d'alcool ni la présence de drogue dans le sang de Ron. Pas plus que chez ses fils.

En outre, il fallait considérer l'étrange état de la salle de bains familiale. Quand les premiers secours arrivèrent, Bob Bishop, l'un des shérifs adjoints, nota que les murs et le miroir étaient embués – comme si quelqu'un avait pris une douche juste après l'appel aux urgences. L'alliance de Ron se trouvait toujours sur le rebord du lavabo.

Pourquoi un homme venant de découvrir son épouse morte d'un coup de feu dans la tête songerait-il à prendre une douche ? Pour laver les éclats de sang et les résidus de poudre, ou parce qu'il était en état de choc ?

Il fut un temps où l'on considérait les traces de poudre comme essentielles dans une enquête pour meurtre par arme à feu. Tous les auteurs de romans policiers en ont fait état. Mais certains laboratoires médico-légaux n'y attachent plus aucune importance, car beaucoup d'autres substances peuvent laisser ce genre de trace : le baryum, l'antimoine, le plomb – sans compter les mouchoirs en papier !

L'avocat de Reynolds argua que la main de Ronda

portait des résidus de poudre. On n'en chercha pas sur celles de Ron. Le sergent Glade Austin dit que ça n'aurait servi à rien de toute façon – la cour n'aurait pas accepté cet indice comme preuve.

Presque dès le début, Jerry Berry pressentit que la mort de Ronda n'avait été qu'une « mise en scène de suicide ». Et ce fut dans cet état d'esprit qu'il opéra ses recherches.

Cela ne convenait pas au shérif John McCroskey ni à ses adjoints.

*
**

Le laboratoire médico-légal avait fourni des rapports balistiques sur l'arme et la balle qui avaient tué Ronda Reynolds. Il s'agissait d'un revolver Smith & Wesson de type .32 Rossi.

Raymond Kusumi, légiste du laboratoire, constata que l'arme fonctionnait normalement. Il fallait appliquer sur la détente une pression d'un kilo et demi en simple action et d'environ cinq kilos en double action. La douille expulsée par le coup de feu comportait des marques d'extraction et d'éjection identiques à celle de la balle tirée dans le laboratoire.

Indubitablement, il s'agissait de l'arme qui avait tué Ronda.

Or il aurait été impossible à la jeune femme d'appuyer sur une détente requérant une force considérable si on tenait compte de la position dans laquelle on avait trouvé son corps.

Et comment expliquer que le canon de l'arme ait atterri sur son front au lieu de retomber plus loin ?

Cette question laisserait sans voix nombre d'experts, à mesure qu'ils progresseraient dans leurs recherches. La blessure se trouvait près de l'oreille, mais la position du revolver défiait les règles élémentaires d'impact et de mouvement. À quoi il fallait ajouter que les deux mains de Ronda se trouvaient sous la couverture. Le suicide apparaissait dès lors comme la moins probable des causes de la mort.

Alors que le comté de Lewis célébrait Noël autour de sapins enguirlandés, Jerry Berry se débattait pour comprendre pourquoi les aspects matériels de la scène de décès ne collaient pas.

Les événements ne pouvaient décemment pas avoir eu lieu comme Ron Reynolds le prétendait.

***

Plusieurs personnes s'étaient présentées à la maison de Ronda tôt le matin du 16 décembre, parmi lesquelles Cheryl Gilbert, quarante et un ans. Jerry Berry avait remarqué sa hâte – son ardeur – à le seconder dans ses recherches. Malgré le chagrin qu'elle pouvait éprouver après la mort de Ronda, elle semblait ravie de se trouver au centre de toutes les attentions.

Le 18 décembre, Berry enregistra leur entretien.

— Cheryl, quelles étaient vos relations avec Ronda Reynolds ?

— On s'est rencontrées en novembre 1991 chez mes parents pour le dîner de Thanksgiving, et depuis on est devenues les meilleures amies. On… il ne s'est pratiquement pas passé une journée sans qu'on se parle.

— Quand lui avez-vous parlé pour la dernière fois ?

— À 22 h 30, le mardi 15 au soir. Elle m'a appelée chez moi. Je l'ai vue en personne, euh… J'avais quitté sa maison vers 15 h 30. J'y avais passé à peu près une heure.

— Bon. Et durant cette visite, quelle était son attitude ? Pouvez-vous me dire de quoi vous avez parlé ?

Il avait ouvert les vannes et, maintenant, les paroles de Cheryl s'écoulaient comme un torrent.

— Elle était bouleversée, et elle m'a dit au téléphone qu'avant ma visite son mari lui avait dit qu'il l'aimait et aimait aussi son ex-femme, mais il avait décidé de retourner avec son ex-femme et il voulait qu'elle s'en aille. Euh… on a parlé. Je lui ai proposé de venir à la maison. On avait déjà vécu ensemble, euh… vers 1991-1992 à Elma, pendant un certain temps. Et elle me disait qu'elle était comme dans un puits, vous savez, au trente-sixième dessous. Et je lui ai dit que je comprenais parce que, avant, je veux dire, il y a sept ans, j'avais divorcé, et elle avait été là pour me soutenir. Alors elle savait que je comprenais, que j'étais inquiète qu'elle puisse faire quelque chose de pas bien. Et elle m'a regardée dans les yeux et elle a dit : « Non, je ne ferais jamais ça. » Elle voulait parler du suicide, bien sûr. Ça allait de soi qu'elle ne ferait jamais ça.

Cheryl avait été réserviste dans la police d'Elma et se souvenait comment, avec Ronda et quelques autres amies, elles avaient passé leur pacte de « non-suicide ».

— Qu'on se soit vues la veille ou dix ans plus tôt,

on se téléphone, pour ne jamais faire ça. Et Ronda y tenait mordicus.

Cheryl insista sur sa précédente déclaration, selon laquelle Ronda avait vidé le matelas à eau qu'elle partageait avec Ron. Cela s'était produit au cours de la visite de Cheryl, le 15 décembre.

— Je l'ai vue tirer un tuyau du garage, et elle a dit : « Je vais vider ce matelas. Pas question que son ex-femme dorme dans mon lit ! »

Et toutes deux s'y étaient appliquées ensemble.

Cheryl Gilbert précisa aussi que Ronda lui avait demandé de la conduire à Portland, le lendemain matin, afin d'y prendre l'avion.

— Elle avait commencé ses bagages ? demanda Jerry Berry.

— Plus ou moins. Elle rassemblait ses affaires, mais le soir elle m'a dit au téléphone, euh… Elle m'a demandé d'aller voir Ron à l'école pour le faire changer d'avis, je crois. Je lui ai dit : « Et tu veux que je revienne te voir après ? » Elle a dit : « Oui. Ce serait sympa… Tu pourrais m'aider à finir mes bagages et me conduire à l'aéroport. »

À chaque question de Berry, Cheryl semblait prendre une place plus importante dans la vie de Ronda – du moins dans son esprit. Elle parla des deux plus jeunes fils de Ron, disant qu'elle les avait vus à la maison au cours de sa visite de l'après-midi.

— C'est elle qui vous a appelée ou vous qui l'avez appelée… pour votre conversation du mardi soir à 22 h 30 ?

— Elle m'avait appelée plus tôt, mais je n'étais pas à la maison. Elle a demandé à ma fille si elle pouvait venir s'installer chez nous, et ma fille a répondu qu'elle aurait toujours sa place parmi nous. Ronda cherchait à se procurer un lit d'une personne et, euh… à l'installer dans ma maison parce que j'ai quatre chambres et qu'elle allait prendre la quatrième. Et puis elle m'a rappelée à 22 h 30. Je lui ai demandé où elle était. Elle a dit : dans son lit… Elle avait de nouveau rempli le matelas d'eau.

Cheryl avait alors demandé où était Ron, et Ronda avait répondu qu'il se trouvait dans la pièce voisine.

— J'en ai conclu qu'il devait être dans le living, parce qu'il y restait souvent. D'habitude, ils regardaient chacun leur télévision.

Cheryl aurait alors réitéré son offre de venir chercher Ronda pour la conduire à l'aéroport de Portland le lendemain matin, et son amie aurait dit compter dessus. Elle ne savait pas trop pourquoi elle avait changé d'avis et décidé de passer la nuit chez elle.

— Elle a laissé mes clefs à la maison et elle est rentrée chez elle.

Cheryl ne dit pas pourquoi elle ne lui en avait pas reparlé au cours de leur appel de 22 h 30.

Toujours dans son rôle de conciliatrice, elle dit avoir déposé ses enfants au lycée avant d'aller faire un tour à l'école de Toledo pour y rencontrer Ron. Mais son pick-up n'était pas garé sur le parking des professeurs.

— Alors j'ai continué vers leur maison, et là j'ai vu toutes ces voitures officielles, euh… alignées devant l'entrée. J'ai foncé, je suis entrée sans frapper et j'ai demandé à un shérif adjoint : « Ronda est là ? » Il m'a juste regardée avant de répondre :

« Non. » Et, là, Ron est sorti dans le couloir, pour m'annoncer que Ronda s'était suicidée.

— Quand avez-vous parlé à Ron pour la dernière fois ?

— Je lui ai parlé, euh… jeudi matin, le… euh… le 17. Il m'a téléphoné.

— Il vous a téléphoné ? répéta Berry, surpris. Pour quelle raison ?

— Pour savoir si j'avais parlé à la maman de Ronda, Barbara, et à sa grand-mère, à Spokane. Et il voulait le numéro de sa maman. Il ne savait pas si elles étaient au courant ou non.

— Vous a-t-il posé des questions… sur ce que la famille a dit ?

— Oui. J'ai expliqué que je leur avais parlé le mercredi soir et il a demandé : « Ils m'accusent ? », et j'ai répondu : « Je ne sais pas », ce qui n'était pas tout à fait la vérité.

— Ron vous a-t-il dit quoi que ce soit sur sa situation financière ?

— Oui. J'ai dit : « Ron, qu'est-ce qui s'est passé ? Je sais que vous vouliez retourner avec votre ex-femme », et il a répondu : « Ce n'est pas vraiment ça. » Il a dit que Ronda lui avait pris ses cartes de crédit… et dépensé vingt-cinq mille dollars ! Je ne peux pas… je veux dire, il n'y avait pas tellement de trucs neufs dans leur maison. Je sais qu'elle a réglé une facture de mille trois cents dollars pour faire réparer sa voiture, et qu'ils ont acheté une nouvelle salle à manger. À part ça, elle n'a pas… il n'y avait pas de nouveaux bijoux, ni tellement de vêtements. Elle travaillait au Bon Marché, alors elle devait porter des tenues de jogging de la marque du magasin… et il n'y avait rien de spécial dans cette maison.

(À cette époque, personne, excepté l'agence de recouvrement, n'était au courant des mille huit cents dollars de chèques d'épicerie dépensés par Katie Huttula.)

Quand Cheryl Gilbert mentionna que Virginia Ramsey aimerait récupérer les bijoux qu'elle avait donnés à sa petite-fille ainsi que son buffet à porcelaine, Ron Reynolds répondit : « Je compte vendre les bijoux pour régler une partie des factures. »

Jerry Berry arrivait à la fin de son interrogatoire.

— Ron Reynolds a-t-il montré la moindre émotion, ou vous a-t-il dit que Ronda allait lui manquer, ou quelque chose de ce genre ?

— Non. Au téléphone, je lui avais dit : « Elle vous aimait vraiment, Ron. » Et il a répondu : « Je sais. » Et alors que j'allais partir de chez eux, je l'ai serré dans mes bras, et il a juste dit qu'il était « désolé », c'est tout.

— Bon. Voyez-vous autre chose à me signaler ?

— Non. Sauf que ça ne correspond pas à Ronda. Elle n'était pas du genre à se suicider.

Barbara Thompson était du même avis. Même si personne ne peut prétendre tout savoir de quelqu'un. Y compris une mère.

— Aucun parent, convenait Barbara Thompson, qu'il l'admette ou non, ne connaît parfaitement son enfant. Il n'est au courant que de certains aspects de sa vie. Les conjoints en connaissent d'autres, très différents, beaucoup plus intimes. Et les amis d'autres encore.

Impossible pourtant d'admettre que Ronda ait pu se suicider, malgré les assertions du coroner.

— Je supporterais l'idée qu'elle soit morte par accident, assura Barbara. Personne n'y pourrait rien. J'aurais même accepté le suicide si je savais que c'était son choix – j'aurais compris. Mais, là, je ne trouvais pas d'explication logique. Je ne me heurtais qu'à des contradictions.

Aussi gentille qu'ait pu se montrer Cheryl envers elle la semaine précédant les obsèques, Barbara resta sceptique lorsque Berry lui rapporta ses déclarations sur les derniers jours de Ronda. Impossible d'imaginer que sa fille ait pu lui demander d'intercéder auprès de Ron.

— Elle se chargeait seule de ce genre de problème. D'autant que Ron n'aimait pas du tout Cheryl et aurait détesté qu'elle se mêle de leur couple.

Barbara Thompson regagna Spokane mais revint régulièrement dans le comté de Lewis, persuadée que la vérité allait bientôt éclater, que ce n'était qu'une question de quelques mois.

16

L'environnement professionnel de Jerry Berry devenait de plus en plus complexe. Il n'était plus le petit génie du bureau des enquêteurs. Ses supérieurs, ses collègues le traitaient comme un paria. Néanmoins, il poursuivait son travail, acharné à résoudre l'énigme de la mort de Ronda Reynolds.

Le 11 février 1999, vers 16 heures, il roulait dans sa voiture de shérif sur l'I-5 quand il aperçut Katie Huttula juste devant lui. Il donna un coup de sirène. Elle le reconnut, se rangea sur le bas-côté et accepta de répondre à ses questions. Tous deux allèrent se garer à l'écart de l'autoroute, et Berry lui demanda si elle ne voyait pas d'inconvénient à ce qu'il l'enregistre.

— Pas du tout, répondit-elle.

— À propos de l'enquête sur la mort de Ronda Reynolds, pouvez-vous me parler de vos relations avec elle et me dire comment vous l'avez connue ?

— Avant son mariage avec Ron, j'étais très amie avec elle… depuis des années. Ensuite, elle a épousé mon ex-mari avec qui j'avais vécu vingt-quatre ans et eu cinq enfants. Ça ne nous a pas empêchées de rester amies.

— Ron vous avait téléphoné, le 15, de l'école ?

— Oui.

— Vous souvenez-vous à quel propos ?

— Bien sûr. Depuis quatre mois, le couple de Ron et Ronda connaissait des difficultés et ils parlaient divorce. Déjà, l'été précédent, il m'avait appelée pour me demander si je serais d'accord pour une réconciliation. On en a d'abord discuté au téléphone, nous promettant que ça ne se produirait que s'ils divorçaient. Je l'ai même encouragé à essayer de se rabibocher avec elle… si possible.

Ce jour-là, Ron avait appelé Katie pour lui annoncer que Ronda le quittait.

— Il m'a demandé si, après le concert de Noël, qui devait s'achever vers 21 h 30, je pourrais venir à Toledo pour qu'on discute d'éventuelles retrouvailles, d'une sorte de réconciliation, pour revenir à notre premier mariage.

Elle ajouta que Ron lui avait encore téléphoné dans l'après-midi, alors qu'il se trouvait chez son cardiologue.

— Et vous l'avez rappelé le soir du 15 ?

Elle parut hésiter, se rappela être rentrée entre 22 heures et 23 heures mais n'avoir pas écouté aussitôt son répondeur.

— Je me suis montrée négligente, reconnut-elle. Ron avait laissé un message disant que Ronda avait décidé de rester et que je ne devais donc pas venir. J'ai vite rappelé, et c'est Ronda qui a répondu. Elle m'a dit qu'ils n'allaient pas divorcer, qu'elle ne le voulait pas. Alors je l'ai encouragée : « Accroche-toi ! » Je refusais de m'immiscer dans leur histoire. Je lui ai conseillé de dormir un peu.

Peu après, Ronda la rappelait pour lui demander de parler à Ron. De nouveau, Katie conseilla à son ex-mari et à sa dernière épouse d'aller se coucher, de se calmer et de débrancher le téléphone. Elle se décrivait comme la voix de la raison qui tentait de les réconcilier.

Katie avait déclaré être devenue amie avec Ronda peu après que celle-ci eut perdu une demi-sœur dont elle n'avait appris l'existence qu'une fois adulte. Les deux sœurs s'étaient très bien entendues, elle n'en avait été que plus triste de la perdre si vite.

— Ça l'avait beaucoup déprimée, mais pas au point de devenir suicidaire. Jamais je ne l'ai entendue évoquer une telle issue.

— Elle n'a jamais dit comment elle pourrait se suicider ?

— Je ne me rappelle rien de ce genre.

Jerry Berry lui demanda ensuite si elle était au courant des assurances-vie que Ronda aurait pu souscrire.

— Ron croit qu'il en existe une, mais il ne sait pas si elle marche en cas de suicide, parce que la plupart ne le font pas.

En fait, Ron en avait déjà réclamé sa part : soit Katie l'ignorait, soit elle mentait.

— Voyez-vous autre chose, reprit Berry, qui pourrait m'aider dans mes investigations ?

— J'aimais Ronda, comme vous le savez, pour sa grâce et sa dignité. En même temps, elle était très forte et elle vivait dans un monde difficile… à devoir sans cesse affronter ces gens... Je l'ai souvent vue pleurer à cause de sa rupture avec Mark, très déprimée ; elle refusait de prendre son lithium, n'aimait pas qu'on la catalogue comme maniaco-dépressive... mais il y a tellement de gens à qui ça arrive...

Cette dernière remarque parut extrêmement bizarre à Jerry Berry. C'était Katie Huttula elle-même qu'on avait diagnostiquée comme bipolaire ! Aucun rapport n'avait jamais fait mention de psychose maniaco-dépressive chez Ronda. D'ailleurs, aucun médecin ne lui avait jamais prescrit de lithium. La femme assise à côté de lui dans sa voiture de police, qui pontifiait sur les errements de Ronda, semblait en fait parler d'elle-même. C'était Katie qui souffrait d'instabilité, Katie qui se droguait depuis longtemps. À tout prendre, Berry l'aurait plutôt crue, elle, capable de se suicider. Pourtant, elle s'entêtait à souligner la névrose de Ronda.

C'était la deuxième personne qui faisait allusion à de prétendues pensées suicidaires chez la jeune femme : d'abord son mari, Ron, et elle, Katie, l'ex-épouse de celui-ci.

Or Ron et Katie vivaient à nouveau ensemble – depuis la mort de Ronda.

***

Les collègues de Berry le prenaient sans cesse pour cible. Dave Neiser disait tout haut ce que tout le monde pensait tout bas : « On peut faire confiance à Jerry Berry pour transformer n'importe quelle affaire en meurtre. »

Le 26 mai 1999, son sergent, Glade Austin,

distribua un message concluant officiellement à la mort par suicide de Ronda Reynolds. Les hommes du shérif John McCroskey ne retenaient donc pas les théories de Berry. L'affaire était close.

Selon Austin, quand on examinait le dossier, quand on regardait les photos, quand on tenait compte des différentes informations recueillies, on ne pouvait en tirer qu'une conclusion : Ronda Reynolds s'était bel et bien suicidée.

Le sergent déclara aussi que Rod Englert, ancien inspecteur criminel dans l'Oregon, l'un des plus grands experts américains en éclaboussures de sang, l'approuvait. (En fait, Englert, un de mes amis de longue date, lui avait conseillé de retourner sur place pour reconstituer la scène du décès. Quand je lui en ai parlé, il affirma n'avoir jamais « approuvé » le sergent Austin, pas plus qu'il n'avait reçu d'informations sur les circonstances de la mort de Ronda Reynolds.)

Deux jours plus tard, Jerry Berry envoyait sa réponse.

« En tant qu'agent responsable de l'enquête, je conteste ces conclusions et je ne crois pas, à ce jour, qu'il s'agisse d'un suicide. Je base mon opinion sur le fait que ceux qui ont examiné le dossier n'en ont vu que les photos et les rapports. Ils n'ont eu aucun contact avec le suspect, ni participé directement aux investigations. Il reste une très grande quantité d'incohérences et de preuves circonstancielles qui, à mon sens, empêchent de conclure au suicide en l'état actuel des choses. C'est pourquoi j'exprime mes réserves et suggère non de clore l'affaire mais juste de la suspendre. »

Berry continua de travailler sur ses seules notes, sans savoir que la plupart des indices sur l'affaire Reynolds avaient été renvoyés ou détruits. Il les croyait toujours conservés en lieu sûr, prêts à être exploités le cas échéant, tout comme les photos de l'intérieur de la maison de Twin Peaks Drive qu'il avait prises le lendemain de la mort de Ronda.

Mais ses propres conclusions furent écartées. Au printemps 1999, l'affaire fut officiellement « close ».

Barbara Thompson eut accès à des copies du dossier ; mais, sans aucune compétence en investigation criminelle, comment interpréter ces paperasses en vrac, pleines de codes, d'abréviations, de conclusions médicales ? Barbara s'y attaqua pourtant.

« Cela n'empêche pas la réouverture éventuelle du dossier, si une nouvelle information significative venait à nous être présentée », écrivit Glade Austin, rendant quelque peu espoir à la mère de Ronda.

Cependant, le shérif John McCroskey expliqua, dans un autre courrier : « L'affaire reste irrésolue, car elle ne comporte aucune pièce à conviction ni information qui oriente dans une direction plutôt que dans une autre. Il est possible que ce dossier demeure à jamais sans solution et indéfiniment ouvert. »

Jerry Berry n'y voyait pas d'inconvénient. Tout ce qu'il demandait, c'était que l'enquête ne soit pas classée. Des années durant, il s'était montré loyal envers le shérif du comté de Lewis et il voulait que tout continue ainsi. Il n'y avait plus urgence à clore l'affaire : personne ne faisait la course, on cherchait la vérité, et cela pouvait prendre du temps.

Berry craignait tout de même que l'enquête ne reste au point mort, malgré les allégations du shérif. Avec le temps, les dossiers risquaient seulement de disparaître dans la masse des archives. Barbara Thompson lui montra les photos de la « scène du décès » que les inspecteurs lui avaient données. Il les examina longuement, une à une, les reprit, recommença.

— Mon Dieu, Barbara ! s'exclama-t-il soudain. Aucune, ou presque, n'est une photo de la scène du décès. Ces photos ont été prises deux ans plus tard !

Il nota les numéros de code du dossier remis à Barbara Thompson et découvrit leur signification : « rendus » ou « détruits ».

— Ils ont détruit tous les indices, soupira-t-il. Jamais ils ne pourront procéder à une arrestation.

*
**

En janvier 2001, deux ans après la mort de Ronda, Jerry Berry insistait encore pour reprendre l'enquête de zéro. Il fut alors réassigné à la police de la route. Une véritable mise à pied.

Le shérif eut beau lui expliquer que c'était la « procédure standard », que tous les adjoints, tous les inspecteurs passaient par ce mouvement de rotation, Berry ressentit cette affectation comme une gifle. Il effectua toutes ses patrouilles et enquêta sur la mort de Ronda Reynolds pendant son temps libre, augmentant régulièrement la liste des éléments ne collant pas avec la théorie du suicide.

De plus, il demanda au chef adjoint, Joe Doench, que le dossier Reynolds soit expédié au célèbre inspecteur Vernon Geberth, auteur de manuels faisant autorité parmi les experts scientifiques, pour lui demander son avis. Doench, convaincu lui aussi que quelque chose ne collait pas, accepta sa requête.

Ancien chef de la brigade criminelle du Bronx, Vernon Geberth a participé à plus de huit mille expertises et forme désormais les jeunes enquêteurs à travers tout le pays. Jerry Berry, ayant un jour assisté à l'une de ses conférences, en était resté fasciné. Il estimait que si quelqu'un pouvait éclairer l'affaire d'un jour nouveau, c'était bien Vernon Geberth. Un seul point noir : cette sommité n'avait pas pour habitude de dissimuler sa pensée et n'était pas particulièrement réputée pour son tact.

Geberth ne se gêna donc pas pour écrire qu'il voyait là une enquête complètement bâclée, avec des assertions parfois cinglantes :

« Le bureau du shérif du comté de Lewis a commis, avec cette affaire, une authentique mystification policière. Rares sont les cas où je puis affirmer avec plus de force et de conviction qu'il s'agit d'un "pur homicide".

« Selon mon avis professionnel, la défunte [Ronda Reynolds] a été victime d'un homicide. Elle ne s'est pas suicidée comme le prétend son mari. Elle ne correspond à aucun des "profils suicidaires" que j'ai pu connaître. En fait, seul son mari soutient qu'elle s'est suicidée. Toutes les autres personnes interrogées ont fermement déclaré que ça ne pouvait pas être le cas. Les proches de la défunte affirment catégoriquement qu'elle n'était pas suicidaire, qu'elle aimait la vie, et n'aurait jamais songé à se tuer.

« Elle avait des projets à long et à court terme. Le soir qui a précédé sa mort, elle avait réservé des billets d'avion. Son meilleur ami et ancien petit ami, sergent de police à Des Moines, l'avait aidée à préparer ses bagages... Plus tard, le même soir, elle l'a rappelé vers minuit. Elle semblait calme et avait un plan d'action qui consistait à ce qu'on la conduise à l'aéroport.

« Les faits et circonstances de sa mort sont hautement suspects et ne correspondent en rien aux affaires de suicide rencontrées par le consultant. La police n'a pas su exploiter les nombreuses déclarations incohérentes du mari. De plus, son absence totale de chagrin et d'émotion au cours des investigations reste suspecte quant à sa participation au meurtre de sa femme. »

Geberth n'adoucit son opinion que légèrement, en ajoutant qu'il n'était pas rare de voir des unités de police bâcler les enquêtes portant sur d'éventuels suicides.

Et de conclure : « [Berry] est un homme honnête, qui accepte de mettre sa carrière en jeu pour remplir son devoir. Il a fait un excellent travail. »

Ce rapport de l'expert mit en fureur les policiers du comté de Lewis. Si bien que Jerry Berry se vit carrément interdire d'intervenir sur l'affaire Reynolds – même durant son temps libre. « En outre, ajoutait le décret, si quiconque y fait allusion, vous devez immédiatement en référer à votre supérieur. »

— Je passai du statut de star du bureau à celui

d'incapable, raconterait tristement Berry. Un jour, en décembre 2001, j'ai donné ma démission…

Berry n'en pouvait plus. Mais ce n'était pas parce qu'il rendait son insigne qu'il allait abandonner ses recherches sur ce qui avait pu vraiment arriver à Ronda la nuit du 16 décembre, trois années auparavant. Il promit à Barbara Thompson de continuer.

Tous deux étaient désormais amis et travaillaient de concert pour forcer le shérif à rouvrir l'enquête. Jerry Berry ne réclama pas un centime à Barbara pour ce travail ; elle lui en fut reconnaissante mais se demanda comment il pouvait se le permettre. Si son épouse, Susan, avait gardé son emploi, lui n'en avait plus et attendait d'obtenir sa licence de détective privé.

— Il ne faut pas vous inquiéter pour ça, assura-t-il. Je vais faire en sorte qu'on rende justice à Ronda.

17

Jerry Berry reprit l'affaire à son début, répertoriant tous les éléments qui lui paraissaient bizarres. Il recommença à interroger les témoins, revint sur ses propres investigations. Après avoir collationné toutes les incohérences relevées parmi les déclarations des témoins et des proches de la victime, il ne parvenait pas à comprendre pourquoi l'affaire avait été close.

N'existait-il donc aucun procureur pour porter une accusation ? Certes, en période d'élections, ceux-ci comptaient sur leurs victoires pour se voir reconduire dans leurs fonctions. Une affaire aussi aléatoire pouvait faire baisser leur taux de réussite. Mais l'homme qui aurait le courage de s'engager pour la vérité et de gagner pourrait appuyer toute sa carrière sur cette affaire.

Berry établit vingt et une questions.

Quand on a demandé à M. Reynolds si sa femme était gauchère ou droitière, il n'a pas su répondre. En principe, un homme sait ce genre de chose sur sa conjointe. En outre, sans en avoir conscience, une personne gauchère placerait automatiquement l'arme dans la main gauche de la victime.

M. Reynolds a déclaré que la bouteille contenait encore au moins deux doses de whisky et que Ronda l'a vidée pendant la nuit. Le rapport toxicologique indique l'absence totale d'alcool dans son organisme.

Si M. Reynolds a tenté d'empêcher Ronda de se suicider durant quarante-cinq minutes en l'appelant de son téléphone portable, pourquoi a-t-il dîné dehors et s'est-il rendu à une fête scolaire avant de rentrer chez lui ? Une attitude étrange pour un mari qui s'inquiéterait vraiment pour sa femme.

M. Reynolds a déclaré s'être couché avec Ronda vers 22 heures, sans la quitter des yeux jusqu'à 5 heures du matin. Les déclarations de témoins et les relevés téléphoniques prouvent que Ronda se trouvait seule dans la chambre vers 0 h 45, alors que Ron était dans la pièce voisine – ce qui a été en partie confirmé par son plus jeune fils.

M. Reynolds a déclaré que la porte du dressing était fermée quand il l'a ouverte pour y découvrir Ronda. Nous savons que c'était impossible d'après la position du corps. La porte était bloquée par les jambes de Ronda sur le seuil. On le voit clairement sur les photos.

Ronda gisait sous une couverture électrique, les deux mains cachées dessous ; pourtant, l'arme se trouvait à l'extérieur, comme si on l'avait poussée vers sa main gauche. Autrement dit, la couverture était glissée entre l'arme et sa peau.

Les lividités fixées indiquent une mort survenue

entre huit et douze heures avant la découverte du corps.

La rigidité cadavérique était manifeste, plus prononcée que pour une personne décédée depuis si peu de temps. (Entre 5 et 6 heures du matin. Nous reconnaissons que la couverture électrique peut avoir affecté les changements post mortem jusqu'à un certain point.)

Les experts disent que la mort (cérébrale) a été instantanée, interdisant tout mouvement : cela laisse entendre que, même si c'est elle qui a tiré, Ronda ne pouvait ensuite glisser les mains sous sa couverture.

Les cheveux de Ronda étaient remontés vers le haut, comme si on avait voulu examiner sa blessure.

Ronda avait un ongle cassé, indiquant une lutte.

Le message sur le miroir de la salle de bains ne correspondait en rien à une note de suicide. Il indiquait simplement que la victime aimait M. Reynolds et qu'elle lui demandait de l'appeler chez sa grand-mère, à Spokane.

Il a fallu près d'une demi-heure à M. Reynolds pour appeler les secours, alors qu'il s'était éveillé à 6 heures. (Réaction des plus lentes.)

M. Reynolds a déclaré avoir cherché le pouls de Ronda derrière son oreille, pourtant, les traces de sang n'y montrent aucune intervention.

Ses déclarations ainsi que celles d'autres témoins indiquent que M. Reynolds a le sommeil très léger ; pourtant, il n'a pas entendu un coup de feu tiré à quelques mètres de lui.

Les tests de résidus de poudre sur les mains de

Ronda n'ont pu prouver que l'arme s'était effectivement trouvée dans sa main.

Il n'y avait aucune empreinte sur l'arme.

Les trois garçons n'ont pas vu Dave Bell tendre une arme à Ronda. Elle lui avait remis la sienne, qu'il a déchargée et placée là où elle le lui a demandé – un endroit où M. Reynolds garde habituellement ses armes.

J'ai vérifié le tiroir sous le matelas d'eau où Dave Bell a placé l'arme. Il n'est accessible que du côté de M. Reynolds dans le lit. Ronda n'aurait donc pu l'atteindre sans réveiller son mari.

Je n'ai jamais retrouvé l'« étui brun » dans lequel l'arme était censée se trouver.

L'absence évidente d'émotion en appelant les secours et durant l'enquête fait de M. Reynolds un suspect.

Ces questions étaient en suspens en 2001 comme en décembre 1998, et Berry s'en posait d'autres qu'il n'avait pas encore notées – ce qu'il allait faire au cours des mois et des années à venir.

CINQUIÈME PARTIE

La vie continue dans le comté de Lewis

18

Ron Reynolds ne vécut pas longtemps avec son ex-épouse, Katie, bien qu'elle ait emménagé dans la maison de Twin Peaks Drive quelques heures seulement après le décès de Ronda. Il semblait la considérer comme une intérimaire – une sorte de gouvernante qui allait prendre soin de leurs plus jeunes garçons et s'occuper du ménage, ce qu'elle fit durant tout le mois de mai 1999, puis elle reprit sa vie de bohème.

Seul à nouveau, Ron entra donc dans la catégorie des notables « recherchés sur le marché » : veuf, grand, physique avenant, il gagnait près de soixante mille dollars par an en tant que directeur d'école. Ses élèves l'aimaient bien, le trouvaient drôle et appréciaient qu'il se rappelle leurs prénoms à tous – même longtemps après être devenus lycéens puis étudiants. Et bien des gens compatissaient à la tragique perte qu'il avait subie.

L'une des femmes intéressées par Ron était Blair Connery*. Son plus jeune fils fréquentait l'école élémentaire de Toledo et parlait souvent de « M. Reynolds ». Récemment divorcée, mère de deux garçons dont elle avait la garde, elle fréquentait assidûment les manifestations de l'école, y compris les événements sportifs. À l'automne 1999, soit à peu près neuf mois après la mort de Ronda, elle aborda Ron lors d'un match de football américain.

— Je suis allée le voir et je me suis présentée, se souviendrait-elle. J'ai suivi mon impulsion.

Si on peut dire que les extrêmes s'attirent, ce fut bien leur cas. Blair est une femme étonnante, à la poitrine généreuse, aux yeux brillants, au sens de l'humour développé.

— Je n'attendais rien de spécial de cette rencontre. Pourtant, il m'a téléphoné quelques jours plus tard pour qu'on se retrouve. J'ai accepté, et c'est ainsi qu'ont commencé les trois années, ou presque, que j'ai passées avec lui.

Blair était persuadée de l'innocence de Ron et plaignait ses enfants - Jonathan, David et Josh -, qui restaient pratiquement sans mère. Si Katie Huttula aimait sincèrement ses cinq enfants, sa vie mouvementée l'empêchait de s'en occuper vraiment. Il lui arrivait de disparaître sans que personne ne puisse dire où elle se trouvait. Blair savait qu'elle ne vivait plus avec Ron et les garçons depuis plusieurs mois. Aussi décida-t-elle de les aider. Elle en était même venue à espérer que leurs enfants allaient devenir amis. Au début, cela parut possible, dans la mesure où ils étaient à peu près du même âge.

— Nous accomplissions ensemble tous les rituels familiaux : les fêtes scolaires, les vacances, les matchs... chaque fois qu'une présence paternelle s'imposait et au moins celle d'une mère de substitution. Je n'ai pas mis longtemps à tomber amoureuse de Ron.

Alors qu'elle commençait à passer du temps chez les Reynolds, Blair put constater que Katie Huttula ne donnait plus signe de vie ; pourtant, il restait beaucoup de ses affaires personnelles, comme si elle comptait revenir.

Mais peu lui importait, d'autant que, les mois passant, elle s'attachait de plus en plus à Ron. Dès le début, comme pour Ronda – bien que Blair n'en sache rien –, il lui avait annoncé qu'il « ne pouvait pas faire l'amour ». Elle se dit qu'il avait traversé de telles épreuves qu'il ne fallait pas s'étonner de son impuissance. Dès lors, elle se fit un plaisir de lui prouver qu'il pouvait la contenter au lit. Elle y vit une réussite particulière, un signe qu'ils pouvaient se fier l'un à l'autre. Ainsi, ils eurent des rapports quotidiens, même si Blair dut vite constater que c'était un amant égoïste qui ne tenait aucun compte de ses besoins émotionnels. Avec lui, un acte sexuel s'achevait presque avant de commencer, et à peine satisfait il roulait sur le côté et s'endormait.

Mais ce n'était pas là ce qui comptait le plus pour Blair, si bien qu'ils établirent une relation durable dès Noël 1999. Elle avait une belle situation et un peu d'argent de côté ; elle ne cessait d'acheter des cadeaux pour Ron et ses fils. Lui-même passait désormais deux ou trois nuits par semaine chez elle. Elle acheta des lits superposés, afin que Josh puisse accompagner son père. Et quand elle se rendait à Twin Peaks Drive, chaque week-end, elle cuisinait pour toute la famille.

— Je faisais aussi son repassage, déclarerait-elle, l'air un rien penaud, et je leur mitonnais des plats pour toute la semaine, qu'ils n'avaient plus qu'à surgeler. Je m'occupais même du marché. J'avais tellement pitié de ces trois garçons, j'essayais de leur faciliter la vie autant que je le pouvais : je lavais le linge, j'arrachais les mauvaises herbes, je présentais Ron à mes amis.

Car Ron n'avait pour ainsi dire aucun ami proche : son entourage se bornait à sa mère, Laura, et à son compagnon, Tom Reed. Laura Reynolds adorait son fils unique et croyait tout ce qu'il lui disait. Blair pensait que ce n'était pas vraiment le cas de Tom Reed. Parfois, elle le surprenait à regarder Ron d'un drôle d'air. Une fois, alors qu'ils se retrouvaient seuls, Tom alla jusqu'à demander à Blair si elle croyait Ron coupable de la mort de Ronda. Elle avait évidemment répondu par la négative, très choquée de ce qu'il ose seulement lui poser la question.

Comme c'était une femme généreuse, il lui fallut des mois avant de se rendre compte qu'elle représentait plus une commodité qu'une amoureuse : Blair était une excellente ménagère qui ne demandait aucun salaire… Pourtant, la passion de Ron s'éteignit avec les illuminations de Noël, en janvier 2000. Blair n'en revenait toujours pas qu'il ait pu changer d'attitude aussi vite.

— Il était devenu complètement froid.

Elle mettait ce changement sur le compte des difficultés psychiques et physiques qu'il rencontrait. Il consultait régulièrement un cardiologue et prenait de la Coumadine pour fluidifier son sang et prévenir la formation de caillots.

Un jour, en sautant du hayon de son pick-up, il se blessa à la jambe et saigna. Blair, qui se trouvait là, entreprit de stopper l'hémorragie à l'aide d'un garrot. Elle était vraiment la femme de toutes les situations.

À ses yeux, ses enfants passaient avant tout, et les méthodes d'éducation de Ron ne manquaient pas de la troubler. Quand il venait chez elle, laissant seuls ses deux fils adolescents, il les autorisait à regarder toutes sortes de films ; ils pouvaient aussi acheter des magazines pornographiques et écouter du grunge à longueur de journée. Elle les soupçonnait aussi de se droguer, mais Ron paraissait s'en moquer. Blair en vint même à se demander si elle ne surprotégeait pas ses propres enfants ; pourtant elle voulait s'assurer qu'ils ne risquaient pas de subir de mauvaises influences.

Un soir qu'elle se trouvait seule à la cuisine avec Jonathan Reynolds, alors âgé de dix-neuf ans, il y eut soudain un blanc dans leur conversation, un silence gênant durant lequel ni l'un ni l'autre ne sut plus que dire. Alors Jonathan releva la tête, la regarda dans les yeux.

– Je n'ai pas tué Ronda ! dit-il.

Tout le corps de Blair fut parcouru d'un long frisson. Jamais elle n'aurait suggéré une telle accusation, cela ne lui était même pas venu à l'esprit. Elle savait depuis longtemps que Jonathan et David étaient fascinés par la mort, ce dernier se montrant d'ailleurs beaucoup plus direct à ce sujet. Il parlait souvent de tuer des animaux, et Blair fut très troublée en découvrant dans sa chambre le ruban jaune de police qu'il avait récupéré durant l'enquête sur la mort de Ronda et qu'il avait tendu sur ses murs.

— Je me demandais comment il pouvait faire une chose pareille.

Pourtant, les fils Reynolds ne manquaient pas d'intelligence, en quoi ils tenaient autant de Ron que de Katie. Ils obtenaient souvent des A au lycée et avaient hérité l'exceptionnel talent musical de leur mère.

Blair savait à quel point tous deux avaient détesté Ronda. L'un d'eux avait été la seule personne présente lorsque le rottweiler préféré de Ronda, Duchess, avait brusquement trouvé la mort. La jeune femme n'avait jamais aimé laisser les fils de Ron seuls avec ses chiens depuis qu'elle avait vu Jonathan donner un coup de pied à l'un d'eux alors que ce n'était encore qu'un chiot. Ronda avait appelé sa mère pour lui dire que, selon son mari, Duchess était morte d'une crise cardiaque, mais elle avait constaté d'évidentes traces de coups sur sa dépouille. Peu après, son berger allemand avait disparu, et Barbara avait demandé si les fils de Ron « l'avaient aussi tué », mais Ronda avait esquivé la question. Elle ne voulait pas d'« histoires ».

— J'ai même entendu dire qu'un des garçons avait menacé de tuer Ronda, dit Blair, longtemps après avoir quitté Ron. Tout ça parce qu'ils n'aimaient pas qu'elle leur donne des ordres…

Blair n'avait pas connu Ronda, mais elle commençait à se rendre compte qu'elle ne connaissait pas bien Ron non plus, malgré tout ce temps passé avec lui.

— Il ne montrait jamais la moindre émotion, ni bonheur ni colère. Le pire trouble que je lui aie vu, ce fut quand il piqua une crise de jalousie parce qu'il trouvait que je m'occupais trop d'un ancien petit ami qui se mourait d'un cancer. C'était ridicule.

Et surtout Ron ne parlait jamais de son enfance.

— Il préférait enterrer le passé. On sentait la présence d'un secret dans cette maison, mais je n'ai pas découvert lequel.

*
**

Sans doute y avait-il aussi des secrets chez les parents de Ron. Lorsque Laura Reynolds donna naissance, le 30 mai 1951, à leur troisième enfant et premier garçon, il était prématuré de plus de deux mois et ne pesait pas plus d'un kilo et demi. Il était si petit que personne ne croyait qu'il vivrait. On raconta que ses parents le mettaient dans un four tiède pour garder son corps à température. Cependant, c'était un garçon, tellement attendu par Laura et Leslie, celui qui perpétuerait le nom de la famille.

Aussi Ronnie fut-il particulièrement chouchouté, au point de ne jamais se voir opposer aucun refus. Ses parents lui accordaient tout ce qu'il voulait. Il avait voulu un poney à quatre ans et il l'eut – même si ce fut finalement sa sœur, Judy, qui s'en occupa. Quelques années plus tard, le même scénario se reproduisit avec un cheval. Ron se désintéressait vite de ce qu'il avait désiré et si vite obtenu, et il détestait les responsabilités.

— Il ne s'intéressait pas aux animaux, se souviendrait Judy.

De cinq ans et demi son aînée, celle-ci se chargeait d'à peu près toutes les tâches extérieures à leur maison de McCleary, sans se formaliser, car elle détestait tout ce qui ressemblait au ménage, préférant mille fois ramasser du bois plutôt que faire la vaisselle ou les lits.

Le père de Ron, Leslie Reynolds, n'était pas riche, loin de là. Mécanicien à McCleary, il était toujours en mission. Pourtant, il entretenait bien sa famille, sans doute parce que c'était un bourreau de travail. Parfois, il semblait passer plus de temps à la scierie qu'à la maison.

La mère de Ron, Laura Church Reynolds, était issue d'une famille bien connue dans le comté de Lewis. Elle avait neuf sœurs, et presque toutes avaient elles-mêmes au moins trois enfants. Les vacances auraient pu être gaies et animées, mais Ron détestait voir ses cousines. Quand l'une d'elles venait, il refusait qu'elle touche à ses jouets, même si lui, les rares fois où il se rendait chez elles, ne se privait pas d'emprunter les leurs.

Des dizaines d'années plus tard, elles n'avaient pas oublié ce petit rapporteur qui courait se plaindre à sa mère dès qu'elles ne voulaient pas jouer à ses jeux. Encore enfant, il avait demandé qu'on pose une serrure sur la porte de sa chambre, afin d'empêcher amis et cousines d'y entrer.

Très vite, il s'était fait unanimement détester par les membres de sa famille qui le traitaient d'égoïste, de manipulateur dépourvu de considération pour les autres.

— Par exemple, confia sa cousine Julie Colbert, il ne pensait qu'à l'argent. J'avais dix-huit ans quand on est partis en voiture pour l'Arizona ; en route, on s'est arrêtés dans un bar équipé de machines à sous. Ronnie y a glissé quelques pièces mais n'a rien gagné ; alors que je me rendais aux toilettes, je me suis arrêtée devant une de ces machines pour y mettre une pièce à mon tour et j'ai remporté le jackpot.

Furieux, Ronnie avait boudé jusqu'à ce qu'elle lui offre la moitié de la somme qu'elle avait gagnée, mais il avait refusé, estimant que la totalité lui revenait.

— Il était comme ça, aucune empathie, aucune attention pour les autres.

Sa sœur Judy avait toujours eu des problèmes de poids. Ron se moquait d'elle, la traitant de « grosse », et souvent pire. Dès qu'elles en avaient été capables, ses sœurs Judy et Phyllis avaient dû travailler pour s'offrir leurs vêtements, Ron, jamais. Judy n'a pas oublié le jour où il avait réclamé une veste qui coûtait cent dollars.

— Mes parents la lui ont achetée. Tandis que nous, les filles, on n'avait droit à rien si on ne se le payait pas nous-mêmes.

Phyllis, la sœur aînée, avait une douzaine d'années de plus que Ronnie. Elle se maria jeune et s'installa en Caroline du Sud, perdant peu à peu de vue sa famille.

Quant à Judy, elle avait épousé Larry Semanko

– qui allait travailler vingt ans au bureau du shérif du comté de Lewis et quatre ans comme adjoint du coroner Terry Wilson. Ils étaient tous deux assez jeunes, mais le couple s'entendait très bien.

Les Semanko durent plusieurs fois « baby-sitter » Ronnie, car ses parents n'aimaient pas le laisser seul. Or, ces gardes se révélaient des plus pénibles, dans la mesure où il leur était interdit de le gronder. En certaines occasions, les Semanko ne pouvaient s'en empêcher. Une fois, Ronnie balança un coup de pied à sa sœur avec ses bottes de cow-boy, lui faisant des bleus. Alors Larry donna une petite fessée au gamin, et celui-ci se plaignit à ses parents, qui s'en montrèrent furieux.

Toujours marqués par le fait qu'ils avaient failli perdre leur seul fils à la naissance, les Reynolds ne cessaient de s'inquiéter pour Ron : ils continuaient de lui passer tous ses caprices, alors qu'il était devenu un solide garçon aucunement marqué par ses débuts difficiles dans la vie.

Au lycée d'Elma, avec son meilleur ami, Ron prit le volant en état d'ébriété et défonça la voiture que venaient de lui offrir ses parents. Ni Leslie ni Laura Reynolds ne pouvant accepter l'idée que leur fils ait simplement pu s'enivrer, ils crurent à tous ses mensonges. Quelques jours plus tard, ils lui offraient une nouvelle voiture. Cette fois, sa mère y avait fait installer une « cage » protectrice pour le cas où il aurait un autre accident.

Ses soirées arrosées n'empêchèrent pas Ron de terminer l'année parmi les dix premiers de sa classe, faisant une fois de plus la fierté de ses parents, qui ne vivaient qu'à travers lui. Ce fut à cette époque qu'il rencontra Catherine Huttula. Katie était beaucoup plus appréciée que lui.

— Elle était très, très populaire, se souviendrait un ancien camarade. C'était une pom-pom girl très séduisante, une star.

Quant à Ron, il jouait plutôt les caméléons. Certains le prenaient pour un être pur. En fait, il apparaissait tel qu'on avait envie de le voir – lorsque cela l'intéressait. Sinon, il ignorait les autres.

Il se maria très jeune, peu après la fin de ses études secondaires. Sa première femme, Donna Daniels, fervente chrétienne et assez naïve, passait pour « la fille la plus gentille du monde ». Les jeunes mariés s'installèrent à Pullman, dans l'État de Washington, pour y fréquenter l'université. Donna fit une fausse couche et leur union se désagrégea peu après. Depuis, elle s'est remariée, et sa vie familiale est équilibrée entre son mari et leurs deux enfants. La plupart du temps, Ron ne la cite même pas parmi ses ex-épouses. De nombreuses personnes pensent que Catherine Huttula fut la première épouse de Ron, la seule qu'il ait eue avant de rencontrer Ronda Liburdi – mais c'est faux.

Étudiants, Catherine et Ron avaient goûté à la drogue, mais seule Katie en devint dépendante. D'après sa famille et ses amis, elle n'allait pas la lâcher au cours des quarante années suivantes. Avec une camarade du lycée, elle entra dans une école d'infirmières en Arizona. Ses problèmes de drogue ne faisant que s'aggraver, elle fut renvoyée.

Propriétaire d'une pharmacie à Elma, la famille Huttula était plutôt nantie ; cela ne l'empêcha pas d'être frappée par nombre de tragédies. Mme Huttula avait mis au monde cinq enfants : Carl, Janice, Catherine, Tom et Mary. Carl fut tué au Vietnam en 1967 dans un hélicoptère qui explosa en plein vol ; son corps fut rapatrié dans un cercueil scellé – il n'avait pas voulu participer à cette guerre. Catherine avait seize ans, deux de moins que Carl, et la mort de son frère l'anéantit. Elle ne fut jamais plus la même. Devenue infirmière, elle fut renvoyée d'au moins un hôpital quand on constata que des drogues disparaissaient des placards auxquels elle avait accès. Tom Huttula, repreneur de la pharmacie familiale, interdit à sa sœur d'y travailler après s'être rendu compte que le stock de drogues et autres médicaments fluctuait étrangement.

Mme Huttula était souvent malade, se plaignant de maux de tête et autres difficultés ; les amies de Katie avaient pris l'habitude de la trouver allongée sur le canapé, attendant parfois qu'on lui apporte des médicaments de la pharmacie familiale.

— Quand j'y pense, se rappellerait une des amies de Catherine, Katie ressemblait beaucoup à sa mère : elle n'arrêtait pas de se plaindre de toutes sortes de maux.

Mme Huttula ne laissait pas un souvenir vraiment positif. Elle enseignait les « premiers secours » au lycée d'Elma. Nombre d'élèves la trouvaient « méchante ». Une fille, par ailleurs cousine éloignée de Ron Reynolds, tomba enceinte et chercha désespérément à le cacher.

— Mme Huttula en a parlé à toute la classe et ça m'a horriblement gênée, confiait cette femme quarante ans plus tard. Elle est revenue sur le sujet plusieurs fois, comme si ça faisait partie de ses cours, pour expliquer que c'était ce qui arrivait aux filles qui perdaient leur virginité. Finalement, je suis allée le dire au proviseur, et elle a arrêté.

*
**

Après le divorce de Ron d'avec Donna Daniels, Catherine Huttula l'avait retrouvé à l'université de l'État de Washington. Bien qu'ils ne soient pas vraiment sortis ensemble au lycée d'Elma, ils se sentirent irrésistiblement attirés.

Ron obtint sa licence en éducation puis, des années plus tard, sa maîtrise, qui allait lui permettre de devenir directeur d'école.

Ses résultats étaient encore meilleurs qu'au lycée. Il expliqua un jour sa technique à ses amis. Il commençait par « anticiper » le contenu d'un chapitre, en lire le résumé puis rédiger la question qui lui semblait la plus probable sur ce thème. Après quoi, il cherchait les réponses dans le chapitre en question. Ce procédé lui épargnait bien des heures d'étude et lui assurait de bonnes notes.

Bien qu'elle ne semblât pas remplir les critères de l'épouse idéale, Ron épousa Katie Huttula, dont il eut cinq garçons : Simeon, Micah, Jonathan, David et Joshua. Ils portaient des noms bibliques, car leurs parents étaient devenus de fervents Témoins de Jéhovah.

— Mon frère a interdit à ses enfants de jouer avec les nôtres pendant quinze ans, confia sa sœur Judy. Ron les considérait, et nous aussi, comme des

« païens » depuis qu'il avait rejoint les Témoins de Jéhovah.

Peu après que Ron eut obtenu ses diplômes, ses parents divorcèrent. Ni l'un ni l'autre ne se remaria.

Au moment de la mort de Ronda, Laura Reynolds avait quatre-vingt-un ans et vivait depuis trente et un ans avec Tom Reed.

Le père de Ron, Leslie, s'installa par la suite dans une maison voisine de celle de son fils.

Ainsi que le suspectait Blair Connery, il y avait effectivement des secrets enfouis dans l'enfance de Ron, mais la plupart provenaient de l'effort de la famille pour toujours présenter une image parfaite. Les parents de Ron furent en effet beaucoup plus heureux séparés, ce qui n'empêcha pas leur fils de continuer d'occuper la place d'enfant chéri. Et Tom Reed, après ses premiers doutes, finit lui aussi par le croire incapable de commettre un acte immoral ou illégal. Il le considérait désormais comme son meilleur ami.

Néanmoins, plus Blair Connery passait de temps avec Ron, plus elle accordait foi aux rumeurs l'accusant de porter une part de responsabilité dans la mort de Ronda. Cependant, ce n'était pas pour cette raison que Blair voulait rompre avec lui : elle en avait tout simplement assez d'entretenir deux foyers, et la froideur de Ron lui donnait l'impression de ne jamais pouvoir abattre le mur invisible dont il s'était entouré.

19

La santé de Leslie Reynolds commença à décliner au milieu des années 1990. Ron et Katie l'avaient convaincu de ne plus vivre seul. Pourtant, la demeure qu'il quitta était beaucoup plus confortable que le vieux camping-car qu'ils achetèrent pour l'installer dans leur jardin. Katie promit de lui préparer ses repas et de faire sa lessive, assurant que Ron et elle veilleraient sur lui. À près de quatre-vingts ans, Leslie Reynolds souffrait d'un cancer et d'un début de maladie d'Alzheimer.

Il confia tous ses biens à Ron, son fils bien-aimé. Sa fille Judy, qui vivait à une centaine de kilomètres de là, essaya de garder le contact avec lui, de s'assurer que son père allait bien. Cependant, Ron ne l'y encouragea guère : il craignait qu'elle n'en veuille à son argent.

Le camping-car étant trop exigu pour y installer un lit, Leslie Reynolds devait se contenter d'une couchette. De plus, il se sentait très seul. Il dit un jour à Judy qu'il n'avait pas le droit de mettre les pieds dans la maison de Katie et Ron. Toute sa vie, il avait donné de l'argent à son fils. Certes, il n'était pas pauvre : il avait une retraite, la Sécurité sociale et des économies. Il avait même payé les avocats de Ron pour qu'il obtienne la garde de ses enfants.

Judy Semanko découvrit combien la vie était dure pour Leslie lorsqu'une de ses tantes, Edna Arnot, l'appela. Lui rendant visite, elle avait trouvé ses placards et son réfrigérateur vides de toute provision.

— Achète-lui ce dont il a besoin, demanda Judy. Je t'envoie l'argent immédiatement et je viens.

Arrivée à McCleary, elle trouva son père terriblement amaigri, à peine capable de marcher. Pour le moins, Leslie Reynolds était sous-alimenté. Judy prévint Ron qu'elle voulait emmener leur père quelque temps chez elle, mais son frère répondit que le médecin s'y opposait.

Katie Huttula Reynolds continuait à consommer toutes sortes de drogues – des médicaments vendus sur ordonnance au *crystal meth* en passant par la marijuana. À vrai dire, c'était la première chose qui venait à l'esprit quand on pensait à elle. Elle n'arrêtait pas – même enceinte. Ses proches avaient depuis longtemps appris à cacher leurs médicaments quand elle venait chez eux.

Judy se doutait bien que Katie ne s'occupait guère de Leslie. Un jour, il appela sa fille, éperdu :

— Katie m'a dit que je n'ai plus d'argent, que je vais devoir aller dans une maison…

— Tu as de l'argent, papa. Ne t'inquiète pas. Je m'en occupe.

Judy put alors constater que, si Leslie avait effectivement de l'argent, il ne lui restait pas la moitié de ce qu'il avait mis de côté avant de se voir déménager dans ce camping-car.

Judy finit par emmener elle-même Leslie chez le médecin, non sans avoir dû lui trouver d'abord des vêtements décents, car il ne portait plus que des hardes. Elle réclama trois cents dollars à Ron pour lui acheter des chaussures, des chemises et des pantalons, mais il assura qu'il s'en occuperait lui-même.

À cette époque, Leslie Reynolds ne pouvait plus marcher et redoutait visiblement les colères de Katie. Il avait un bras couvert de bleus, un biceps tordu. Apparemment, et sans que Judy parvienne jamais à déterminer ce qui s'était passé, on l'avait brutalisé.

De plus, elle avait découvert que Ron et Katie allaient jusqu'à négliger ses prises de médicaments.

— En fait, ils lui donnent les cachets sans lui indiquer la posologie, dit-elle au médecin. Alors il en prend trop à la fois.

À sa grande indignation, elle apprit que le médecin ne s'opposait nullement à ce qu'elle emmène son père chez elle : il trouvait même l'idée excellente.

Chez Judy et Larry Semanko, Leslie Reynolds se remit assez bien, mais la maladie d'Alzheimer s'aggrava. Il oubliait beaucoup de choses, ne savait pas toujours où il était. À son anniversaire, il se balançait dans un fauteuil à bascule après le dîner, sans cesser de poser la même question :

— J'ai quel âge ?

— Tu viens d'avoir quatre-vingts ans, finit par répondre sa fille.

— Bon sang, je suis vieux !

Tous se mirent à rire. Ce fut l'un des rares moments de détente qu'ils connurent depuis le début de son déclin. Néanmoins, Leslie se rétablit assez pour pouvoir retourner chez Ron.

Lorsque celui-ci épousa Ronda, le 2 janvier 1998, la vie à McCleary fut beaucoup plus douce pour le vieil homme. Elle lui préparait de bons repas et s'occupait de lui. Mais il était trop malade pour pouvoir rester autonome. Alors Judy lui trouva une confortable maison de retraite. Cependant, on la rappela la semaine suivante en lui disant qu'il avait besoin de trop de soins pour cette institution.

En allant chercher Leslie, Judy ne l'y trouva plus. Ron l'avait déjà emmené, sans prévenir sa sœur. Elle le retrouva dans une clinique à Centralia. Peu après, il fut transféré à l'hôpital d'Olympia, où il mourut en mai 1998.

Ron hérita de son père sa maison et ses biens. Son divorce d'avec Katie lui avait coûté cher, il estimait donc que toutes les possessions de son père lui revenaient de droit. Ses sœurs ne s'y opposèrent pas, et il donna la vieille voiture à ses fils Jonathan et Micah.

***

En ces premières années du nouveau millénaire, Blair commençait à se demander si Ron ne la trompait pas. Pour justifier ses fréquentes absences, il disait travailler beaucoup, les réunions de parents occupant nombre de ses soirées.

— J'ai tout de même fini par comprendre qu'il

revoyait Katie. J'ai trouvé ses factures Visa, et il y avait là plusieurs dîners au restaurant pour deux.

Comme Ronda, Blair ne comprenait pas pourquoi Ron continuait de dépanner Katie, au point même de lui offrir une voiture. Sans doute Katie avait-elle été attirante autrefois ; à près de cinquante ans, elle était décharnée à cause de la drogue. De tout autre homme, Blair aurait pu imaginer qu'il plaignait Katie ; mais elle avait appris à ses dépens que Ron n'était pas du genre à s'inquiéter pour autrui. Katie devait donc le tenir d'une façon ou d'une autre.

Peu à peu, Blair découvrit ce que cachaient les « week-ends de chasse » de Ron dans les bois du côté d'Aberdeen.

— Il avait installé un matelas à l'arrière de son pick-up, soi-disant pour pouvoir mieux traquer ses proies. Je l'ai accusé de l'utiliser plutôt avec Katie, mais il a nié.

Blair ne quitta pas Ron aussitôt pour autant, car elle s'inquiétait pour ses fils. Cependant, elle le trouvait si pingre que ça commençait à la dégoûter, surtout lorsque cela concernait son argent à elle.

— Il avait récupéré d'importantes sommes après la mort de Ronda, dans les cinquante mille dollars d'assurance-vie, et lui-même gagnait bien sa vie. Sa maison ne lui revenait pas cher… Pourtant, il voulait que je prenne un crédit pour payer ses échéances. Nous n'étions même pas mariés. J'ai refusé.

Avait-il besoin d'argent pour aider Katie ? Blair en doutait. Plus vraisemblablement, il voulait préserver son pécule, se préparer une bonne retraite.

Blair n'avait pas songé à d'autres femmes que

Katie. Son fils aîné allait se marier, aussi s'occupa-t-elle activement de préparer la réception. Elle n'avait plus le temps de surveiller Ron et d'ailleurs s'en préoccupait beaucoup moins qu'auparavant.

— Franchement, je ne savais jamais trop où il se trouvait. Nous nous étions peu à peu éloignés l'un de l'autre, et j'avais d'autres chats à fouetter qu'assurer le ménage de sa maison.

Un soir, pourtant, elle lui téléphona car elle voulait déposer certaines affaires chez lui. D'un ton quelque peu contrarié, il lui répondit :

— Ce n'est pas le moment.

Elle lui demanda si quelqu'un était là, et il marmonna quelque chose d'inaudible. Blair en conclut qu'il passait la soirée avec Katie. Par la suite, elle découvrit qu'il s'agissait de Sandra*, un professeur de l'école de Toledo. Il y eut aussi d'autres femmes dont elle ne sut rien, mais Blair s'avisa alors que le concept de fidélité n'avait jamais effleuré Ron.

— J'aimais bien Sandra. Dotée d'un joli visage et d'une belle silhouette, elle en avait néanmoins bavé. Mariée très jeune, avant ses vingt ans, elle avait eu un bébé mais avait divorcé peu après. Pourtant, elle a repris ses études pour entrer à l'université, et a fini par devenir prof.

Sandra, qui allait devenir la nouvelle épouse de Ron, possédait une grande propriété, comme Ronda et Blair – et même Katie. Toutes trois avaient soit de l'argent, soit un bien familial, soit une demeure pour laquelle elles avaient travaillé dur.

Son métier lui permettant de vérifier certaines transactions immobilières, Blair découvrit que

Sandra avait changé le titre de propriété de ses terres juste après son mariage avec Ron, lui accordant la moitié de ses propriétés.

Décidément, chacune de ses liaisons féminines rapportait un avantage financier à Ron. Il habitait une maison que Ronda l'avait aidé à payer, puis peinte et décorée de ses deniers – Barbara Thompson ne récupéra jamais les bijoux ni les meubles précieux qui avaient appartenu à sa fille. Katie Huttula, issue d'une famille aisée, avait partagé tous les frais d'entretien quotidien, sans parler de la contribution de Blair aux tâches ménagères et au jardinage.

***

Quelques mois après la mort de Ronda, au printemps 1999, Katie avait quitté la maison de Ron à sa demande. Peu après, elle raconta à d'anciennes camarades de lycée qu'elle vivait désormais avec Vince Parkins*. Un jour, celui-ci tomba gravement malade. Katie l'emmena aux urgences. Étonnés par son état, apparemment beaucoup plus sérieux que ne le laissait supposer le premier diagnostic de grippe intestinale, les médecins lui firent passer des examens et découvrirent ainsi qu'il avait ingéré de l'arsenic. Tout le monde a, dans son corps, un pourcentage plus ou moins élevé d'arsenic, et ceux qui vivent près des cours d'eau et des plages de l'État de Washington en ont à un degré plus élevé que la moyenne.

Cependant, Vince Parkins avait assez d'arsenic dans le corps pour que sa vie s'en trouve menacée. Naturellement, il en parla à Katie. Quand il sortit de l'hôpital, il tenta en vain de l'appeler pour qu'elle le ramène à la maison, il dut donc prendre un taxi. Arrivé chez lui, il constata qu'elle avait plié bagage et disparu.

Abasourdi, il raconta l'incident à ses amis et à ses proches.

— Je ne sais pas pourquoi elle aurait fait ça… mais je me demande si Katie n'a pas cherché à me tuer.

*
**

Barbara Thompson, elle, se demandait comment Ron avait réussi à récupérer les assurances-vie de Ronda auprès de Wal-Mart. Elle écrivit donc à la compagnie dans l'Iowa, qui communiqua les informations au bureau du shérif. Voici ce que reçut l'inspecteur Dave Neiser : Ronda avait obtenu un capital décès, via Wal-Mart, d'un montant de cinquante mille dollars, le 12 septembre 1998 – trois mois avant sa mort. La couverture de Wal-Mart restait valable tant que Ronda payait les primes. Cette échéance, arrivée aux bureaux de la compagnie le 18 décembre, fut versée sur le compte de Ronda le 22 décembre – six jours après sa mort.

Quand Ron Reynolds remplit sa demande d'indemnité de cinquante mille dollars, il s'identifia sous le titre d'« exécuteur » et « bénéficiaire ». Ses échanges avec Wal-Mart furent toujours marqués de courtoisie, même s'il ne toucha pas la somme avant septembre 1999.

La compagnie écrivit : « Monsieur Reynolds, vos indemnités ont été déposées à votre nom auprès d'un gestionnaire de ressources. Il s'agit d'un compte flexible destiné à répondre à vos besoins financiers immédiats et à venir. Si vous souhaitez ne pas disposer de vos fonds immédiatement, vous pouvez les laisser sur ce compte aussi longtemps que vous le souhaitez. Il va de soi qu'ils seront assortis d'un taux d'intérêt attractif. »

Ron Reynolds et Katie Huttula Reynolds étaient aussi avides l'un que l'autre en matière d'argent. Katie avait reçu près de cent mille dollars lorsque Ron avait obtenu le divorce, et il en gardait une certaine amertume. D'autant qu'elle avait à peu près tout dépensé en un an.

Il avait espéré obtenir environ trois cent mille dollars de l'assurance de Ronda. Barbara fut la première à constater à quel point il en avait été bouleversé, lorsqu'elle le rencontra, le lendemain de la mort de Ronda – beaucoup plus que du décès de son épouse.

Il encaissa les cinquante mille dollars dès que la somme fut disponible.

20

À la fin de l'été et à l'automne 2001, les enquêteurs du comté de Lewis reprirent leurs investigations sur le décès de Ronda. Barbara Thompson fut rassérénée de sentir dans le bureau du shérif quelques frémissements d'intérêt pour le dossier de sa fille. Elle espérait que ce serait suivi d'effet. Car Ronda était morte depuis trois ans, et Jerry Berry avait démissionné du bureau du shérif.

Ron, le mari de Ronda, espérait bien que cette histoire allait sombrer dans l'oubli. Il en avait assez des questions, des soupçons, des regards en biais.

Pourtant, il restait le principal « bénéficiaire » de cette mort. Le shérif McCroskey avait écrit à Barbara Thompson le 26 juillet 2000 pour lui présenter ses condoléances. Et il avait ajouté : « Comme dans toute investigation, quelques erreurs ont été commises, mais aucune n'a changé les faits sur lesquels nous avons été amenés à enquêter… Malheureusement, le seul suspect dans cette affaire a invoqué ses droits et fait appel à un défenseur. »

En effet, les avocats Rayburn Dudenbostel et Brett Ballew, d'un cabinet à Elma, représentaient désormais Ron Reynolds. Dudenbostel avait été l'avocat de Laura et Leslie Reynolds pendant des années. Il décrivait Ron comme « un homme bien qui a subi une grande tragédie et en reste bouleversé ». Selon lui, les incessantes questions des hommes du shérif, et ce depuis deux ans, avaient ouvert d'innombrables blessures.

— Imaginez dans quel état vous seriez en découvrant à votre réveil que votre femme s'est suicidée, pour être ensuite accusé de l'avoir tuée et découvrir que nos forces de l'ordre n'ont pas respecté la procédure.

Dudenbostel précisa qu'il ne doutait pas un instant de l'innocence de son client, que celle-ci aurait pu être établie depuis longtemps si les enquêteurs avaient seulement cherché à prélever sur lui des résidus de poudre. Il ajouta que Ron était passé une deuxième fois au détecteur de mensonge, qu'il avait répondu à plusieurs interrogatoires, soumis un échantillon de son ADN et des exemplaires de son écriture, donné ses relevés de téléphone et de cartes de crédit.

Le 14 décembre 2001, Reynolds se préparait à subir sa dernière « audition coopérative », cette fois avec le sergent Glade Austin. Blair ne l'avait pas trouvé très inquiet, peut-être parce qu'il s'était entraîné avec ses avocats. Elle l'accompagna.

La séance dura très longtemps : près de deux heures selon les bandes magnétiques qui l'ont enregistrée. Commencée à 18 h 12, elle s'acheva à 19 h 48. Blair Connery attendit dans le cabinet, sans savoir ce qui se disait.

Austin commença par poser des questions

basiques – date de naissance, métier, adresse – avant d'aborder des sujets plus pointus. Le sergent remercia d'abord Ron pour sa patiente coopération, puis continua :

— Remontons à quelques années en arrière. Quand avez-vous rencontré Ronda ?

— Longtemps avant de l'épouser. À l'époque, j'étais Témoin de Jéhovah et elle, sympathisante et amie de mon ex-femme. C'est ainsi que j'ai fait sa connaissance.

L'enquêteur et le suspect en conclurent que cela devait remonter à 1996.

Ron dit que sa première femme avait été Catherine Huttula – ce qui était faux : il avait tout simplement omis de citer Donna.

Après son divorce d'avec Katie, il dit s'être beaucoup rapproché de Ronda. Ils s'étaient mariés le 2 janvier 1998, pour vivre à McCleary, sur Elma Hickland Road.

— Combien de temps y êtes-vous restés ?

— Euh… Voyons, nous nous sommes mariés en janvier et j'ai signé les papiers de ma maison de Toledo en août 1998.

— Comment, en général, décririez-vous votre relation avec Ronda après votre mariage ?

— Très bonne. Euh… Vous voyez, on ne se battait pas. On n'avait pas trop de problèmes, parfois avec les enfants… vous savez, mais on se débrouillait. La seule chose, euh… qui a pu gâter notre relation, c'était, vous savez, ces choses un peu malhonnêtes qu'elle avait commencé à faire.

— D'après vous, il est difficile pour une belle-mère d'avoir trois garçons à la maison ?

— Oui. Je crois que c'était un peu difficile pour Ronda, parce qu'elle n'avait pas l'habitude.

Rien de plus faux puisqu'elle avait vécu huit années avec Mark Liburdi, lui-même père de deux garçons et d'une fille.

— Était-il parfois difficile aussi, pour les garçons, d'avoir une belle-mère à la maison ?

— Euh… sans doute, oui.

— Bon. Tout ça a pu conduire à une sorte d'évolution qui débouchait inévitablement sur une séparation ou un divorce ?

— Eh bien, il se trouve que je recevais de plus en plus d'informations sur, euh… l'utilisation que faisait Ronda des cartes de crédit et, vous savez, l'une des factures s'élevait à plus de six mille dollars. Et, euh… je commençais à recevoir des rappels pour d'autres montants et, quand je l'ai interrogée à ce sujet, elle ne m'a pas dit la vérité mais raconté : « En fait, c'était sur le compte de Mark. C'est une erreur si on t'a envoyé ça »… Et, vous savez, elle n'a pas cessé, euh… de trouver des excuses sans jamais me dire la vérité, alors j'ai fini par ne plus la croire. Quelque part, c'était un abus de confiance…

— Vous souvenez-vous quand ça a commencé ?

— Eh bien, j'ai dû commencer à me méfier quelque part entre août et novembre [1998]. Avec le temps, ça n'a fait qu'empirer, parce que je recevais de plus en plus d'appels téléphoniques, et tout…

— Est-ce qu'il s'agissait de cartes de crédit que vous connaissiez ?

— Non. Chaque fois que j'essayais d'obtenir des informations, elle me répondait n'importe quoi. Du genre : « Je m'en occupe. C'est une erreur. »

Ronda n'était évidemment plus là pour se défendre, et Ron, ayant passé tous ces mois à entretenir une liaison avec son ex-femme, ne pouvait guère se vanter d'une totale droiture de son côté.

Quelqu'un avait falsifié des informations afin d'obtenir une carte de crédit - ou plusieurs - au nom de Mme Ron Reynolds. Mais laquelle de ses récentes épouses avait pu faire ça ?

Katie Huttula avait rédigé pour mille huit cents dollars de chèques sans provision à un supermarché, dans le dos de Ronda. Et si c'était elle, l'épouse qui ne cessait d'ouvrir de nouvelles cartes de crédit ?

Cependant, Glade Austin ne s'intéressait qu'à Ronda et il formulait ses questions de façon à laisser entendre que lui-même la trouvait malhonnête. Ron s'empressa d'abonder dans son sens.

— J'ai fini par... euh... Après son décès, j'ai examiné les comptes, les papiers et j'ai découvert des preuves que les cartes de crédit étaient à mon nom. J'ai appelé les compagnies pour obtenir des copies des demandes et je me suis aperçu qu'elle avait imité ma signature et tout.

— Je suppose que vous n'aviez pas ces cartes dans votre portefeuille ?

— Non.

— Quand avez-vous fini par vous rendre compte que ça n'allait pas marcher entre vous ? Quand vous êtes-vous mis à lui parler de séparation ou de divorce ?

— J'ai d'abord pris le temps d'y réfléchir... à peu près tout le mois de novembre. Mais, vous savez, j'ai commencé à lui en parler comme... euh... presque la veille de son suicide, quand j'ai dit que je voulais m'en aller parce que la confiance ne régnait plus entre nous.

— Ainsi, c'était le jour où vous avez vraiment dit pour la première fois : « C'est fini, va-t'en », ou…

— Non, je n'ai pas dit ça. Je… j'ai essayé d'être gentil. Vous savez… Je… C'était important pour moi, je l'aimais beaucoup et j'étais blessé par ses actes. Mais il fallait que je défende notre avenir, à moi et à mes fils, je n'allais pas la laisser continuer.

Pour un homme capable de faire des discours charismatiques et de donner des cours, Ron Reynolds fournissait au sergent des réponses pour le moins hésitantes, décousues, pleines de « euh… » et de « vous savez… ».

Plus l'audition se prolongeait, plus Ron présentait de trous de mémoire. Selon lui, c'était le 15 décembre 1998 qu'il avait parlé de séparation à Ronda. Il ne se rappelait pas à quelle heure, en principe avant qu'elle vide leur matelas à eau, mais il n'en était pas sûr. Ils en avaient discuté chez eux, alors que personne d'autre ne se trouvait là. Pas une fois il ne mentionna son rendez-vous avec le cardiologue.

— Auriez-vous fêté Noël avec Ronda et le reste de la famille ?

— Je ne demandais pas mieux, c'est elle qui n'a pas voulu à cause de ses croyances en tant que Témoin de Jéhovah, mais j'avais préparé des trucs pour faire la fête avec mes enfants à la maison.

— Vous n'étiez plus Témoin de Jéhovah ?

— Non.

— D'accord. Voyons, le 15, vous aviez bien rendez-vous chez le médecin ? À un moment donné, vous avez longuement discuté au téléphone avec Ronda. Vous souvenez-vous où vous vous trouviez quand cette communication a commencé ?

— Dans le parking de la clinique d'Olympia, là où je vois mon cardiologue. Je sortais de mon rendez-vous et c'est en montant dans mon pick-up que j'ai trouvé le message de Ronda sur mon portable. Alors je l'ai rappelée et ça a continué sur place.

— Si j'ai bien compris, la conversation a duré quatre-vingt-quatre minutes ?

— Je ne m'en suis rendu compte que beaucoup plus tard, mais nous avons longuement parlé... À plusieurs reprises elle a dit des choses qui m'ont vraiment inquiété, alors j'ai continué à lui parler. Comme le jour baissait, je suis reparti vers la maison, sans raccrocher... euh... jusqu'à ce que j'arrive tout près et...

— D'accord, le coupa Austin. Pourriez-vous préciser un peu ce qui vous inquiétait tant dans ses paroles ?

— Elle était très déprimée à l'idée d'une séparation... elle a évoqué des pensées suicidaires. Elle parlait aussi d'une de ses amies de la brigade qui s'était donné la mort et elle a ajouté :

« Je me demandais pourquoi elle avait fait ça, mais je comprends maintenant que c'était un moyen de trouver la paix. » Ou quelque chose comme ça. Alors, vous voyez, je ne suis peut-être pas un expert dans ce genre de chose, mais quelqu'un qui parle comme ça, je sais que c'est sérieux... Alors je n'ai pas voulu couper la communication, il fallait que j'essaie de la calmer, et je lui disais : « Écoute, ça va s'arranger », et, euh… et, euh… j'avais l'intention de rentrer à la maison pour continuer à lui parler, mais, alors que j'arrivais près de Toledo, elle, euh… elle a dit : « Ne viens pas maintenant. Je vais bien et… »

De nouveau, Austin voulut l'interrompre, mais la voix de Ron couvrit la sienne :

— « … et ça va aller… ».

— A-t-elle dit autre chose au cours de cette conversation ? reprit le sergent. Quelque chose qui aurait pu vous inquiéter ?

Coupé dans son flot de paroles, Reynolds parut un rien désarçonné.

— C'est que je ne me rappelle pas tous les détails. Je… je ne suis pas très doué pour ça, mais… euh… Enfin, à l'entendre, on la sentait complètement déprimée.

— À ce moment là, elle menaçait de se suicider ?

— Non. Elle évoquait le suicide, de façon générale, vous savez… Ça m'inquiétait.

Reynolds n'était effectivement pas doué pour se rappeler les détails, évoquer des exemples ou même le contenu général d'une conversation. Il hésitait beaucoup. Ainsi, il ne se souvenait pas si c'était durant l'appel téléphonique, ou plus tard, dans la nuit du 15, que Ronda avait affirmé ne pouvoir vivre sans lui.

— Alors vous êtes rentré à Toledo quand elle a dit…

— Elle m'a dit en gros : « Je vais bien maintenant. Pas besoin de rentrer à la maison. » Comme je risquais d'arriver en retard à l'école j'ai mangé un morceau en vitesse et je m'y suis rendu, parce que j'étais persuadé qu'elle allait mieux.

Il ajouta qu'il s'était arrêté Chez Betty, à Toledo, pour y prendre un hamburger.

Ses réactions durant le dernier après-midi de la vie de Ronda semblent avoir été pour le moins illogiques. En l'appelant, il s'était terriblement inquiété, craignant qu'elle ne soit suicidaire. Pourtant, il n'avait averti personne, et en arrivant à Toledo il se sentait sûr qu'elle n'était pas en danger.

Il expliqua qu'un directeur d'école était censé assister aux diverses représentations données par ses élèves : c'est pourquoi il fit acte de présence pour la fête de Noël de 19 heures à 21 h 30.

— En général, je suis le dernier parti, afin de m'assurer que toutes les portes sont bien fermées, que le bâtiment est tranquille.

En arrivant chez lui, il aperçut la camionnette de Dave Bell garée dans l'allée. Dave et Ronda semblaient occupés à décharger le véhicule.

— Je crois qu'elle rapportait des affaires dans sa chambre. J'ai préféré ne pas m'en mêler et je suis entré dans la maison. J'ai pris mes garçons à part parce qu'ils se demandaient ce qui se passait et disaient « Ronda emporte des affaires », et je leur ai expliqué, vous savez... « Tout va bien. Elle va partir... Ça se passera bien. »

Il ajouta ne pas avoir adressé la parole à Dave Bell, tout occupé qu'il était à parler à ses enfants.

— Ils l'aimaient bien. Ça ne les dérangeait pas

— À ce moment-là, vous ou vos garçons avez-vous mentionné que David Bell avait une arme ?

— Non, absolument pas. Ce sont les enfants qui

l'ont vu la rendre à Ronda. Moi, je ne l'ai su qu'après sa mort.

Il raconta aussi comment il avait aidé Ronda à regonfler le matelas à eau.

— On a fait ça en bavardant.

— Avez-vous parlé de ce qu'elle comptait faire avant que Dave Bell la ramène ?

— Elle ne l'a pas précisé. Elle a juste dit qu'elle avait décidé de rester à la maison pour essayer de repartir du bon pied… Moi, j'insistais pour dire que ma décision était prise, vous savez. Je ne lui ai pas donné de faux espoirs.

Reynolds ajouta que ses garçons étaient allés se coucher plus tard que d'habitude. Josh, au fond du couloir, avait un mur mitoyen avec la salle de bains de la chambre des parents ; Jonathan dormait dans la première chambre, la plus proche de l'entrée, qui comportait des portes-fenêtres car c'était à l'origine un salon ; celle de David se trouvait à l'angle de la maison.

Il se peut qu'en voyant Ronda en compagnie d'un autre homme Ron ait éprouvé de la jalousie, et qu'elle lui ait paru – pour un temps – plus attirante. Toujours est-il que Ron affirme avoir eu des relations sexuelles avec son épouse ce soir-là.

— On a fait l'amour, et puis elle est allée passer quelques coups de fil dans la salle de bains… où se trouve un téléphone fixe. Mais ensuite elle est revenue au lit, s'est couchée à côté de moi, et quand je me suis endormi elle était là.

En ce qui concerne la bouteille de whisky découverte par les enquêteurs dans la chambre, Ron n'avait toujours pas d'explication.

— Savez-vous si Ronda a bu quelque chose ce soir-là… quelque chose d'alcoolisé ?

— C'est-à-dire, bredouilla Reynolds, qu'il y avait une bouteille de… on avait une bouteille bien entamée… vous savez, vide aux trois quarts, du Black Velvet. J'ai remarqué qu'elle était dans la chambre, et, euh… alors elle pourrait bien avoir bu, mais je ne sais pas. Je ne l'ai pas vue boire… Mais je sais que la bouteille était là et ce n'était pas normal… Je ne crois pas qu'elle était là ce matin-là.

En principe, les Reynolds gardaient les alcools forts dans un placard au-dessus du réfrigérateur. Ron ne se rappelait rien des canettes de soda ni des verres sur le sol de la chambre. Il semblait complètement abasourdi à l'idée qu'on ait pu vider la bouteille de Black Velvet.

Ron était au lit quand Ronda l'avait rejoint après avoir passé quelques coups de téléphone. Il se rappelait qu'elle avait appelé son ex-femme, Katie. Pour autant qu'il se souvînt, ils avaient fait l'amour après et il était certain de s'être endormi avant Ronda.

— À quelle heure vous êtes-vous réveillé ?

— Je me rappelle avoir émergé vers 5 heures, 5 h 30, parce que j'ai regardé mon réveil. Je n'ai pas vérifié si elle était là ni rien, mais j'ai senti sa présence et je me suis rendormi jusqu'à la sonnerie.

— À quelle heure le réveil a-t-il sonné ?

— En principe à 6 heures, mais je ne me suis pas levé… J'étais vraiment fatigué et je n'ai pas réagi à la première sonnerie, mais ça recommence toutes les neuf minutes. Alors je ne sais pas vraiment à quelle heure je me suis vraiment réveillé… euh… je règle toujours mon réveil avec cinq minutes d'avance…

Austin attendit la suite.

— Alors c'était quelque part dans ces heures-là, selon ce qu'on a dit quand j'ai appelé les secours… Sans doute à la troisième sonnerie j'ai dû commencer à me réveiller pour de bon et, euh… et, euh… j'ai dû rester encore un moment au lit jusqu'à ce que je m'aperçoive que Ronda n'y était plus. Alors je me suis levé et je suis allé regarder dans le living parce que, vous savez, il lui arrivait, quand elle ne pouvait pas dormir, d'aller s'étendre sur le canapé. Et, comme elle n'y était pas, je suis revenu vers la salle de bains, euh… et c'est là que je l'ai trouvée.

Maintenant, ses paroles se bousculaient, ses souvenirs semblaient se mélanger. Il ne savait plus trop à quelle heure il avait découvert le corps de Ronda mais estimait que c'était « près du moment » où son réveil avait sonné pour la troisième fois.

— Et là, j'ai tout de suite appelé les secours. Elle ne respirait pas, elle ne bougeait pas, alors je me suis précipité sur le téléphone.

— Bon. Avez-vous fait autre chose en même temps ? Par exemple, vérifier si les garçons étaient là, ou si l'autre salle de bains était vide, ou aller vous-même aux toilettes ? L'avez-vous examinée ? Avez-vous vu quoi que ce soit d'anormal ?

— Eh bien… j'ai soulevé le coussin pour la regarder et j'ai constaté qu'elle s'était tiré dessus et, vous savez, elle ne bougeait pas. Je ne voyais pas quoi faire d'autre à part appeler les secours.

— Quelles armes gardiez-vous dans la maison à l'époque de l'incident ? demanda Austin.

— J'ai plusieurs fusils de chasse et, euh… des fusils d'entraînement. Une Remington .22 à un coup, une Winchester .30-30. J'avais, euh… un calibre .20, je ne me rappelle plus de quelle marque, et puis un fusil à un coup. Et un Springfield .30-06. Euh… je crois que j'avais un .22 automatique qui me venait de mon père, et un 8 mm Lebel français de la Première Guerre mondiale. C'est tout. Et aussi le revolver.

— Celui qu'elle a utilisé ?

— Oui.

Reynolds savait que c'était un .32 mais n'aurait su dire de quelle marque. Il ne pensait pas s'en être jamais servi.

— Comment êtes-vous entré en possession de cette arme ?

— Eh bien, mon père se faisait vieux et, euh… il n'allait pas bien et commençait à me dire qu'il ne voulait plus vivre comme ça et tout, alors j'ai préféré la lui prendre parce que je ne voulais pas qu'il fasse une bêtise, enfin…

Ron Reynolds était certain que Ronda savait que toutes les armes se trouvaient à la maison, mais il ne pensait pas qu'elle-même ait possédé un revolver. Il dit avoir trouvé l'étui du .32 de son père abandonné dans la salle de bains, le soir ayant précédé la mort de Ronda.

— Je l'ai ramassé, je suis retourné la voir et j'ai dit : « Où est le revolver de mon père ? » et elle a répondu : « Je l'ai donné à Dave Bell. » Alors j'ai rangé l'étui dans le tiroir, sous le lit, là où on le gardait.

Reynolds n'avait encore jamais mentionné ce

détail, mais il précisa ne pas s'être inquiété pour l'arme car il était persuadé que c'était Dave Bell qui la détenait. Par la suite, il oublia en avoir rangé l'étui. Il ne savait plus trop non plus s'il avait vérifié le pouls de Ronda une fois ou deux. Il avait déclaré à certains enquêteurs avoir cherché un signe de vie avant d'appeler les secours, mais maintenant il était sûr de ne pas l'avoir fait avant que la standardiste le lui demande.

Reynolds dit que la porte de la salle de bains et celle du dressing étaient fermées – quoique cette dernière soit peut-être restée entrebâillée. Il n'a éprouvé aucune difficulté à entrer dans le dressing où gisait Ronda ; sa tête reposait vers le fond – près du mur mitoyen de la chambre de Josh, et ses pieds sur le seuil.

Il insista sur le fait que Josh autant que lui-même avaient le sommeil très lourd, ce qui expliquait pourquoi ni l'un ni l'autre n'avait entendu le coup de feu. Il précisa bien que Ronda ne possédait aucun intérêt financier dans cette maison. Quand on lui demanda pourquoi elle aurait dépensé vingt-cinq mille dollars sur ses cartes de crédit à lui, il répondit qu'elle avait dû envoyer de l'argent à sa mère et à sa grand-mère.

*
**

Quand on lui demanda si Ronda buvait ou se droguait, Ron fit non de la tête.

— Elle prenait des trucs aux plantes, et peut-être aussi des somnifères de temps en temps. Cheryl Gilbert dit qu'elle consommait du millepertuis et d'autres plantes médicinales comme antidépresseurs. L'ordonnance du Dr Conover concernait le Zoloft, seulement elle ne s'en est jamais servie.

— Avez-vous pris des cours sur la médecine légale, les découvertes de cadavre, les causes de la mort, euh… l'homicide, etc. ? demanda Glade Austin, changeant brusquement de sujet.

— Non, répondit seulement Reynolds.

— D'accord. Le rapport des enquêteurs envoyés chez vous signale que vous n'avez pas manifesté beaucoup d'émotion ce matin-là. Auriez-vous un commentaire sur ce point ?

— J'étais en état de choc. J'ai souvent subi la mort d'êtres aimés et je ne m'effondre pas immédiatement… Ça m'arrive plutôt quand je me retrouve seul.

— Ce matin-là, après avoir appelé les secours, que s'est-il passé ?

— La dame qui m'a répondu au téléphone m'a aidé parce que j'étais un peu perdu. Elle m'a demandé : « Y a-t-il des enfants dans la maison ? » et j'ai dit : « Oui. » Vous savez, je n'y avais pas encore pensé. Alors j'ai appelé leur maman et j'ai vu avec elle ce qu'il fallait faire… Jon était assez grand pour conduire, et il a emmené les garçons chez leur maman.

Ron Reynolds admit que beaucoup de personnes s'étaient présentées chez lui. Il avait appelé le directeur du secteur scolaire de Toledo pour l'avertir, et Tom Lahmann était arrivé, suivi de Bill Waag, le principal du collège.

— J'ai téléphoné à ma mère et elle a accouru avec son compagnon, Tom Reed. Cheryl Gilbert m'a amené son père, qui est pasteur. Et je me souviens qu'à un autre moment de la journée il y a eu aussi ma sœur et mon beau-frère. Je ne me rappelle pas tout le monde.

— Judy et Larry Semanko ?

— Oui… ils ont passé quelques heures ici.

— Bon. L'inspecteur Berry dit que vous lui auriez demandé : « Est-ce qu'il existe des indices qui conduisent à moi ? » Que vouliez-vous dire par là ?

— Je m'en souviens. Je crois qu'à ce moment-là j'étais couché, en pleine dépression, deux jours après la mort de Ronda, et il m'a téléphoné pour me convoquer. J'ai répondu à ses questions et puis il a voulu me faire passer au détecteur de mensonge. Ce doit être en relation avec ça.

Ron admit avoir réglé l'échéance de l'assurance-vie de Ronda alors qu'il la savait déjà morte. Il soutint ne pas en avoir attendu plus de cinquante mille dollars, alors même que Barbara Thompson savait qu'il aurait dû y en avoir au total pour trois cent mille dollars. Austin n'insista pas.

Celui-ci demanda à Ron quels vêtements il portait à son réveil. Il avait oublié bien des détails mais se rappelait comment il était habillé en ce matin de la mi-décembre, trois années auparavant.

— Je portais un pantalon de flanelle et un T-shirt à manches longues.

— Bon. Et vous savez ce qu'ils sont devenus ?

— Je les ai remis à mon avocat… Pendant l'enquête, personne ne les avait regardés, personne ne m'avait posé de question dessus… Alors voilà, vous savez : c'est le cabinet qui les a récupérés.

— Les aviez-vous lavés entre le matin de la mort

de votre épouse et le moment où vous les avez remis à votre avocat, le 22 janvier ?

— Euh… je ne suis pas sûr. C'est possible.

(Les vêtements de Ron avaient sans doute été lavés le matin même de la mort de Ronda. Cela expliquerait pourquoi Larry Semanko, le beau-frère de Ron, avait senti une odeur de lessive en entrant dans la maison de Twin Peaks Drive.)

En outre, Ron Reynolds reconnut que son ex-femme, Katie Huttula, et lui avaient repris une liaison qui remontait à la fin de l'été – même s'il crut bon de préciser qu'ils n'avaient passé la nuit ensemble qu'une fois. Selon lui, Katie était revenue s'installer à la maison après la mort de Ronda pour s'occuper des garçons.

— Elle est restée chez nous juste après la mort de Ronda, et puis, vous savez, elle est repartie en mai.

— Ronda a dit à des proches que vous prétendiez l'aimer, et que vous aimiez aussi votre ex-femme, mais qu'à cause de vos garçons vous vouliez renouer avec votre ex-femme.

— Je ne crois pas avoir dit ça. Si Ronda n'avait pas brisé ma confiance, je n'aurais jamais songé à renouer avec mon ex-femme.

— D'accord. Votre ex-femme, Katie, est-elle restée chez vous cette nuit-là, ou la nuit après la mort de Ronda, ou plusieurs jours plus tard ? À moins que vous ne vous souveniez quand elle est restée pour la première fois ?

— C'était peut-être la nuit où Ronda est morte,

mais elle ne l'a pas passée avec moi. Vous savez, elle était peut-être avec les garçons.

Drôle de réponse. La maison où était morte Ronda n'était pas si grande : comment Katie Huttula aurait-elle pu si bien s'y cacher ?

Glade Austin avait-il compris les conséquences de l'éventuelle présence de Katie Huttula dans la maison le soir du drame ? Si oui, il ne s'y attarda pas. Comme la plupart des enquêteurs du comté de Lewis, Glade Austin croyait que Ronda s'était suicidée – et qu'il n'y avait aucune raison pour chercher plus avant qui avait pu tirer ce coup de feu.

21

Au début de l'année 2002, Jerry Berry avait été renvoyé du bureau du shérif du comté de Lewis depuis moins d'un mois. Et il estimait toujours que Ronda Reynolds avait été victime d'un homicide. Il comptait poursuivre son enquête en tant que détective privé. Quant à Barbara Thompson, elle ne cessait de chercher la vérité. Elle vendit quelques-uns de ses chevaux pour régler les voyages, les communications téléphoniques, les avocats, et autres dépenses inhérentes à son enquête personnelle.

L'affaire semblait pourtant au point mort lorsque le bureau du shérif du comté de Lewis annonça, durant la première semaine de janvier 2002, que la mort de Ronda était de nouveau d'actualité.

Terry Wilson, le coroner, revenait en effet sur le décès « indéterminé ». Il y avait un peu plus de trois ans que Ronda était morte, et maintenant la certitude de Barbara Thompson et de Jerry Berry, selon laquelle elle avait été abattue, était près d'être validée.

Encore échaudés par les avis négatifs de Vernon Geberth sur leur façon de mener l'affaire, le shérif

McCroskey et ses inspecteurs principaux demandèrent un nouvel examen. Cette fois, le chef adjoint, Joe Doench, sollicita officiellement l'intervention du Service de recherches sur les homicides auprès du procureur général de l'État de Washington (HITS) : il s'agit d'une application informatique destinée à enregistrer les informations criminelles. C'est, entre autres, grâce à ces archives que le tueur Ted Bundy put être identifié. Chaque année, le HITS répond à environ huit cents demandes d'assistance et d'information. Sa mission consiste à « collecter, analyser, relier puis fournir des informations aux services chargés de faire respecter la loi, afin de faciliter la résolution de crimes violents et d'activer l'arrestation et le jugement de leurs auteurs ».

La demande de Doench fut transmise au HITS le 28 novembre 2001. Entre-temps, le sergent Glade Austin avait interrogé Ron Reynolds – sans grand résultat. Le veuf n'en démordait pas : son épouse s'était bel et bien suicidée. Avec Katie Huttula, il faisait partie des rares personnes à insister sur ce point.

Le 25 avril 2002, le procureur général, Christine Gregoire, envoyait au shérif John McCroskey les conclusions du HITS, signées par l'équipe qui avait révisé l'enquête du comté de Lewis : l'inspecteur en chef John H. Turner, les analystes principaux, George Fox et Richard Steiner.

Ils avaient épluché tous les rapports écrits, les transcriptions d'interrogatoires, les enregistrements des détecteurs de mensonge et un grand nombre de photos et d'articles de presse – le tout fourni par le bureau du shérif du comté de Lewis. Ils n'avaient procédé à aucune enquête personnelle.

« Nous n'avons pas tenu compte dans nos recherches des émotions, des opinions politiques ni d'aucune pression extérieure. Les documents ont d'abord été examinés par chaque inspecteur, puis revus par l'équipe dans son entier. De nombreuses réunions ont eu lieu pour en considérer chaque aspect.

« Disons d'abord qu'aucune enquête criminelle connue ne saurait échapper à la critique après un second examen. Néanmoins, les techniques de base devraient être utilisées dans toutes les enquêtes de ce type fondées sur le principe de l'homicide potentiel jusqu'à preuve du contraire. »

Il semble, à première vue, que les inspecteurs du HITS reconnaissaient que les enquêteurs du comté avaient manqué leur objectif, et trop vite conclu au suicide sans jamais envisager l'homicide.

« Voir ci-dessous la liste des éléments qui, selon nous, auraient dû être pris en compte et vous sont présentés à votre demande. »

Suivait la liste des erreurs commises par les secouristes, exprimée en termes impliquant qu'elles étaient mentionnées dans le seul but de servir à de prochains entraînements. Le rapport soulignait que les hommes du shérif du comté de Lewis, entrés dans la maison des Reynolds par ce matin glacé du 16 décembre 1998, auraient dû :

— sécuriser toute la maison en tant que scène de crime, plutôt qu'une chambre seulement, et n'en autoriser l'entrée à aucun civil ni membre des forces de l'ordre – quel que soit son rang – non concerné directement par l'enquête ;

— rechercher des résidus de poudre sur les mains et sur la personne de Ron Reynolds ;

— obtenir des déclarations verbales ou écrites des urgentistes ;

— interroger les enfants Reynolds aussitôt après leur départ de la maison ;

— conserver un registre des photos de la scène de crime ;

— noter les objets personnels laissés sur la scène de crime qui apparaissent sur les photos ;

— ajouter les dates et les heures à certaines photos prises avant l'incident ;

— indiquer les modes d'éclairage et la température de la pièce ;

— numéroter et indexer le rapport final ;

— effectuer un croquis de la scène de crime avec des mesures permettant de la recréer par la suite ;

— clarifier les questions litigieuses dans les rapports ;

— décrire et classer les éléments d'investigation en temps opportun ;

— conserver un dossier complet, afin de disposer de photos, de négatifs et de preuves.

Les inspecteurs du HITS estimaient pourtant que ces treize dérapages – ni isolément ni, à plus forte raison, dans leur ensemble – ne remettaient en question leur décision pas plus qu'ils n'altéraient leurs conclusions.

« Il a été procédé à un examen attentif des éléments présentés, à l'exclusion de toute information de seconde main. La gamme complète des preuves avancées, y compris l'histoire personnelle de la défunte, des événements menant à son décès, la posture du corps et les altérations post mortem, les incohérences de certains témoignages ainsi que les mobiles ou l'absence de mobile ont été également pris en considération. »

Après quoi, l'équipe du service auprès du procureur général énonçait ses conclusions officielles.

« Ces éléments laissent entendre que, sous l'effet de la dépression, Mme Reynolds s'est installée dans le dressing après s'être procuré le revolver de M. Reynolds. La position des mains et de la couverture, l'emplacement de l'arme, tout indique que Mme Reynolds s'est ensevelie sous la couverture électrique qu'elle a agrippée de sa main gauche. Elle tenait l'arme dans sa main droite et a tiré une balle qui a traversé l'oreiller et pénétré dans sa tête par l'oreille droite, parcouru son cerveau où elle a été bloquée, à la droite du centre, blessure qu'elle s'est infligée volontairement et qui devait causer une mort immédiate. L'arme a ensuite été lâchée sur la droite du front, où elle est restée, laissant une marque notable, jusqu'à ce que M. Reynolds, ou toute autre personne qui l'y aurait découverte, l'ait déplacée. L'arme a ensuite été jetée droit devant, tombant sur les deux mains, entre le menton et le front. Le premier doigt (l'index) de la main droite est resté en position de tir. Nous en avons conclu à l'unanimité que la mort malheureuse de Ronda Reynolds est le résultat d'une blessure intentionnelle à la tête par coup de feu, volontairement infligée, qui doit être considérée comme un suicide. »

Surprenante conclusion qui frappa durement

Barbara Thompson. Comment les enquêteurs du HITS pouvaient-ils négliger toutes les incohérences, les révélations apportées par l'autopsie, ainsi que les mobiles et la masse de preuves circonstancielles et matérielles qui criaient que Ronda ne s'était pas suicidée ?

Pourtant, le fait était là. Il semblait que la discorde entre les forces de police assermentées et Barbara Thompson ne faisait que grandir. S'étaient-ils sentis au pied du mur au point de ne pouvoir reconnaître la moindre erreur ? Ou Barbara était-elle complètement aveuglée par son objectif : croire que sa fille ne s'était pas suicidée ?

22

Par le passé, j'ai écrit nombre d'articles sur les meurtres survenus – et résolus – dans le comté de Lewis. Glade Austin fut parmi les plus actifs à établir ces condamnations, et les meurtriers ont été mis en prison.

Je savais qu'un jour j'écrirais l'histoire de Ronda, même s'il m'arrivait d'avoir des doutes sur son épilogue. Les années passant, il semblait de plus en plus improbable que quiconque soit un jour accusé de l'avoir tuée.

Néanmoins, j'ai décidé de raconter son histoire, malgré toutes les questions qui se posaient, car il me semblait injuste qu'avec le temps Ronda tombe dans l'oubli.

*
**

Je n'étais pas la seule à m'inquiéter de cette enquête interminable. Le sergent Austin se sentait obligé de rédiger un nouveau rapport pour résumer ses impressions et ses décisions sur la mort de Ronda Reynolds. Voici son rapport.

« Glade Austin, 30/1/02

« Le 10 janvier 2002, j'ai été informé que *The Chronicle* allait publier un article. Puis un nouvel article est paru dans *The Chronicle*, concernant le directeur du secteur scolaire de Toledo qui soutenait Ron Reynolds.

« J'ai pris un congé maladie, quelques vacances et vais me remettre en invalidité pour problèmes médicaux à partir du 8/3/02. Cela ne m'a pas empêché de reprendre régulièrement ce dossier à la maison pour préparer un rapport définitif. J'ai indiqué au chef adjoint, Joe Doench, les domaines d'investigation qui me semblent nécessiter des recherches supplémentaires, afin qu'il puisse y assigner un enquêteur. Presque toutes les informations que je vais aborder ici se trouvent dans mes rapports initiaux. Je tenterai de les réunir, afin d'expliquer pourquoi je crois au suicide.

« Au matin de la mort de Ronda Reynolds, Ron Reynolds a fait une déclaration auprès de Gary Holt, dont les détails ne se sont pas vus démentis tout au long de l'enquête. Il n'a cessé de répéter la même histoire, à cette différence près qu'il lui a parfois été donné l'occasion d'y ajouter certains détails.

« Il déclare avoir discuté avec sa femme au téléphone, qu'elle était suicidaire et qu'il s'efforçait de la faire changer d'avis. La communication aura duré quatre-vingt-quatre minutes, durée qui peut aisément se vérifier sur les relevés de son portable, de même que sur ceux du téléphone fixe de la maison. Les témoignages de Cheryl Gilbert et de David Bell ont confirmé que Ronda était dépressive, aussi, cette conversation de près d'une heure et demie semble correspondre aux déclarations de M. Reynolds.

« Au cours d'une audition ultérieure, il dit s'être ensuite arrêté à Toledo pour y manger un hamburger, puis s'être rendu à un spectacle donné à son école – ce qui ne semble pas logique après un tel entretien avec son épouse. Toutefois, au cours de sa première déposition, il a affirmé l'avoir encouragée à prendre contact avec un ami, car lui-même se trouvait à Olympia, et elle a indiqué que l'ami en question allait arriver… Elle a dit à son époux de ne pas rentrer à la maison, qu'elle se sentait mieux ; il aurait alors compris que David Bell était là, ce qui a fini par se vérifier.

« Il indique avoir cherché le pouls sur le cou de son épouse, ne l'avoir pas trouvé et avoir appelé les secours. Au cours de la première entrevue que j'ai eue avec lui, je lui ai demandé s'il avait vérifié deux fois le pouls de son épouse et il a répondu : "Non… juste une fois." À l'écoute des enregistrements du service des urgences, il apparaît clairement que la réceptionniste lui a demandé s'il avait vérifié le pouls. Il a répondu : "Non, il faut que j'y aille ?"

« Il indique être rentré à la maison, s'être rendu dans sa chambre, puis dans la salle de bains ; là, il aurait aperçu l'étui du .32 de son père à côté des toilettes ; il aurait alors demandé à sa femme où se trouvait l'arme et elle aurait dit l'avoir donnée à son ami David Bell. Nous savons, d'après la déclaration de ce dernier, que c'était en partie vrai. Elle a effectivement voulu la lui donner, mais il l'avait déchargée avant soit de la lui rendre, soit de la ranger dans le tiroir. J'estime cette déclaration particulièrement importante. L'un ou plusieurs des enfants ont témoigné avoir vu David Bell donner l'arme à Ronda avant d'ajouter qu'ils ne l'avaient pas dit à leur père avant l'incident... Il semblerait qu'elle ait ôté le revolver de son étui et l'ait caché quelque part dans la maison – vraisemblablement dans la salle de bains ou dans le dressing –, alors que l'étui a été retrouvé ou aperçu par M. Reynolds près des toilettes de sa chambre. C'est dans ce cadre qu'il explique le message sur le miroir et assure avoir dit à Ronda de le "nettoyer", ce qu'apparemment elle n'a pas fait.

« Quand on lui a demandé si elle avait consommé de l'alcool, il indique avoir aperçu la bouteille et avoir vu sa femme boire mais ignorer quelle quantité ; en revanche, il a constaté que la bouteille était presque vide. Si elle avait effectivement bu plus tôt dans la soirée, l'alcool aurait été métabolisé et évacué de son système à l'heure de son décès, soit approximativement 5 heures du matin.

« Interrogé sur l'annuaire ouvert, il dit qu'elle avait eu l'intention de s'envoler pour Spokane, afin de rendre visite à sa mère ; elle emmènerait un des chiens avec elle. Ce qui fut par la suite confirmé par un relevé de sa carte de crédit et par Alaska Airlines : elle devait prendre le vol de 10 h 36 et avait commandé une cage à chien.

« Dans sa première déposition, Cheryl Gilbert indique que Ronda était complètement effondrée par la séparation de leur couple. Elle aussi était présente le 15 à la maison [de Ronda]... Au cours de leur conversation, Ronda lui dit qu'elle allait prendre un décontractant musculaire parce qu'elle s'était blessé le dos en préparant ses bagages. Au cours de sa deuxième déposition auprès de l'inspecteur Berry, elle dit que Ronda était dans tous ses états, qu'elle ne savait plus que faire, qu'elle était capable de tout, même de commettre des violences et, sans prononcer le mot "suicide", Ronda l'avait regardée dans les yeux en disant : "Non, je ne ferais jamais ça." Il semblerait donc que toutes deux pensaient à la même chose.

« J'ai auditionné Cheryl Gilbert à plusieurs reprises et elle m'a assuré n'avoir jamais soupçonné Ron de la mort de Ronda – à la rigueur, si elle ne s'était pas suicidée, cela pouvait venir de Jonathan. Elle se basait sur une histoire que Ronda lui avait racontée. À plusieurs reprises, ce garçon serait entré dans la salle de bains alors qu'elle se baignait ou prenait une douche... Par la suite, au cours de diverses rencontres, Jonathan et M. Reynolds ont nié ces incidents.

« Jonathan m'a assuré n'avoir pas mis les pieds dans la chambre des parents le soir du 15 ou le matin du 16, avant la mort de Ronda.

« Même si on estime que l'histoire racontée par Ronda est une invention pour que Jonathan soit considéré comme suspect, il faudrait qu'il ait ouvert la porte de la chambre des parents, soit passé devant son père allongé dans le lit, ait – sans doute – ouvert les portes de la salle de bains et du dressing, tiré le coup de feu puis refermé les portes, et soit revenu par le même chemin, repassé devant son père avant de regagner sa propre chambre. Cela semble peu plausible, surtout quand on sait que M. Reynolds est passé au détecteur de mensonge et que, s'il avait assisté à une telle scène, il n'aurait pu le cacher ; en outre, je ne vois aucun mobile susceptible d'avoir conduit Jonathan à un tel acte – d'autant qu'il savait que Ronda allait quitter la maison.

« Ronda avait demandé à Cheryl Gilbert de venir la chercher le lendemain matin pour l'emmener à l'aéroport de Portland, ce qui est contradictoire avec sa demande à David Bell et le billet qu'elle avait acheté pour décoller de SeaTac. Étant donné le nombre d'appels téléphoniques qu'elle avait passés cette nuit-là, il semble qu'elle aurait pu avertir Cheryl de son changements de projet.

« Ron Reynolds indique que sa femme lui a demandé d'avoir un rapport sexuel la nuit du 15, que cela s'est produit et qu'il a éjaculé. Les rapports d'autopsie confirment qu'on a retrouvé du sperme dans les prélèvements. J'ai interrogé David Bell sur l'éventualité d'un rapport sexuel entre Ronda et lui quand ils étaient ensemble le 15, il l'a catégoriquement nié.

« David Bell a été interrogé le matin du 16 sur place et, plus tard, par moi-même. Il a commenté l'incident au cours duquel Ronda lui avait donné le revolver, comment il l'avait déchargé puis rangé dans le tiroir... Il a admis que la chose pouvait paraître bizarre... Je lui ai demandé pourquoi il l'avait déchargé – en mentionnant qu'il n'était pas normal, surtout de la part d'un policier, de décharger les armes d'autres personnes. Il a déclaré que c'était son habitude et que, compte tenu de la présence d'enfants dans la maison, pour lui, ça allait de soi.

« Après avoir rempli la camionnette de ses bagages, déposé ses clefs chez Cheryl Gilbert et pris de l'essence, Ronda avait dit vouloir s'installer chez lui quelque temps. Il avait refusé à cause de ses propres enfants, qui ne la connaissaient pas. Il ne voulait pas l'amener chez lui en pleine nuit, dans de telles conditions, sans compter qu'il avait beaucoup de chats et elle des chiens. Il proposa de la conduire ailleurs, mais elle préféra sa propre maison. »

Glade Austin se rendit à la brigade de police de l'État de Washington et prit note de toutes les prétendues réprimandes encourues par Ronda, de ses accidents de travail et de ses échéances financières. Elle s'était adressée à un avocat, Susan Sampson, en demandant une enquête sur toutes les accusations portées contre elle. Annette Sanberg, qui devait devenir par la suite chef de la brigade de police de l'État de Washington, travaillait alors aux affaires internes : ce fut elle qui mena l'enquête. Pourtant, il apparaît que celle-ci a disparu des dossiers de la brigade. (Annette Sanberg allait par la suite déterminer que les accusations contre Ronda étaient « infondées et sans preuve ».)

Le sergent Austin poursuivit son enquête dans le but de prouver que Ronda Reynolds était dépressive et vénale. Bien qu'il n'ait pas été choqué du tout à l'idée que Ron Reynolds avait récupéré cinquante mille dollars de son assurance – alors qu'il avait payé la dernière échéance après la mort de Ronda –, Glade Austin commençait à récolter des preuves sur les dépenses effrénées de Ronda. Il nota ainsi qu'on avait utilisé son nom en dix versions différentes pour obtenir des crédits : son nom de jeune fille, le nom de Liburdi, celui de Ron Reynolds, avec neuf numéros différents de Sécurité sociale. Parfois, la personne avait ajouté une initiale intermédiaire, un « E », ou même un « F ».

En outre, Ronda E. Reynolds avait intégré un programme de faillite personnelle : elle devrait accomplir cent vingt heures de service communautaire et payer tous les trimestres 150 dollars minimum. Le tout avait été réglé – un total de 1 375 dollars.

Glade Austin ne considérait pas que plusieurs personnes auraient pu avoir obtenu des cartes de crédit en usurpant l'identité de Ronda. Il y avait d'abord Katie Huttula, avec ses continuels problèmes de drogue, qui avait déjà fait des chèques sans provision à son nom. Il y avait aussi Cheryl Gilbert, qui avait utilisé son compte en banque pour payer ses propres échéances – que Ronda lui faisait rembourser par des heures de ménage. Sans parler de Ron Reynolds, pour qui l'argent semblait plus important que tout.

Maintenant que Ronda était morte, il était facile de lui mettre toutes ces dettes sur le dos.

Pourtant, Glade Austin écrivit : « Il semblerait qu'en de nombreuses occasions Ronda Reynolds n'ait pas été très droite… ce qui correspondrait aux déclarations de Ron Reynolds à propos des sommes que Ronda Reynolds avait soustraites durant son mariage, sans qu'il le sache, et du fait qu'elle avait apparemment imité sa signature sur nombre de demandes de crédit, accumulant des milliers de dollars de dettes qui furent par la suite supprimées du compte de M. Reynolds, quand il put prouver que les signatures n'étaient pas de lui… »

On avait l'impression que le sergent Glade Austin aurait dépeint Ronda sous un jour encore plus sombre s'il l'avait pu. Pour prouver qu'elle avait besoin d'argent, il avait même minimisé le nombre de chevaux de Barbara Thompson. En effet, le ranch de Spokane était depuis longtemps aux noms de Ronda et Freeman, bien que Barbara y vive encore et s'occupe des précieux quarter horses. Elle voulait être sûre que ses enfants récupéreraient la propriété du ranch, équitablement divisé en deux, si elle venait à mourir brusquement.

À l'évidence, Austin voyait en Ron Reynolds un brave directeur d'école, et en Ronda Reynolds une « fugitive » et une menteuse. Il ne faisait pas vraiment dans la nuance.

Il en vint à déformer les propos de l'avocate de Ronda, modifiant complètement le sens de la déclaration qu'elle avait faite après avoir appris la mort de Ronda.

Selon lui, Mme Sampson avait laissé entendre qu'elle était surprise que Ronda Reynolds n'ait pas déjà tenté de se suicider auparavant.

Priée de faire un commentaire sur ce point, Susan Sampson en resta bouche bée.

— J'ai été « surprise », dira-t-elle, en apprenant qu'une ancienne policière appelée Ronda était morte. Quand j'ai appris que c'était Ronda Reynolds, cela ne m'a pas surprise qu'il s'agisse de la femme que je représentais – parce que combien de Ronda pouvait-il y avoir dans la brigade de police de l'État de Washington ? Ça n'avait strictement rien à voir avec une supposition de ma part qu'elle ait pu se suicider. Cette idée ne m'est jamais venue à l'esprit.

23

Au printemps 2002, Barbara Thompson crut toucher le fond. Elle se sentait comme un pion sur un échiquier géant, et elle perdait du terrain. Cela faisait plus de trois ans que Ronda était morte, et ils étaient encore loin d'avoir établi la vérité.

Barbara avait de loyaux soutiens... Sharyn Decker, qui rédigea un long article sur l'affaire pour *The Chronicle*, ne croyait pas au suicide de Ronda. Jerry Berry, quant à lui, n'était pas près d'abandonner. De même, tous les amis les plus proches de la jeune femme réfutaient l'hypothèse du suicide, mais Barbara craignait que tous ces gens ne commencent à l'oublier. Après tout, ils avaient leur vie, leurs propres difficultés.

Pour avancer, Barbara avait besoin d'un avocat et d'enquêteurs scientifiques susceptibles de reprendre l'affaire sous tous ses aspects. Mais elle n'en avait pas les moyens. Aussi devint-elle experte en matière de médias, le seul moyen qui lui restait de ne pas laisser enterrer l'affaire.

Après la publication d'un article dans *The Chronicle*, Barbara reçut un appel inattendu d'un homme nommé Marty Hayes. Il comptait se présenter au poste de coroner du comté de Lewis à l'automne 2002. Wilson occupait cette charge depuis des dizaines d'années, et personne ne semblait vouloir le remettre en question. Barbara avait tenté de s'entretenir avec Wilson à plusieurs reprises, mais il avait toujours refusé. Or, voilà que son opposant, Marty Hayes, lui demandait s'il pourrait obtenir une copie des investigations effectuées autour de la mort de sa fille.

— Je lui ai répondu assez sèchement… Je me méfiais. À vrai dire, je me méfiais d'à peu près tout le monde, sauf de Jerry, bien sûr. Je lui ai dit qu'il m'en coûterait à peu près cent cinquante dollars pour copier le dossier et le lui envoyer. S'il voulait bien m'envoyer d'abord un chèque de ce montant, j'effectuerais une copie de tout ce que je pourrais rassembler pour lui. Comment ai-je pu me montrer aussi hargneuse ? Je ne me rendais pas compte qu'il voulait sincèrement m'aider.

Jerry Berry la convainquit que ce serait une bonne chose d'avoir Hayes dans leur camp. Ce solide gaillard au sourire jovial, la quarantaine, était officier dans les forces de l'ordre depuis l'âge de vingt-deux ans. Entre-temps, devenu réserviste, il avait assuré la garde de centrales nucléaires. Bien qu'il ait suivi de nombreuses heures de cours de droit criminel et de technique scientifique, qu'il soit expert en armes à feu et en balistique, il voulait encore obtenir un diplôme de droit à l'école Concord de Los Angeles, une université en ligne, la première du pays à offrir un programme de doctorat en droit.

(Depuis, il a décroché son diplôme et s'apprête à passer l'examen du barreau.)

En arrivant dans le comté de Lewis, en 1995, Marty Hayes a ouvert une école d'entraînement au tir, la Firearms Academy de Seattle, dont près de dix pour cent des étudiants sont des policiers. Il estime avoir ainsi entraîné en quinze ans cinq mille policiers et civils. Il enseigne le maniement des armes de poing, les bases de la défense civile et les techniques de tir. S'il existe un spécialiste des armes à feu, c'est bien lui.

— J'avais lu plusieurs articles sur la mort de Ronda Reynolds et j'en étais venu à me demander comment ils s'y prenaient dans leur enquête. Après tout, j'avais peut-être mon mot à dire, moi aussi. J'ai trouvé tout naturel d'envoyer ce chèque à Barbara.

Elle lui expédia donc les documents demandés.

— Marty a proposé de faire des tests de balistique et de vérifier d'autres points, par exemple, l'effet de la détente, le bruit du coup de feu, à quel point l'oreiller aurait pu l'étouffer. Et tout cela gratuitement. Autrement dit, j'allais avoir un deuxième expert bénévole sur l'affaire de Ronda ! Là, j'ai vraiment eu l'impression que la chance tournait, que nous pouvions encore gagner.

Pour éviter toute accusation de conflit d'intérêts, Hayes allait devoir attendre la fin des élections de 2002 avant de se lancer dans les tests susceptibles d'expliquer la mort de Ronda. Entre-temps, il étudia les rapports, les photos et les documents fournis par Barbara Thompson.

Au début, il trouva peu de réponses à ses questions, plutôt de nouvelles questions.

*
**

Le coroner Terry Wilson serait difficile à battre. Accroché à sa charge, populaire auprès de la vieille garde qui ne voulait pas entendre parler de ses éventuels trafics. Certes, il ne se rendait jamais sur les lieux où était découvert un cadavre mais déléguait des assistants pour cette corvée. De même, il n'assistait pas aux autopsies : il signait les documents indiquant la cause et les circonstances du décès en se basant sur les avis de ses adjoints et du médecin légiste mobile – qui parcouraient la région en tous sens. En revanche, on le voyait souvent aux ventes de charité et dans toutes les manifestations publiques du comté de Lewis. Aux yeux de tous, c'était un père de famille heureux, avec deux filles hyperdouées et un immense garçon, star du basket-ball.

Tracy Vedder, journaliste d'investigation pour KOMO-TV à Seattle, fouilla activement son passé et y découvrit quelques détails déplaisants. Par exemple, l'histoire d'un adolescent tué sur une voie ferrée, un accident atroce dont la victime fut abandonnée sur place, complètement déchiquetée. Pourtant, le bureau du coroner ne prit qu'une partie du corps, abandonnant le reste aux chacals et aux oiseaux de proie. Pour épargner la famille, des amis se chargèrent de recueillir ces restes et de nettoyer les lieux.

Autre histoire : un homme victime d'une crise cardiaque fut emmené en ambulance mais mourut en chemin. Le bureau du coroner ordonna aux infirmiers de le ramener chez lui et de le laisser devant la porte d'entrée. Peu après, le fils et la fille de la victime se garaient devant la maison et découvraient le cadavre de leur père sur une civière. Horrifiés, ils se demandèrent pourquoi on n'avait même pas déposé le corps à l'intérieur, sur son lit, au lieu de le laisser dehors à moitié dévêtu.

Et une autre encore : un électronicien de haute volée mourut subitement chez lui d'une occlusion coronaire. Compte tenu de son métier, il possédait une myriade d'outils et du matériel hautement perfectionné. Son corps fut transporté à la morgue, et sa famille constata peu après que tout son matériel avait été volé : la maison avait été littéralement mise à sac. Nul n'osa soutenir que les assistants du coroner avaient oublié de fermer la porte derrière eux – encore moins les accuser de vol. Et aucune arrestation ne s'ensuivit.

Il semblait difficile de mourir dignement dans le comté de Lewis…

Pourtant, Terry Wilson l'emporta haut la main aux élections de 2002, battant tous ceux qui s'étaient présentés contre lui – y compris Marty Hayes. Au moins ce dernier pouvait-il désormais se consacrer à ses recherches autour de la mort de Ronda Reynolds.

Avec Barbara et Jerry Berry, il rencontra l'adjoint Bob Bishop le 29 décembre 2002. Celui-ci admit être le seul agent de tout le bureau du shérif à croire au meurtre de Ronda. Il confirma avoir vu la main droite de la victime sous la couverture, et la gauche qui s'y agrippait. Comment, dès lors, affirmer qu'elle s'était tiré une balle dans la tête, d'autant qu'aucune photo ne montrait sa main droite ? Ceux qui soutenaient la thèse du suicide auraient dû pour le moins avoir vu la main au-dessus de la couverture. Sinon, c'était un raisonnement rétroactif.

— Où avez-vous vu ses mains, par rapport à la couverture ? demanda Barbara.

— Ronda gisait sur le côté, sous une couverture. Je n'apercevais qu'une petite partie de sa main... la gauche. La droite disparaissait dessous. Je n'ai pas vu le revolver.

Bishop rappela que cette couverture venait du lit, du côté de Ronda, et que son oreiller ne s'y trouvait plus.

— Ça ne ressemblait pas à la photo que vous avez ici, insista-t-il. Le côté de Ron était beaucoup moins dérangé.

C'était Bishop qui avait remarqué la vapeur et l'humidité dans la grande salle de bains, comme si on venait d'y prendre une douche. De même, il était certain que l'odeur d'encens provenait de la chambre de Jonathan.

Il ajouta que si le dossier de Ronda devait être rouvert il se présenterait pour témoigner.

24

Skeeter, le compagnon de Barbara, était sorti de sa vie, et elle ne pouvait lui en vouloir. Sa recherche du meurtrier de Ronda passait avant tout, au point que lui en était venu à penser qu'il n'occupait qu'une place annexe dans sa vie : un gardien pour ses chiens, un surveillant pour ses chevaux. Bien qu'elle ait du mal à le reconnaître, Barbara savait que c'était vrai. Skeeter lui manquait, mais elle ne pourrait abandonner sa quête tant qu'elle n'aurait pas trouvé les réponses que méritait Ronda.

Barbara prenait soin de sa mère, Virginia, à la santé défaillante. Et elle se réjouit lorsque Freeman obtint ses diplômes universitaires en génie civil et en mathématiques. Sa mère et son fils, eux non plus, ne la voyaient pas souvent ; mais ils savaient qu'elle leur reviendrait un jour.

Freeman trouva rapidement un emploi d'ingénieur à Seattle. Il vivait à Bellevue, faubourg situé à une vingtaine de kilomètres du centre-ville. Le 23 juin 2003, vers 23 heures, il rentrait d'un office religieux sur la moto qu'il venait de s'offrir. Comme il avait plu dans la journée, la chaussée restait glissante. D'après les rapports de police, Freeman ne roulait pas à plus de trente-cinq kilomètres à l'heure, mais sa roue arrière patina dans un virage sur une flaque d'huile. Il tomba sur le dos, glissa jusqu'au trottoir. Il portait le casque le plus protecteur qui soit, pourtant, l'impact le brisa.

La moto comportait une cache secrète où il gardait ses papiers. Mais la police l'ignorait et, sur le coup, il fut transporté en hélicoptère à l'hôpital Harborview sans être identifié, « dans un état critique ». Les policiers restés sur place fouillèrent mieux la moto puis sa veste. Ils y trouvèrent une adresse à Bellevue et purent ainsi prévenir les colocataires de Freeman.

Il était 3h30 du matin quand le téléphone sonna chez Barbara Thompson. On lui annonça que Freeman avait eu un accident « très, très grave », qu'on ne pouvait lui en dire davantage pour le moment. Le sort semblait s'acharner sur ses enfants. Barbara ne savait pas si elle supporterait de perdre aussi Freeman. D'une main tremblante, elle composa le numéro qui lui avait été communiqué. Le médecin lui dit que son fils était dans le coma à la suite d'un traumatisme. Il souffrait d'un œdème au cerveau qu'il faudrait peut-être opérer, en faisant éventuellement des trous dans son crâne pour l'empêcher de s'écraser. Il avait également trois vertèbres et plusieurs côtes brisées. Il était entre la vie et la mort et, s'il s'en tirait, pourrait souffrir de lésions cérébrales. Barbara passa quelques coups de fil, et l'une de ses amies offrit de lui trouver immédiatement quelqu'un pour s'occuper de Virginia. Quant aux chevaux, on lui promit de venir les nourrir, les panser et de nettoyer leurs stalles.

— Dans l'heure, mes amis étaient là. Ils se sont occupés de tout. L'un de mes voisins avait réuni mille dollars, un autre m'a prêté sa voiture neuve après avoir fait le plein !

Barbara arriva à l'hôpital Harborview moins de quatre heures après l'appel des policiers de Seattle. Elle trouva son fils plongé dans un coma profond, relié à toutes sortes de machines contrôlant son pouls, sa tension, l'œdème, la pression contre la calotte crânienne. Elle pria plus que jamais, et Dieu sait qu'elle avait beaucoup prié ces quatre dernières années…

— J'ai demandé à Dieu de me rendre Freeman entier ou de le garder. Je savais que mon fils ne voudrait pas rester handicapé. Il était injuste de lui demander de vivre coûte que coûte…

Freeman resta soixante-neuf heures dans le coma. Finalement, il ouvrit les yeux sur Barbara. Il ne la reconnaissait pas, ne pouvait pas remuer les membres ni parler.

— Pourtant, tous les moniteurs indiquaient que ses fonctions restaient dans des « limites saines ». Et les médecins étaient optimistes.

Au cours des trente-quatre jours que Freeman passa à l'hôpital, une fois de plus, Dave Bell vint prêter main-forte à Barbara.

— Il était devenu mon appui, mon roc. Quand je pensais que je ne tiendrais plus, quand je perdais espoir, Dave était là.

Des amis de Freeman apportèrent au moins deux repas par jour. Ils se relayaient pour les préparer et venir s'asseoir avec elle, ou même veiller sur son fils pendant qu'elle sortait un moment.

— Je n'étais jamais seule. Ils se sont si bien occupés de moi !

Quant à Freeman, il connut une guérison quasi miraculeuse. Sa détermination, sa volonté dépassaient tout ce qu'on pouvait imaginer. Il rentra à la maison en fauteuil roulant mais suivit une thérapie réparatrice à Spokane. Sa mère ne le quittait pas tandis qu'il reprenait des forces et retrouvait sa faculté de coordination des mouvements. Il finit par récupérer à cent pour cent, reprit son travail d'ingénieur et suivit même des cours du soir à l'université.

Dès que sa mère a besoin de lui, Freeman est là.

*
**

Bien que Barbara ait interrompu sa quête pour retrouver le meurtrier de Ronda le temps que Freeman se remette de son accident, elle était loin de baisser les bras. Ses dossiers s'emplissaient des noms de ceux qui avaient fréquenté Ronda de près ou de loin, mais aussi de ceux de Ron, de ses fils et de son ex-femme, Katie ; en même temps, elle apprenait le fonctionnement de la loi. Jerry Berry et Marty Hayes l'épaulaient de toutes leurs forces, et elle ne lâchait plus les enquêteurs du shérif qui avaient cru qu'elle finirait par abandonner. Ils n'avaient pas idée de l'entêtement dont peuvent faire preuve les mères.

Si Barbara avait appris quelque chose au cours des cinq années et demie écoulées depuis la mort de

Ronda, c'était la teneur du proverbe : « La nuit n'est jamais aussi sombre qu'avant l'aube. » Chaque fois qu'elle croyait craquer, un événement la poussait à repartir. Et l'aube se levait.

Elle créa un site Internet (www.justiceforRonda.com) pour recueillir des informations. La page d'accueil s'ouvrait sur quelques brèves informations, illustrées de photos de Ronda, petite fille avec ses joues rondes, jeune agent en uniforme recevant fièrement son insigne de la main du gouverneur. Ce site Web permit à Barbara de garder espoir, car elle reçut un flot de courrier dont un message envoyé à 2h38 du matin, le vendredi 25 juin 2004, certainement l'une des dernières personnes dont elle aurait attendu un courrier : Katie Huttula.

Le voici reproduit tel quel, y compris avec le « h » supplémentaire dans le prénom de Ronda.

« Chère Barbara, je ne savais pas que ce site existait. Je ne me rendais pas compte que le dossier de Rhonda avait tant progressé grâce à votre travail. Je tiens à déclarer que je ne crois pas qu'elle se soit suicidée. Je suis sûre qu'on l'a tuée. Je ne sais pas qui a fait ça, ni comment ni pourquoi, mais je crois qu'il faut le(s) trouver et le(s) poursuivre en justice. Qui que ce soit.

« Je n'ai aucune autre information que ce que je vous ai dit, à vous ou aux autorités.

« J'aimais bien Rhonda. Je sais que ma présence à Toledo après sa mort tragique tombait mal. Je ne voulais pas vous faire souffrir davantage, vous sa mère, en vous donnant ce poème. C'était ma façon d'exprimer ce que je ressentais. La mort de Rhonda a été tragique… Je suis vivante. Et complètement seule.

« C'est ma croie [*sic*]. Ma maladie mentale et mes dépendances passées ainsi que les forfaits que j'ai commis en font partie.

« Ma sœur s'est suicidée cette année, à quarante-cinq ans.

« Mes merveilleux parents sont toujours vivants et je reste très proche d'eux. En tant que fille, je connais l'importance d'une mère. Je ne sais pas comment je le supporterai s'ils meurent avant moi.

« Je voulais réponde [*sic*] personnellement à votre message.

« Bien à vous, Catherine. »

Que voulait exprimer Katie par cet étrange message ? Elle soutenait que Ronda avait été tuée et laissait entendre que plusieurs personnes étaient mêlées à ce meurtre mais refusait d'en dire plus. En tout cas, elle semblait vraiment dépressive, bien plus que Ronda. S'agissait-il d'un appel au secours, ou savait-elle vraiment quelque chose ?

À moins qu'il ne s'agisse d'un nouveau rouage dans une machination géante ?

Lorsque Barbara Thompson voulut en savoir plus, elle ne sut où joindre Katie Huttula.

25

À de nombreuses reprises, Barbara Thompson avait essayé de rencontrer le coroner Terry Wilson, mais il avait toujours refusé de lui parler. Jusqu'à ce 24 mars 2006, huit ans après la mort de Ronda, où il accepta de la recevoir dans son bureau. Accompagnée de Larry Semanko, ex-adjoint du shérif et ex-assistant du coroner du comté de Lewis, marié à la sœur de Ron Reynolds, Judy, Barbara se retrouva enfin face à celui qui avait déterminé les circonstances de la mort de sa fille.

Carmen Brunton, l'assistante du coroner, qui s'était rendue sur la scène du décès, était elle aussi présente.

— Pourquoi avez-vous fixé l'heure de la mort de ma fille à 5 heures ? demanda Barbara à Wilson.

— Je me basais sur l'assertion de son époux, qui a déclaré être resté auprès d'elle jusqu'à 5 heures du matin.

— Vous n'avez pas tenu compte d'autre chose ?

Terry Wilson dit qu'il avait aussi étudié le rapport d'autopsie du Dr Selove. Barbara l'interrogea ensuite sur la partie du certificat de décès intitulée « Intervalle entre attaque et décès ».

— Vous avez écrit « Quelques minutes ». Pourquoi ?

Il n'en gardait aucun souvenir. Après quoi elle lui soumit le rapport du neurochirurgien, le Dr John Demakas, laissant entendre qu'il aurait fallu entre trente et soixante minutes au cœur de Ronda pour expulser tout le sang trouvé sur son corps et autour.

— Ça peut aussi bien vouloir dire deux minutes que soixante. Je ne vois aucune raison de rectifier.

Barbara demanda une autre rectification. Étant donné les signes de double lividité sur le corps de Ronda – qui auraient dû apparaître au bout de plusieurs heures –, Wilson envisagerait-il de changer l'heure de la mort pour la situer plutôt entre 1h30 et 3 heures du matin ? Ou même entre 1h30 et 5 heures ?

Non.

— Faire ça, ce serait accuser Ron Reynolds de l'avoir tuée. Je ne peux pas.

Cette réponse choqua Barbara. Pourquoi Ron serait-il exempt de toute accusation ? Un coroner devait-il taire une information pour protéger une personne ?

— Non, ça ne voudrait pas dire que Ron l'a tuée, rétorqua Barbara. Simplement qu'il a menti sur la dernière fois où il l'a vue vivante.

Barbara sentait qu'elle patinait. Elle demanda à Wilson s'il maintiendrait encore que Ronda était suicidaire au vu des informations qu'elle lui apportait. Terry Wilson promit d'y réfléchir, ajoutant que ça lui prendrait sans doute plusieurs semaines.

Six semaines plus tard, l'assistante du coroner, Carmen Brunton, appelait Barbara pour lui dire que, bien que Wilson ait étudié les documents qu'elle lui avait laissés, il n'apporterait aucune modification à ses déclarations.

*
**

Au début de l'été 2006, Barbara Thompson, Jerry Berry et Marty Hayes étaient dans une impasse. Il leur fallait un avocat au pénal et connaissant son travail. Mais les honoraires de tels avocats étaient très élevés et Barbara ne disposait pas de beaucoup de fonds.

Cependant, Marty connaissait un avocat qui pourrait relever le défi, comme lui-même l'avait fait, à titre gratuit.

— Je vais l'appeler, proposa-t-il à Barbara. Il refusera si ça ne l'intéresse pas. Il s'appelle Royce Ferguson, il est doué. Je vais lui annoncer que vous avez envoyé une lettre à Terry Wilson, en mai, où vous le menaciez d'un contrôle juridictionnel.

Ferguson retrouva Hayes dans une pizzeria. Barbara, Jerry et Marty avaient besoin de ce contrôle juridictionnel – s'il pouvait l'obtenir – pour déclencher une nouvelle action sur le dossier de Ronda, à présent vieux de huit ans. S'ils réussissaient, cela pourrait faire jurisprudence : c'est pour cette raison que Marty Hayes pensait son ami susceptible de vouloir s'en charger. Ils n'avaient pas terminé leur pizza que celui-ci acceptait de rencontrer Barbara. Certes, il ne s'engageait à rien, mais il voulait l'entendre.

Le cabinet juridique de Ferguson se trouvait à Everett, dans l'État de Washington. Il ne présentait pas l'aspect ostentatoire de bien des bureaux d'avocats : ni fauteuils de cuir, ni épais tapis, ni énormes bureaux, ni peintures aux murs, ni lourdes tentures. Et Ferguson ne déclenchait pas un minuteur au début de l'entretien. Barbara avait rencontré ce genre d'avocats et rapidement conclu que leurs honoraires exorbitants servaient essentiellement à payer tout ce tape-à-l'œil. La secrétaire et auxiliaire juridique, Cece, l'accueillit avec autant de grâce que d'efficacité. Barbara se sentit rassurée, optimiste comme cela ne lui était plus arrivé depuis bien longtemps.

Bien qu'il ait défendu des causes célèbres, Ferguson n'en parlait jamais. Jusqu'à la rédaction de ce livre, Barbara ignorait la myriade d'affaires qu'il avait plaidées, de la plus tragique à la plus biscornue.

Ferguson s'intéressait autant à la cuisine qu'à la pêche, à l'histoire, à la musique et à l'écriture. « Chaque avocat a des rêves et des objectifs différents, écrivait-il sur son blog. Les miens tournent autour de la main tendue aux faibles, des affaires que beaucoup refuseraient pour leur difficulté, des questions légales impossibles, de la reconnaissance de l'accomplissement d'un travail difficile. Dans un sens, je rêvais d'être un héros, de participer à l'élaboration de nouvelles lois en voyant un de mes dossiers faire jurisprudence. »

« Ce n'est pas la promesse d'honoraires élevés qui me guide. D'ailleurs, les affaires les plus intéressantes impliquent souvent de très petites rétributions, si ce n'est aucune. Je cite là une phrase attribuée à Abraham Lincoln : "Exercez bien votre profession d'avocat et les honoraires viendront d'eux-mêmes." Ou quelque chose comme ça. C'est vrai. »

Royce Ferguson a grandi dans la vénération de Lincoln, d'Atticus Finch, l'avocat dans *Ne tirez pas sur l'oiseau moqueur*, de don Quichotte, de Clint Eastwood incarnant l'inspecteur Harry, ainsi que de nombre de cow-boys héroïques qui galopaient sur les écrans noir et blanc de son enfance.

Tout naturellement, il voulait s'attaquer lui-même aux moulins à vent et représenter aussi bien des crapules que des héros.

Ainsi, il défendit Paul Keller, vingt-sept ans, l'un des plus effroyables pyromanes du nord-ouest des États-Unis, gérant de la publicité dans l'entreprise de son père, accusé de soixante-dix-sept incendies qui terrifièrent les résidents de l'État de Washington durant six mois, en 1992. Il brûla, entre autres, une maison de retraite, faisant trois victimes, ainsi que de nombreux blessés. Son propre père le désavoua.

Royce Ferguson ne prétendit pas que Keller était innocent : il demanda qu'on le soigne pour des troubles mentaux qui avaient commencé dès son enfance. Petit garçon hyperactif, son père l'emmenait alors à des kilomètres de la maison et le plantait en pleine nature en espérant qu'il dépenserait un peu de son énergie pour rentrer à pied. Paul Keller fut condamné à quatre-vingt-dix-neuf ans de prison, mais l'État de Washington n'a pas assez d'argent pour prodiguer des soins psychiatriques à ses détenus.

L'un des plus célèbres tueurs de l'État de Washington fut Charles Campbell. Âgé d'une vingtaine d'années en 1974, il viola Renae Wicklund en menaçant d'un couteau sa fille encore bébé. Il sortit de prison en 1982. Le 14 avril de la même année, il retourna chez Renae, la tua, elle et son bébé, ainsi que leur voisine. Il fut presque aussitôt arrêté et accusé de triple meurtre dès le 19 avril. Le genre de client qu'aucun avocat ne voudrait défendre, d'ailleurs, Campbell les envoyait tous promener.

Royce fut désigné pour seconder Ken Lee sur cette affaire. Tous deux y travaillèrent près d'un an, mais ils progressaient si peu que Lee finit par se retirer. Ferguson lui-même, bien qu'il soit parvenu à avoir quelques échanges avec l'insupportable Campbell, demanda à se faire renvoyer à son tour. Et on nomma de nouveaux avocats qui tentèrent de lui éviter la peine capitale. En vain.

Douze ans plus tard, en 1994, lorsque Campbell eut épuisé tous ses appels de grâce pour échapper à l'exécution, il écrivit à Ferguson. La fin était proche.

— Comment annoncer à un condamné que je n'allais bientôt plus rien faire pour lui ? raconterait-il plus tard. On n'a pas trop envie de dire adieu à quelqu'un qui n'a plus d'espoir de s'en sortir. Cependant, c'était le seul moyen, pour moi, de tirer un trait sur cette histoire.

Charles Campbell mourut sur le gibet, si terrifié qu'il n'avait pu y monter et dut y être transporté par les gardiens.

Les avocats de la défense sont souvent calomniés, mais Ferguson cherchait le peu d'humanité qui pouvait rester au fond de ses clients potentiels ; il voulait connaître les raisons qui les avaient poussés à faire ce qu'ils avaient fait.

Il n'en trouva pas beaucoup pour expliquer la psychopathie. Cependant, il s'investit dans une autre affaire.

Le 30 juin 1989, Juliana Schubert, trente ans, avait été vue vivante pour la dernière fois par son employeur, qui lui avait souhaité un bon week-end. Le lundi 3 juillet, David Schubert, quarante-sept ans, appela l'employeur pour lui dire que sa femme ne viendrait pas travailler ce jour-là. Deux jours plus tard, il rappela et annonça que Juliana était partie pour le Colorado avec « un ami » et ne reviendrait pas. Plus tard encore, il se rendit à son bureau pour y récupérer ses affaires et indiquer son adresse en poste restante. Il en profita pour demander le solde de son salaire, mais son patron refusa.

Le couple vivait à Arlington, dans l'État de Washington, mais ne s'entendait pas. Juliana avait confié à plusieurs amis qu'elle souhaitait s'installer dans un appartement avec ses deux fils, alors âgés de sept et cinq ans. Un témoin dit qu'environ un mois auparavant David Schubert aurait déclaré vouloir la tuer « pour être enfin tranquille ».

Au cours des semaines qui suivirent la disparition de son épouse, Schubert donna des explications contradictoires. Après le Colorado, il dit qu'elle prenait des vacances à Chicago, à New York, et même en Arizona avec un autre homme. Le 24 juillet, il annonça à la mère de la jeune femme, Karil Nelson, que Juliana avait bel et bien disparu, sans voiture, et sans emporter de vêtements de rechange. La mère avertit immédiatement la police et se rendit alors compte que son gendre n'avait pas signalé la disparition de son épouse. C'était d'autant plus étrange que Schubert avait lui-même été policier de réserve.

Par la suite, il reconnut avoir rencontré des « problèmes maritaux » avec sa femme et qu'ils étaient sur la voie d'un « divorce à l'amiable ». Mais Juliana avait refusé de prendre les avocats qu'il lui proposait et lui avait jeté les clefs de la voiture au visage en disant :

— Tiens, c'est ta voiture, ta maison... Je les déteste !

Après quoi, elle serait partie, abandonnant ses deux enfants.

David Schubert répétait souvent : « Seuls les crétins se font prendre pour meurtre. »

Mais la police le soupçonnait d'avoir tué sa femme et finit par l'arrêter. Cependant, à la suite de la mort par leucémie de l'inspecteur chargé de l'enquête, les charges furent abandonnées.

Sept ans plus tard, David Schubert voulut faire déclarer Juliana officiellement morte, ce à quoi le tribunal consentit le 23 septembre 1996. Le lendemain, le veuf remplissait une demande d'ouverture du testament de Juliana. C'est à ce moment-là que Karil Nelson alla trouver Royce Ferguson, persuadée que son gendre avait tué Juliana. David Schubert fut accusé pour la seconde fois d'assassinat : son procès commença treize années après la mort de Juliana. Il fut condamné en 2002 à treize ans et demi de prison.

Royce Ferguson avait représenté Karil Nelson, la mère de Juliana, à titre bénévole.

*
**

Barbara Thompson ne savait à peu près rien des autres affaires de Royce Ferguson. Elle ne se rendait pas non plus compte qu'il faisait partie des rares avocats qui accepteraient de la représenter, bien qu'elle n'ait pas d'argent et que plusieurs années se soient écoulées depuis la mort de Ronda.

— J'ai tout de suite eu l'impression qu'il me croyait. Il était très poli, très attentif ; il m'a posé des questions, m'a demandé de lui fournir des preuves de mes accusations. Je lui ai alors montré les documents que j'avais réunis au fil des années et je peux dire qu'il avait l'air de plus en plus intéressé.

Leur conversation dura deux heures. Vers la fin, Ferguson admit que Barbara s'attendait à ce qui allait se passer. Elle n'était pas venue pour geindre, se plaindre que la vie était injuste. Elle lui exposait faits, déclarations et attestations concrètes de ce qu'elle avançait.

— Il a décidé de prendre l'affaire et je ne remercierai jamais assez Marty Hayes de nous avoir présenté le meilleur allié possible dans notre combat pour obtenir une révision. Maître Ferguson ne nous a fait aucune promesse et n'a demandé que le remboursement des frais judiciaires. Nous nous sommes serré la main sans plus jamais douter l'un de l'autre.

*
**

Marty Hayes avait évalué le niveau de décibels d'une sonnerie de réveil par rapport au claquement d'un coup de feu, cherché des résidus de poudre sur l'oreiller placé sur la tête de Ronda. Avec un revolver à peu près identique, il avait vérifié où aurait dû se situer l'angle du recul. Certaines photos, prétendument prises le matin après la mort de Ronda, avaient disparu ; on les avait soit perdues, soit volées, soit jetées pour d'incompréhensibles raisons.

Dans la mesure où le revolver ayant tué Ronda avait été déplacé prématurément par l'inspecteur Dave Neiser, il semblait encore plus important d'avoir un spécialiste capable de reconstituer les circonstances du coup de feu.

Si une audience judiciaire avait un jour lieu, le témoignage de Marty constituerait un précieux atout dans la démonstration de la façon dont Ronda était morte.

Il se procura d'abord un revolver Rossi .32. Il voulait vérifier si Ronda aurait pu envelopper cette arme dans un coussin avant de se tirer une balle dans la tête. Les deux premières fois qu'il parvint à tirer, la taie se retrouva coincée entre le percuteur et la cartouche. Ce fut seulement en éloignant le canon de l'oreiller qu'il parvint à laisser assez d'espace au percuteur. Mais ces tests produisaient alors une double trace ne coïncidant en rien avec celle trouvée sur l'oreiller retiré de sur la tête de Ronda.

« Il lui aurait été extrêmement difficile, sinon impossible, écrivit Hayes, de se placer dans la position où elle a été trouvée, le revolver enveloppé dans un oreiller allant se poser sur sa tempe après le coup de feu. »

L'arme avait laissé une trace nette sur la peau du front de Ronda : un fait difficile à expliquer quand on considérait que l'arme se trouvait sous l'oreiller, alors que le trou laissé sur la taie par le coup de feu était situé à l'extérieur de cet oreiller.

Difficile à expliquer, à moins que quelqu'un ne soit venu l'y placer.

Marty Hayes poursuivit ses expériences selon différents dispositifs afin de confirmer ou de réfuter les déductions du bureau du shérif.

26

Pendant que Marty Hayes, Jerry Berry et Royce Ferguson soutenaient Barbara Thompson dans sa quête de vérité, d'autres se comportaient en véritables parasites, en vautours essayant de se faire de l'argent ou de tirer un plaisir pervers de son chagrin.

« Chère Barbara,

« Il est temps de se frotter aux dures réalités de la vie. Si vous avez tendance à vous emporter facilement, ne lisez pas la suite et supprimez ce message. En tout cas, vous voilà prévenue, vous risquez de ne pas aimer ce que vous allez lire.

Que pouviez-vous m'apprendre au cours de notre rencontre, que je ne savais pas ?

« Je sais que votre fille a été tuée.

« Je sais qui a fait ça.

« Je sais qu'on a maquillé ce meurtre.

« Je sais pourquoi on l'a maquillé.

« Je sais qui l'a tuée.

« Je sais comment il l'a fait.

« Je sais pourquoi il l'a fait.

« Je sais qui l'a aidé.

« Je sais comment résoudre l'affaire.

« Que sais-je encore ?

« Je n'ai pas besoin de briser les scellés pour résoudre l'affaire.

« Je n'ai pas besoin de vous regarder pleurer, ni d'entendre votre histoire à briser le cœur pour résoudre l'affaire.

Je n'ai pas besoin de vous entendre parler de "protection de témoins" pour résoudre l'affaire.

« Je n'ai pas besoin de quelqu'un qui n'a jamais porté d'insigne pour me dire comment résoudre l'affaire.

« Les professionnels font commerce de leur temps, de leur savoir, de leurs efforts, de leur expérience pour en tirer des compensations... de préférence pour de l'argent.

« Si vous désiriez vraiment résoudre cette affaire, Barbara... si vous vouliez vraiment "justice pour Ronda", vous trouveriez l'argent et vous me paieriez pour faire mon travail.

« La vérité pure et dure, c'est que vous ne voulez pas vraiment me laisser faire mon travail.

« Vous ne voulez pas vraiment que cette affaire soit résolue.

« Tout ce que vous voulez, c'est poursuivre votre "comédie" et trouver encore des gens qui vous plaignent.

« Ce n'est pas ce que je ferai. J'ai trop d'amis morts à pleurer moi-même.

« Des hommes morts dans l'exercice de leurs fonctions, en protégeant les autres.

« J'ai assez de chagrin de mon côté pour remplir une vie.

« Dix mille dollars, c'est un montant ridiculement bas pour résoudre un meurtre. Les autres enquêteurs ont bien ri devant le prix que je vous consentais.

« Toutefois, je suis un homme de parole. À quelque moment que vous "choisissiez" de régler ce montant, je résoudrai l'affaire. Toutefois, je ne jouerai plus votre comédie.

« La vie est une question de choix, Barbara. Ronda a choisi d'épouser Ron. Ronda a choisi de divorcer de Ron. Ron a choisi de supprimer Ronda. Ron s'en est tiré parce que vous aviez "choisi" de laisser faire.

« Vous aurez beau pleurer et vous tordre les mains, ça ne ramènera pas Ronda, ni ne mettra Ron en prison pour ce crime.

« Choisissez, Barbara. Faites-vous soigner par un professionnel pour votre chagrin, ou payez quelqu'un le prix voulu pour résoudre ce crime. À vous de choisir. »

Malgré sa suffisance, le professeur « Puredur* » ne connaissait pas toutes les réponses. Il enseignait la justice pénale dans une université du comté de Clark. Il connaissait quelques détails recueillis auprès d'un ancien étudiant, des années auparavant, et laissait traîner ses oreilles par-ci, par-là. Avant tout, il cherchait à gagner facilement dix mille dollars. Malheureusement, les affaires criminelles les plus célèbres attirent nombre d'escrocs – des faux malades aux soi-disant prédicateurs en passant par les amis supposés de la victime. Et les familles désespérées paient souvent, dans l'espoir de recevoir des réponses aux questions qui les hantent.

Barbara Thompson ne se laissait pas facilement intimider ! Elle coupa tout contact avec cet homme.

*
**

Quand il fut clair que le coroner Terry Wilson ne reviendrait pas sur sa théorie du « suicide », Barbara Thompson décida de mettre ses menaces à exécution. Suivant les conseils de Royce Ferguson, elle porta plainte contre lui au civil et réclama une réouverture du dossier. En réponse, l'avocat du coroner Terry Wilson déposa une requête en nullité pour prescription qui fut accordée par le juge Richard Hicks, de la cour supérieure du comté de Thurston, le 4 mai 2007.

Ferguson fit appel.

Alors que l'équipe attendait la décision du tribunal, un nouvel allié se présenta. Tracy Vedder, journaliste d'investigation de KOMO-TV, correspondante d'ABC à Seattle, entreprit de suivre la longue lutte d'une maman de l'État de Washington. Elle alla à son ranch, l'interviewa, filmant l'« autre vie » de Barbara, quand elle ne frappait pas aux portes des tribunaux. Elle exposa l'indigence des preuves soutenant la théorie du suicide de Ronda et devint à son tour experte pour ce qui promettait de devenir l'une des affaires les plus lentes de la justice. Elle s'entretint avec celles et ceux qui avaient bien connu Ronda et pouvaient encore témoigner de sa gaieté, de son opiniâtreté, loin du portrait qu'en avait fait Ron Reynolds. Elle tourna un documentaire.

Comme la plupart d'entre nous, quand elle eut trempé dans cette affaire, Tracy fut incapable de s'en détacher.

*
**

Le 29 janvier 2008, la cour d'appel annulait le rejet du juge Hicks, estimant que Wilson lui-même avait outrepassé la prescription en refusant de rencontrer Barbara Thompson malgré les recommandations de la loi. Subséquemment, l'affaire fut déclarée imprescriptible.

Le 19 septembre 2008, le juge Hicks statuait finalement en faveur du réexamen de la décision de justice, priant les avocats de la partie adverse de lui soumettre les théories qu'ils voudraient plaider.

L'équipe de Barbara Thompson regagnait du terrain, même si elle semblait parfois n'avancer que de quelques pas sur les milliers de kilomètres qu'il lui restait à parcourir. Ce fut l'un des pires hivers qu'ait connus l'État de Washington. Cela n'empêcha pas Barbara de franchir en voiture les cols des montagnes séparant les juridictions entre elles, afin d'obtenir ce changement qu'elle espérait depuis si longtemps sur le certificat de décès de Ronda : en faire éliminer le terme de « suicide ».

La santé de Virginia vacillait, et Barbara n'aimait pas laisser sa mère seule. Combien de fois, lorsqu'elle se trouvait « de l'autre côté des montagnes », Barbara reçut-elle des coups de téléphone lui annonçant que sa mère avait été transportée à l'hôpital ? Pourtant, la vieille dame semblait s'accrocher à la vie jusqu'à ce que justice soit rendue à Ronda.

Le 5 décembre 2008, une audience eut lieu à la demande de Terry Wilson : il contestait la motion pour des termes constitutionnels. Le juge Hicks rejeta sa requête.

Barbara et ses trois « mousquetaires » furent tellement transportés par cette décision qu'ils rentrèrent à pied du tribunal à leur hôtel. Ils venaient de remporter leur plus grande victoire ! Mais Barbara, plutôt habituée aux bottes de cow-boy, portait des talons hauts : la distance semblait s'étirer à l'infini. Finalement, elle tendit ses chaussures à Royce Ferguson et enfila une épaisse paire de chaussettes, ce qui suscita quelques éclats de rire. Ferguson sortit son appareil photo et prit un cliché de ce moment joyeux.

Dix ans auparavant – moins dix jours –, Ronda avait annoncé à sa mère que Ron Reynolds la quittait pour retourner auprès de son ex-femme, Katie. Dix ans – moins une semaine – depuis la mort de Ronda. Tout au long de la rue, les vitrines offraient aux regards leurs décorations de Noël, comme en 1998… Depuis, chaque fin d'année avait été triste, marquée par l'absence de Ronda, y compris pour David Bell, qui ne s'était pas remarié et n'avait même pas eu de liaison sérieuse depuis la disparition de Ronda. Parfois, Barbara songeait à ce qu'aurait dû être leur vie, mais elle gardait ces pensées pour elle.

Le 9 janvier 2009 se tint une nouvelle audience, à la demande de l'avocat du coroner Wilson : il faisait appel de la décision du juge Hicks. Appel qui fut également rejeté.

Le 19 mai 2009 se jugeait une autre motion à la demande de l'équipe de défense de Terry Wilson qui désirait voir le coroner écarté de l'action en justice. Le juge Richard Hicks la rejeta encore, disant qu'il ne voulait pas écarter Wilson des accusations portées par Royce Ferguson mais qu'il revenait au coroner de choisir s'il voulait assister ou non aux audiences destinées à ôter le mot « suicide » du certificat de décès de Ronda. Il pouvait s'en aller s'il le souhaitait.

En même temps, le juge Hicks acceptait d'annuler la citation à comparaître de Ron Reynolds. Ce dernier était toujours le directeur de l'école élémentaire et comptait beaucoup d'appuis parmi les familles de ses élèves, anciens ou actuels.

Pourtant, Ron était devenu en quelque sorte un reclus – au moins en ce qui concernait les médias. Toute tentative d'interview était interceptée par Ray Dudenbostel, l'avocat de sa famille, qui continuait de le représenter ; il répondait irrévocablement que son client avait assez souffert à la mort de Ronda pour ne pas vouloir revivre cette épreuve.

*
**

Ce fut à l'occasion de l'audience de mai 2009 que je pus m'entretenir pour la première fois avec Barbara Thompson, bien que nous ayons déjà correspondu des années durant par téléphone, e-mail et courrier. Si je m'attendais à rencontrer une femme accablée, j'en fus pour mes frais. Je l'aimai immédiatement, et nous avons dû discuter au moins cinq heures durant.

Nous étions déjà amies en nous séparant ; je l'accompagnai de ma maison à sa voiture, alors qu'elle s'apprêtait à repartir vers Spokane. Ce fut là que mon bouvier bernois, Yogi, me renversa et que je me cognai la tête sur un mur de brique. Barbara m'aida à me relever, nettoya le sang sur mon visage et courut chercher de la glace pour empêcher mon œil droit de gonfler. Elle insista pour rester auprès de moi jusqu'à l'arrivée d'une autre amie.

Cela se termina pour moi avec le plus bel œil au beurre noir de ma vie, que je gardai des semaines durant ; mais je connaissais désormais Barbara Thompson ct jc savais que nous allions rester amies pour la vie.

27

Ron Reynolds m'évitait, au même titre que tous les journalistes qui cherchaient à lui parler. Pourtant, il ne fuyait pas les événements mondains. Ses anciens camarades de lycée de l'année 1969 furent stupéfaits de le voir apparaître avec sa quatrième épouse à la quarantième réunion de la classe, en août 2009. Avec toutes les rumeurs qui avaient circulé sur lui à la mort de Ronda, ils ne s'y attendaient pas. Pourtant, il était là, convivial, apparemment ravi de les revoir.

Reynolds, autrefois si mince, semblait avoir cinquante kilos de trop. Certes, il n'était pas le seul à avoir changé. Presque tous avaient grossi, les hommes étaient chauves, les femmes grisonnantes ou les cheveux teints. Ron ne semblait pas s'inquiéter de l'audience préliminaire prévue un mois plus tard ni de celle programmée pour le 3 novembre. Et personne n'en parla. Du moins pas devant lui.

À l'origine, le juge Richard Hicks avait prévu d'entendre les témoignages à l'audience et de prendre ensuite sa décision. Mais il changea d'avis et demanda la présence d'un jury de douze personnes, sur lequel il aurait le dernier mot.

On se demandait quelle influence pèserait sur ce jury, étant donné que ses membres seraient choisis parmi des habitants du comté de Lewis. Au cours de mes premiers voyages dans la région, j'avais découvert que tous ceux à qui je parlais semblaient connaître l'affaire Ronda Reynolds. Certains avaient des opinions bien arrêtées – dans un sens ou dans l'autre. Il serait sans doute difficile de trouver des personnes impartiales. Pourtant, ce lundi 2 novembre 2009, une longue file de jurés potentiels attendait au palais de justice du comté de Lewis.

La sélection allait sans doute prendre toute la journée.

*
**

La première semaine de novembre 2009 fut glaciale à Chehalis, et le vent chargé de pluie ne cessait de siffler autour du palais de justice ; ceux qui avaient eu assez de chance pour se garer à proximité se sentaient gelés au plus profond d'eux-mêmes dès qu'ils sortaient la tête de leurs voitures.

John McCroskey n'était plus shérif, même s'il restait une source sûre d'informations pour les médias ; il venait d'être remplacé par Steve Mansfield, qui avait hérité de l'enquête Ronda Reynolds.

Le 2 novembre, le tribunal du troisième étage était rempli de jurés potentiels et il ne restait que quelques places sur les six rangées réservées au public. Les coroners d'autres régions étaient arrivés tôt pour occuper le dernier rang, curieux de savoir ce qui pourrait être reproché au coroner Wilson. La moitié des journalistes environ durent se tasser dans le couloir.

À 10h48, le juge Hicks prenait place ; grand, les épaules larges, il correspondait tout à fait à l'image qu'on pouvait se faire d'un juge de série télé, avec ses épais cheveux gris, sa moustache et sa barbe, ses lunettes retenues par une cordelette autour de son cou.

John Justice, avocat d'Olympia engagé par le bureau du shérif, allait représenter Terry Wilson. Ce dernier et Carmen Brunton étaient assis à la table de la défense. Marty Hayes et Royce Ferguson, quant à eux, entouraient Barbara Thompson. Les personnes sélectionnées pour faire partie du jury prirent place à leur gauche, dans des tribunes dont une grande partie restait invisible au public.

La plupart des jurés potentiels avaient entendu parler de la mort de Ronda Reynolds mais déclaraient ne pas en avoir tiré de conclusions. Un homme de haute taille, âgé d'une cinquantaine d'années, avertit le juge et les avocats de la partie adverse qu'il ne serait pas docile ; il parut presque prendre plaisir à décliner son métier d'employé municipal. Finalement récusé, il s'en alla non sans se tourner vers le coroner pour lancer, à travers le tribunal :

— Bonne chance, Terry !

Il n'aurait pas fait un juré vraiment impartial.

À 14h30, le jury était sélectionné : huit femmes et quatre hommes de vingt à soixante-dix-sept ans. Le juge Hicks ordonna une suspension d'audience de dix minutes.

La salle du tribunal ne comportait pas de fenêtre, mais elle était bien éclairée. Le sol était couvert d'une moquette grise aux mouchetures multicolores. J'ai assisté à une centaine de procès ; pendant les pauses ou durant les argumentations trop spécieuses, j'ai tendance à compter les dessins sur le tapis ou les carreaux au plafond. Mais, la plupart du temps, je prends furieusement des notes, au point d'en avoir parfois des crampes.

Finalement, l'audience commença à 14h40 ce premier jour. Le juge Hicks présenta John Justice et Royce Ferguson, puis rappela aux jurés la nécessité d'écouter attentivement.

— Les souvenirs valent davantage que les notes, asséna-t-il. Vous n'avez pas besoin de prendre de notes, elles pourraient vous empêcher d'écouter.

Il expliqua qu'il s'agissait d'une audience civile. Dès qu'un témoin aurait terminé sa déposition, les jurés et le juge pourraient lui poser des questions. Dans un procès criminel, les jurés doivent parvenir à un verdict au-delà du doute raisonnable. Dans un procès civil, il leur faut seulement se mettre d'accord sur la prépondérance des preuves conduisant à penser que le défendeur est coupable ou innocent. Il ajouta que les jurés ne devaient pas parler entre eux de l'affaire tant que les deux parties n'avaient pas plaidé et que l'heure n'était pas encore aux délibérations.

— Quand ce sera terminé, quand vous reviendrez avec votre verdict, vous pourrez dire ce que vous voudrez. Maître Ferguson…

D'un signe de tête, il indiqua à l'avocat de Barbara Thompson qu'il pouvait commencer.

Terry Wilson se tenait, impassible, dans son fauteuil à la table de la défense, apparemment peu concerné. Carmen Brunton ne bougeait pour ainsi dire pas, elle non plus. Donna Wilson, la femme du coroner, était assise au premier rang. Grande, blonde, bien vêtue, c'était une femme aimable et gracieuse ; à l'évidence, elle vivait là une terrible épreuve mais tâchait de n'en rien laisser paraître. Elle assisterait à toutes les audiences, alors que son époux ne se manifesterait plus avant le dernier jour.

Curieusement, il y avait des places libres dans la salle maintenant que tant de jurés avaient été congédiés. Les caméras de KOMO-TV furent autorisées à pénétrer dans la salle, de même que les photographes de presse. Quelques profanes filmèrent eux aussi, avec leurs téléphones portables.

Barbara Thompson voyait se réaliser ses aspirations si longtemps repoussées. Pourtant, elle redoutait ce qui allait se passer.

*
**

Royce Ferguson se leva dès le signal du juge Hicks. Il se tourna vers les tableaux qu'il avait préparés afin que les jurés se familiarisent rapidement avec les acteurs de cette tragédie.

Ferguson parla de Ronda : sa naissance en 1965, son accession comme plus jeune membre de la brigade de police de l'État de Washington, son mariage prématuré avec Ron – précisant que ni l'un ni l'autre n'étaient restés longtemps célibataires.

Même la similarité de leurs noms semblait les rapprocher.

Ron et Ronda.

Ronda paraissait si heureuse à son mariage en cette deuxième journée de l'année 1998 ! L'avenir se présentait sous les meilleurs auspices. Elle n'avait que trente-deux ans, et espérait porter les enfants de Ron tout en l'aidant à élever ses fils.

Pourtant, expliqua Ferguson, elle n'avait plus que onze mois à vivre. Dès l'annonce de la nouvelle saison des fêtes, elle savait que son mariage était fini. Ferguson expliqua aux jurés que Ronda comptait s'envoler pour Spokane le 16 décembre afin de passer Noël avec sa mère, sa grand-mère et son frère. Elle avait besoin de se retrouver parmi ceux qui l'aimaient.

— Ronda comptait se trouver un appartement près de sa famille.

Elle ne quitta jamais la maison de Twin Peaks Drive.

Cela n'était pas un procès pour meurtre. Il ne s'agissait pas d'inculper quiconque d'homicide, encore que Ferguson ne se gênât pas pour citer les noms de Ron Reynolds, Katie Huttula et leur fils, Jonathan - premier suspect pour les meurtres des chiens de Ronda, et soupçonné aussi d'avoir tué des chats.

Aucun d'entre eux n'était cité à comparaître.

Non, il s'agissait seulement de déterminer si Terry Wilson s'était montré négligent dans l'exercice de sa charge de coroner. Pourquoi avait-il porté quatre jugements différents sur quatre certificats de décès différents pendant la dernière décennie ?

— Il ne s'est même pas rendu sur les lieux, rappela Ferguson, pas plus qu'il n'a assisté à l'autopsie. Chaque fois, il s'est fait représenter par Carmen Brunton.

Tous les enquêteurs savent – ou devraient savoir – qu'il faut d'abord considérer un décès sous l'angle de l'homicide, puis du suicide, ensuite de l'accident, et enfin le définir soit comme « naturel », soit comme « indéterminé ». Excepté Jerry Berry et Bob Bishop, toute l'équipe du shérif qui avait enquêté sur la mort de Ronda négligea l'option « homicide ».

Royce Ferguson énuméra les quatre certificats de décès, soulignant que le premier avait été « corrigé » trois fois : « Indéterminé – Suicide – Indéterminé – Suicide. »

— Pas étonnant que Jerry Berry se soit demandé si ce prétendu suicide n'était pas une mise en scène ! Aucune des six cartouches ne porte une empreinte de Ronda.

Ni de personne d'autre.

*
**

Ferguson parla au jury des signaux qui avaient conduit l'inspecteur Jerry Berry et l'adjoint Bob Bishop à se demander ce qui s'était vraiment passé ce jour-là. Pourquoi l'alliance de Ron Reynolds avait-elle quitté son doigt, laissant une trace blanche sur sa peau ? Pourquoi la grande salle de bains était-elle embuée comme si quelqu'un venait de prendre une douche ? Et pourquoi l'alliance de Ron Reynolds se trouvait-elle dans le porte-savon de sa salle de bains ? La bouteille de Black Velvet dans la chambre des parents – prétendument tirée de sa place habituelle dans la cuisine – se trouvait sur la table de nuit de Ronda. Une canette de soda et deux verres traînaient par terre, près du matelas à eau. Selon Reynolds, la bouteille de whisky était encore remplie au quart. Les adjoints durent bien constater qu'il n'en restait plus – mais qui l'avait bu ? Ronda ne buvait pas d'alcool fort. Et Ron affirmait ne rien avoir avalé dans la nuit du 15 au 16 décembre.

Royce Ferguson lut la liste des témoins qu'il comptait citer : Barbara Thompson, David Bell (ami de longue date de Ronda), Robert Bishop (deuxième adjoint du comté de Lewis arrivé sur les lieux), Jerry Berry, Marty Hayes, et le Dr Jeffrey Reynolds, médecin légiste sans lien de parenté avec Ron.

Il évoqua les vingt et une questions posées par Jerry Berry.

— Ses interrogations étaient pertinentes, ajouta-t-il, mais on a fini par l'exclure de l'enquête et il a démissionné.

L'expression impassible des jurés s'altéra quelque peu lorsqu'il leur dit que Katie Huttula, l'ex-femme de Ron, se trouvait dans la chambre des parents le lendemain du jour où on en avait sorti le corps de Ronda.

— La propre mère de Ronda peut en attester… Barbara Thompson a vu Katie sortir de la chambre en peignoir.

Après quoi Ferguson ajouta que Marty Hayes allait témoigner, en tant qu'expert en balistique.

— Il est sûr à cent pour cent que Ronda Reynolds a été abattue.

Le sergent David Bell raconterait aux jurés sa longue amitié avec Ronda. Il était la dernière personne à l'avoir vue vivante – excepté les membres de la famille Reynolds.

Bien entendu, le nom du dernier témoin étonna la salle. Le Dr Jeff Reynolds, légiste en chef de neuf comtés de l'État de Washington, allait donner son avis sur les circonstances de la mort de Ronda. Il n'avait rien à voir avec la famille Reynolds, mais cela faisait tout de même bizarre que l'un des principaux témoins cités en faveur de Barbara Thompson porte le même nom que l'un des principaux suspects.

— En aucun cas, conclut Royce Ferguson, cela n'était un suicide !

Il promit au jury de le prouver par A + B.

L'assistance regarda le jury sortir en murmurant – se demandant pourquoi aucune enquête n'était parvenue à définir précisément les circonstances de la mort de Ronda, pourquoi le bureau de Wilson éludait la question depuis onze ans. Le silence revint dès le retour des jurés.

Prenant la parole à son tour, l'avocat Justice eut tôt fait de critiquer Ronda. Il avait apporté les cartes de crédit qu'elle était censée avoir utilisées avec de faux noms. Et si elle avait décidé de se supprimer, sachant qu'elle serait bientôt découverte ? Mais était-elle suicidaire pour autant ? L'avocat du coroner présenta l'ordonnance de Zoloft qui lui avait été prescrite sept mois avant sa mort. Les enquêteurs avaient trouvé le flacon dans la chambre, Justice ne précisa pas qu'il y restait plus de la moitié des cachets.

Il prétendit que Ronda n'avait fait aucun apport financier pour la maison qu'elle partageait avec Ron Reynolds. Il dit aussi qu'il y avait des résidus de poudre dans sa main – sans préciser que personne d'autre n'avait été testé.

Citant Cheryl Gilbert, l'amie omniprésente de Ronda, il précisa que cette dernière avait dit vouloir se coucher pour ne plus se réveiller. Cela ne laissait-il pas entendre qu'elle était suicidaire ?

— Il n'existe aucune preuve matérielle reliant quiconque à la mort de Ronda Reynolds, martela-t-il.

C'était vrai. Dans les histoires de famille, ces fameuses preuves matérielles sur lesquelles s'appuient tant les enquêteurs – empreintes, fluides corporels, cheveux, fibres, etc. – sont déjà là quand un crime est commis. Il est d'autant plus difficile d'incriminer des personnes vivant sous le même toit que la victime ou lui rendant souvent visite. Toutes ces pièces à conviction deviennent virtuellement inutiles. Si quelqu'un habitant en dehors de la maison des Reynolds avait laissé une de ces preuves matérielles, toute l'histoire en aurait été changée.

En l'occurrence, ce n'était pas le cas. On n'avait trouvé ni empreintes ni cheveux suspects. Quant aux balles non tirées, elles avaient été nettoyées, de même que l'arme elle-même.

Nul ne pouvait contredire Justice quand il termina sur cette remarque :

— C'est l'une des affaires les plus inhabituelles dont vous entendrez jamais parler… et les plus difficiles.

*
**

Barbara Thompson était le premier témoin cité. Elle arborait un des tailleurs de Ronda, rose et gris, qui lui allait à la perfection. Bien qu'elles lui fassent mal aux pieds et lui donnent des ampoules, elle portait des chaussures à talons. Au cours des onze années passées, ses cheveux étaient devenus blancs, faisant encore mieux ressortir le bleu de ses yeux. Elle avait été une jolie jeune femme, et restait d'une étonnante beauté. Mais elle était tellement anxieuse qu'elle tremblait de tous ses membres : la semaine à venir allait représenter un tournant essentiel dans sa vie. Elle se sentait quelque peu apaisée de porter les vêtements de sa fille. Avec Ronda, elles avaient toujours échangé leurs vêtements.

Barbara se présenta à la barre à 15h55, en ce premier lundi après-midi, et expliqua que non seulement elle élevait et vendait des quarter horses – palominos et paints –, mais aussi qu'elle les entraînait et les présentait dans des salons. Elle assura que Ronda éprouvait la même passion qu'elle pour les chevaux.

— Elle a gagné beaucoup de concours hippiques.

Au début, Barbara parvint à garder les yeux secs en évoquant la courte vie de sa fille.

— Elle a réalisé son rêve d'enfant en entrant dans la police. Sa devise était : « Pas peur. » Elle a passé sept ans à patrouiller sur les routes. Et moi je lui faisais confiance.

— Connaissiez-vous Ron Reynolds avant que Ronda l'épouse ? lui demanda Ferguson.

Barbara répondit par la négative. Ils vivaient à

cinq cents kilomètres de là et avaient très vite décidé de se marier.

— Ils ont déménagé à Toledo quand Ron y a trouvé un emploi… et j'ai prêté à Ronda quinze mille dollars pour participer à l'achat de sa nouvelle maison.

Ronda s'était quelque peu inquiétée pour les trois fils de Ron qui vivaient avec eux, les décrivant comme des « enfants difficiles et déséquilibrés ». Cependant, comme elle avait déjà aidé Mark à élever les siens, elle pensait pouvoir se débrouiller avec ceux de Ron. Cela ne s'était pas révélé aussi facile.

Barbara témoigna qu'elle s'était alarmée pour la sécurité de sa fille après que Jonathan, dix-sept ans, eut menacé de la tuer début 1998. Elle avait dû le chasser de la salle de bains où il venait l'importuner, et il s'était montré fou de rage de constater qu'une femme pouvait physiquement le dominer : Ronda avait un long entraînement de combat à mains nues.

— Après cet incident, il semblait la détester plus que jamais.

Ronda avait toujours travaillé. Quand elle eut démissionné de la brigade de police, elle entra chez Wal-Mart comme agent de sécurité. Barbara raconta aussi comment il lui arrivait d'amener des chevaux à McCleary pour se promener avec sa fille dans les bois et sur la plage.

Alors que Royce Ferguson l'interrogeait sur les difficultés rencontrées par Ronda au cours de son second mariage, Barbara répondit que Ron avait reconnu entretenir une liaison avec Katie Huttula et qu'il voulait demander le divorce. Cela ne l'avait pas vraiment surprise. Ronda était au courant depuis des mois.

— Avez-vous parlé avec votre fille le 15 décembre ?

— Oui… trois fois. Tôt le matin, puis dans la journée et tard dans la nuit.

Au cours de leur dernière conversation téléphonique, Ronda avait annoncé qu'elle s'envolerait pour Spokane dès le lendemain matin. Elle allait prendre un nouveau départ. Katie ayant déjà été condamnée pour possession de drogue, Ronda avait dit vouloir attendre six mois pour repasser un test du sida avant d'accepter ce divorce. Elle avait l'intention d'achever sa période d'essai avant de demander une mutation dans une autre région. Barbara et grand-mère Virginia espéraient qu'elle s'installerait à Spokane.

Mais Barbara avait attendu en vain à l'aéroport l'arrivée de deux vols différents. Et le cauchemar avait commencé.

Royce Ferguson laissa son témoin raconter les hauts et les bas des onze années qui suivirent. Barbara expliqua comment elle s'était tournée vers la justice dès 2006, pour se voir aussitôt récusée. Elle avait dû attendre deux ans pour que la cour d'appel de l'État de Washington lui accorde à l'unanimité l'audience judiciaire de novembre 2009, ce qu'elle considérait comme une immense victoire pour elle et son équipe. Voilà pourquoi, expliqua-t-il, des coroners d'autres comtés assistaient à cette audience. Ils en rendraient compte ensuite officiellement à tous leurs collègues de l'État de Washington.

*
**

Parmi les jurés, certains avaient bien l'âge de Barbara, et sans doute des enfants de l'âge de Ronda. Allaient-ils s'identifier à elles ? Quelques plus jeunes femmes le feraient certainement, mais mieux valait ne pas en tirer de conclusions. Dès qu'ils ont prêté serment, les jurés du monde entier arborent une expression impénétrable.

Et puis il pourrait toujours y en avoir, comme celui qui avait été récusé, pour souhaiter bonne chance à Terry Wilson.

Une chose, en tout cas, était sûre : ils écoutaient attentivement ce que disait Barbara Thompson. À vrai dire, j'avais rarement vu des jurés aussi concentrés. C'était la première fois que Barbara pouvait raconter en public, officiellement, ce qui était arrivé à sa fille. Son visage exprimait une intense émotion. Cependant, elle parvint à terminer son témoignage sans faiblir.

La journée avait été très longue.

John Justice avait ensuite procédé à un contre-interrogatoire, mais le jury ne semblait pas en avoir été vraiment impressionné.

David Bell fut le témoin suivant. À cinquante-trois ans, il travaillait toujours à la police de Des Moines ; lui aussi avait à présent les cheveux et la moustache blanchis, et le chagrin avait creusé des rides sur son visage. Il aurait sans doute préféré se trouver n'importe où plutôt que dans ce tribunal. Mais il avait promis à Barbara Thompson de toujours être là pour elle. Et puis il se souvenait parfaitement de sa dernière rencontre avec Ronda Reynolds. Il était sans doute la dernière personne à l'avoir vue vivante – excepté son meurtrier.

Il ne s'était jamais remarié. Il avait élevé seul ses fils, et obtenu le grade de sergent. La police de Des Moines avait connu bien des homicides depuis la mort de Ronda, dont le meurtre de sang-froid d'un de ses agents. Dave Bell avait enquêté sur nombre d'entre eux en se posant chaque fois les mêmes questions : pourquoi avait-il laissé Ronda seule à Toledo ? Pourquoi ne l'avait-il pas au moins déposée dans un motel ? S'en voulait-il encore de n'avoir pas agi autrement ? Sans doute, mais comment aurait-il pu se douter du danger qui la menaçait ? Il raconta aux jurés comment, à la demande de Ronda, il l'avait conduite jusqu'à Toledo en ce 15 décembre, soit à plus de cent trente kilomètres de chez lui. Il était arrivé vers 19 h 30 pour l'aider à déménager.

Ronda avait voulu lui confier un revolver. Mais il avait refusé en apprenant qu'il appartenait à Ron, que c'était l'une des armes de son père décédé.

— Je lui ai demandé « Pourquoi ? » et elle a haussé les épaules.

Il témoigna en avoir éjecté les six cartouches.

— Je fais toujours ça quand il y a des enfants à la maison.

David et Ronda avaient mis du temps à charger les affaires de la jeune femme dans la camionnette.

— Il y avait quelqu'un d'autre à ce moment-là ? l'interrogea Ferguson.

— Les garçons… les fils de Ron.

Ferguson lui demanda si les deux adolescents et

l'étudiant avaient vu l'échange d'arme entre Ronda et lui.

— C'est possible.

S'ils avaient vu Ronda lui donner le revolver, vraisemblablement l'un d'entre eux ou les trois l'avaient aussi vu répandre les cartouches sur le sol – ou sur le lit – puis placer l'arme dans le tiroir, sous le matelas à eau côté Ron.

David expliqua ensuite que Ronda et lui étaient allés faire un tour, juste pour bavarder en terrain neutre – sans risquer que les enfants de Ron les entendent. Elle ne parvenait pas à se décider. Elle avait voulu s'installer chez son amie, Cheryl Gilbert, puis avait changé d'avis et demandé à Dave Bell de l'y déposer ; comme il n'y avait personne, elle avait ouvert, jeté les clefs à l'intérieur et claqué la porte.

Ils s'étaient ensuite arrêtés pour prendre de l'essence.

— Ronda m'a emprunté mon portable pour appeler la mère de Ron. Ensuite, ç'a été le tour de son mari. Il devait être entre 22 heures et 22 h 30. Elle a aussi téléphoné à son ami Dan, chez Macy's, pour dire qu'elle s'absentait quelques jours.

— Elle ne démissionnait pas ? demanda Ferguson.

— Non. Elle n'avait pas l'intention de quitter son emploi.

David Bell ajouta que Ronda voulait revenir dans le comté de Lewis à temps pour la ruée de Noël. Simplement, elle ne savait pas encore trop où elle habiterait.

Ronda aimait bien Laura, la mère de Ron, et elle voulait annoncer personnellement à la vieille dame que son mari et elle allaient rompre. Dave Bell n'avait pas vraiment entendu la conversation téléphonique, car il faisait le plein d'essence.

Néanmoins, il se rappelait que Ronda avait hésité, ne sachant trop où elle allait passer la nuit. Il devait revenir la chercher quelques heures plus tard pour la conduire à l'aéroport. Elle ne voulait pas aller chez Cheryl Gilbert ni chez son collègue, Dan Pearson, même si celui-ci lui avait dit qu'elle était la bienvenue chez lui et sa femme. Par ailleurs, David et elle étaient d'accord pour qu'elle ne rencontre pas ses enfants à ce moment-là. Depuis des années, tous deux estimaient que les enfants passaient avant tout ; ils verraient donc plus tard pour les présentations.

— Je ne veux pas aller à l'hôtel, avait dit Ronda.

Finalement, elle s'avisa qu'elle pourrait retourner dans sa maison de Toledo – juste pour une dernière nuit. D'ailleurs, tout ce qu'elle possédait, ou presque, s'y trouvait encore : ses meubles, ses peintures, ses photos de famille et autres trésors, ainsi, bien sûr, que ses trois chiens. Si elle plantait là Ron sans prévenir, on pourrait considérer le fait comme un abandon de domicile.

Ronda ne croyait plus que son mari lui rembourserait la somme avancée pour la maison, malgré sa promesse. Elle resterait démunie.

En arrivant devant la maison, ils virent la voiture de Ron. David Bell ne savait trop à quoi s'attendre, mais il n'y eut aucun éclat de voix, tout se passa le plus civilement du monde. Ron ne paraissait ni jaloux ni en colère de la voir en compagnie d'un autre homme.

— Le ton restait très neutre. Reynolds et ses fils sont allés dans une autre partie de la maison.

— Aucun signe de danger pour Ronda ?

— Non, non ! Sinon, je l'aurais emmenée, traînée par les cheveux s'il l'avait fallu.

David Bell devait retourner à Des Moines pour y prendre son poste.

— Un peu après minuit, je l'ai rappelée pour savoir si tout allait bien. Elle me dit avoir dormi un peu et se sentir mieux. Elle comptait s'envoler de Portland vers Spokane le lendemain matin. Je lui ai expliqué qu'il serait difficile pour moi de l'emmener à plus de cent cinquante kilomètres puis de rentrer. Je lui ai demandé si elle pouvait changer ses réservations pour partir plutôt de SeaTac, à seulement dix minutes de mon boulot. Elle a accepté et m'a demandé de l'appeler pour la réveiller.

Il ne reçut aucun appel de Ronda le lendemain matin. Il prit donc l'initiative, comme promis, s'attendant à ce qu'elle lui réponde d'une voix endormie.

Une voix d'homme inconnue se fit entendre :

— C'était un inspecteur du comté de Lewis. Il a tendu le téléphone à Ron, qui m'a annoncé la mort de Ronda. Je n'ai pas compris tout de suite, j'étais sous le choc. J'ignorais ce qui avait pu se passer, alors j'ai juste continué à rouler vers chez elle.

Ce fut là qu'il vit le veuf de Ronda, « très calme ».

En tant que policier, David Bell était habilité à franchir la limite de la bande jaune « scène de crime : zone interdite ». Il était toujours sous le choc. Au lieu d'accompagner son amie d'enfance à l'aéroport, il la retrouvait avec une balle dans la tête.

Il attesta avoir été interrogé une fois par le sergent Glade Austin, puis deux fois par l'inspecteur Jerry Berry, chacun lui demandant un récit circonstancié des dernières heures passées avec Ronda.

Cependant, en ce 16 décembre 1998, une question le marqua plus qu'aucune autre. Posée par Carmen Brunton :

— Elle m'a regardé droit dans les yeux et m'a demandé : « C'est lui qui l'a tuée ? »

David savait qu'elle parlait de Ron Reynolds, mais il connaissait à peine cet homme et n'aurait pu répondre en ce 16 décembre. Néanmoins, il avait bien l'intention de trouver tous les éléments permettant de déterminer les circonstances de cette mort terrible.

— Vous êtes resté proche de Barbara Thompson ? demanda Ferguson.

— Depuis plus de dix ans.

Le moment était venu pour John Justice de commencer son contre-interrogatoire.

— Combien de temps s'est-il écoulé entre les deux mariages de Ronda ?

— Je ne sais pas trop, peut-être un mois et demi ou deux. Nous n'avions plus beaucoup de contacts depuis décembre 1997… elle allait épouser Ron en janvier. Je sais qu'elle était très déçue quand elle a compris que son deuxième mariage était raté.

— Vous saviez où elle en était sur le plan financier ?

— Elle n'avait pas beaucoup accès à l'argent. Même si elle voulait retirer des espèces, elle devait demander à Ron de l'accompagner. Elle m'a dit avoir investi quinze mille dollars dans sa maison.

Le juge Hicks demanda pourquoi il avait jeté les munitions par terre ou sur le lit au lieu de les ranger dans un tiroir, mais Bell ne sut quoi répondre. Il se rappelait seulement avoir remis l'arme déchargée dans son étui et avoir rangé le tout dans un tiroir, sous le matelas à eau, un tiroir grinçant difficile à ouvrir.

— Où sont passés les objets que vous aviez mis dans votre camionnette ?

— Nous les avons rapportés dans la maison.

Comme tous ceux qui connaissaient bien Ronda – sauf, peut-être, Cheryl Gilbert –, Dave Bell ne pouvait l'imaginer envisageant le suicide. La dernière nuit de sa vie, elle avait été tiraillée, hésitant sur la meilleure décision à prendre. Elle voulait tant retrouver sa famille, mais avait aussi tellement peur qu'il n'arrive quelque chose à ses trois chiens…

Alors, se tuer ? Certainement pas. À l'évidence, elle n'aimait plus Reynolds. Elle était prête pour une autre vie, elle avait des projets, et David Bell était certain qu'aucun ne consistait à se suicider.

À la longue, ils auraient peut-être bien fini par se retrouver. Et il avait suffi d'une balle pour mettre fin à cet espoir.

28

Durant cette évocation de la vie et de la mort violente de Ronda, la douleur de Barbara Thompson n'était pas seulement mentale, mais aussi physique. Les ligaments d'une épaule complètement déchirés, elle souffrait le martyre mais préférait ne rien en dire à personne. Elle s'était juré d'attendre la fin de cette audience avant de subir l'intervention chirurgicale dont elle avait tant besoin. Elle emportait constamment de lourds dossiers avec elle ainsi que l'énorme classeur blanc où elle avait rassemblé ses propres documents sur Ronda – mais elle s'arrangeait pour que personne ne s'aperçoive de sa difficulté à les soulever. Et elle était une fois de plus venue en voiture à travers les montagnes, ce qui lui devenait pénible.

Elle avait pris l'habitude de souffrir : plus d'une fois, elle avait été renversée par des chevaux ou du bétail. Mais elle n'avait jamais lâché prise, et n'allait pas commencer maintenant.

Elle s'inquiétait sans cesse pour sa mère. À près de quatre-vingt-dix ans, Virginia souffrait du cœur. Elle déclinait rapidement. Plusieurs fois par jour,

Barbara appelait l'infirmière pour savoir où en était sa mère, et chaque fois ou presque les nouvelles étaient plus mauvaises. Il fallut transporter la vieille dame à l'hôpital, où elle refusait de s'alimenter. Barbara n'en culpabilisait que davantage de ne pas se rendre à son chevet. Chaque fois que le téléphone sonnait, elle redoutait de s'entendre annoncer son décès.

Cependant, Barbara savait ce que la grand-mère chérie de Ronda désirait par-dessus tout : qu'elle reste coûte que coûte à cette audition, qui pourrait ouvrir la voie à la vérité.

*
**

Royce Ferguson fit ensuite venir Robert Bishop à la barre. C'était le deuxième adjoint arrivé sur la scène du décès de Ronda Reynolds, trois minutes après Gary Holt.

Bob Bishop avait passé treize années dans la police avant de changer de métier. C'était un homme de haute taille, brun et costaud, qui s'exprimait d'une voix calme. Il déclara être devenu responsable de la production chez un fabricant local après avoir démissionné de la police « pour raisons personnelles ».

Si Holt penchait pour le suicide, Bishop n'en était pas si sûr. À son arrivée, les trois fils Reynolds avaient déjà quitté la maison : Holt leur avait donné l'autorisation de se rendre chez leur mère. Personne ne savait ce qu'ils avaient vu ou entendu pendant la nuit et aux premières heures de l'aube.

À ce moment, Holt interrogeait Ron dans la

cuisine, et ce dernier racontait que Ronda et lui se trouvaient au lit à 4h30 du matin, et qu'il essayait de l'empêcher de se faire du mal. Exténué, il avait fini par s'assoupir pour ne se réveiller qu'à 6 heures et constater son absence.

Il l'avait cherchée à travers toute la maison, en commençant par la cuisine car il avait pensé qu'elle était peut-être en train de nourrir les chiens. Finalement, il avait découvert son cadavre, dans le « dressing fermé ».

— Je n'ai pas entendu le coup de feu, avait aussi dit Ron Reynolds. (Et il le répéterait des dizaines de fois au cours des années suivantes.) Parce que les portes du dressing et de la salle de bains étaient toutes les deux fermées.

Bishop attesta qu'il avait examiné le corps de Ronda.

— Elle était étendue sur le côté gauche, la main droite sous une couverture. Je n'ai pas vu l'oreiller… et je n'ai pas noté où se trouvait sa main gauche.

Pourtant, de l'avis de Bishop, quelque chose « clochait ». Ron Reynolds paraissait « calme et ayant toute sa tête, sans émotion particulière ».

Bishop témoigna avoir vu la bande de peau blanche sur son annulaire gauche, et avoir trouvé son alliance dans un porte-savon de la salle de bains familiale. Il avait aussi eu l'impression que quelqu'un y avait pris une douche au cours de l'heure précédente.

— Avez-vous une opinion sur ce qui est arrivé à Ronda Reynolds ? demanda Royce Ferguson.

— Je ne crois pas que c'était un suicide.

*
**

À 11h43, en cette fin de matinée du deuxième jour d'audition, Jerry Berry était appelé à la barre des témoins par Royce Ferguson. En veste et pantalon de sport, chemise blanche et cravate, chaussé de santiags, il avait l'air d'un cow-boy sur son trente et un. Il ne lui manquait que le Stetson. À son bon visage, on comprenait pourquoi Barbara Thompson lui avait toujours fait confiance.

Jerry Berry commença par évoquer ses années dans la police, entre autres, les vingt-trois enquêtes pour meurtre auxquelles il avait participé de 1995 à 2001. Mais, à partir de la mort de Ronda, en désaccord avec ses collègues et désapprouvé par ses supérieurs, il comprit qu'il n'y ferait pas carrière.

— Après avoir recommandé l'intervention de Vernon Geberth à notre chef adjoint, Joe Doench, j'ai vu tout s'écrouler autour de moi. Doench était furieux parce que Geberth avait souligné des erreurs dans l'enquête sur la mort de Ronda Reynolds et nous avait ridiculisés.

— Que s'est-il passé ensuite ? demanda Ferguson.

— Je n'avais plus le droit de travailler sur l'affaire Reynolds. Et si quelqu'un m'en parlait, je devais immédiatement le dénoncer à Doench. J'ai été rétrogradé à la circulation et je devais me faire suivre par un psy. Tout ça du jour au lendemain.

Bientôt, cela devint invivable.

— Alors j'ai fini par donner ma démission.

Jerry Berry n'abandonna pas l'affaire pour autant. Trop entêté pour baisser les bras. Pas question de laisser passer une erreur judiciaire, même si ça devait lui coûter sa carrière.

Berry confirma qu'il était arrivé chez les Reynolds à 8h50 ce 16 décembre, après que l'inspecteur Neiser l'eut appelé pour lui demander un deuxième avis. Même Joe Doench trouvait que des « trucs » ne collaient pas.

— Il m'a dit que le mari semblait « trop calme », et qu'il y avait d'autres choses aussi, mais sans préciser. Il m'a conduit auprès du corps, et m'a dit avoir enlevé le revolver pour une question de sécurité. C'était déjà un suicide dans son esprit... pas une enquête sur une mort suspecte. En fait, il aurait fallu traiter les lieux comme une scène de crime... jusqu'à preuve du contraire.

Berry ne comprenait pas que l'arme ait été retirée.

— Ils avaient pris des photos... mais je n'ai jamais pu prendre mes propres clichés sur l'emplacement de l'arme après le coup de feu.

— Qui a fait quoi sur les lieux ? interrogea Royce Ferguson.

— Au cours de la première heure, Neiser a procédé à des interrogatoires dans le living pendant que j'examinais les lieux. La marque laissée par le revolver sur le front de Ronda était profonde. Les signaux clignotaient partout... tant de divergences...

— Quel genre de divergences ?

— Le message au rouge à lèvres sur le miroir de la salle de bains... alors que tout son maquillage était rangé dans les bagages. Neiser a dit que l'arme était « près » de sa main gauche, mais cette main agrippait la couverture. Elle n'aurait pas pu tenir une arme.

— Autre chose ?

— Ron Reynolds a dit avoir gardé sa femme au lit près de lui jusque vers 4h30… Seulement il n'y avait de traces que du côté gauche… pas sur le droit. La bouteille de Black Velvet était là, vide. Pourtant Ronda n'avait pas d'alcool dans le sang. Le dressing ne mesurait qu'un mètre cinquante sur un mètre quatre-vingts, et les vêtements qui y étaient pendus, les diverses boîtes le rapetissaient encore. La porte s'en ouvrant sur l'intérieur, impossible de la refermer car Ronda la bloquait avec ses jambes.

— Quelle était la distance entre le corps et le côté gauche du lit ?

— Trois mètres, trois mètres cinquante…

— Pourtant, Ron Reynolds n'a pas entendu le coup de feu ?

— Il prétend que non… Il dit n'avoir rien entendu jusqu'à ce que son réveil sonne.

— Avez-vous discuté avec le coroner Terry Wilson à propos de ces « signaux » que vous avez vus ?

— Il n'a jamais voulu en parler.

Berry ajouta que Carmen Brunton, arrivée sur les lieux dès ce premier matin, pensait que le message laissé sur le miroir avait été écrit par une personne gauchère.

— Autre chose ?

— Les lettres se trouvaient à hauteur de mes yeux, et je mesure un mètre quatre-vingts. En principe, les gens écrivent sur les tableaux ou sur les murs à hauteur de leurs yeux. Et Ronda était beaucoup plus petite que moi.

Il était lui-même gaucher, alors que Ronda était

droitière – même si Ron l'avait oublié. Cela dit, Carmen Brunton n'était pas experte en graphologie.

— Où sont vos photos de la scène du décès ? s'enquit Ferguson.

— Je ne saurais vous dire. J'en ai pris beaucoup, mais elles ont disparu. Je croyais qu'elles se trouvaient dans les archives au bureau du shérif… mais non. Je ne les ai pas.

Il précisa que, peu après, Barbara Thompson avait réclamé tous les documents auxquels elle avait légitimement accès.

— Finalement, elle en a obtenu quelques-uns, mais quand j'ai regardé ce qui avait été classé comme photos de scène du décès, j'ai dit : « Mon Dieu, Barbara… Ce n'est pas ça ! Celles-ci ont été prises un an plus tard. »

Il raconta l'interminable bataille qu'il avait dû livrer.

— Au début, la plupart des enquêteurs estimaient que la mort de Ronda était un homicide. Même Joe Doench penchait dans ce sens. Pourtant, tout ça a vite changé. Je me rappelle encore Dave Neiser clamant : « Comptez sur Jerry Berry pour en faire un meurtre ! »

Il apparut dès lors que tout le bureau du shérif du comté de Lewis croyait à la thèse du suicide, ce qui n'entama en rien la détermination de Barbara. Elle avait trouvé tous les numéros de téléphone de Jerry et l'appelait sans cesse. Il se souvenait de l'avoir entendue déclarer qu'elle était prête à admettre le suicide pourvu qu'on le lui prouve.

Il se retrouva bientôt aussi impliqué dans cette enquête que la propre mère de Ronda.

— Barbara Thompson vous a-t-elle payé pour votre travail sur l'affaire ? le questionna Ferguson.

— Pas un sou. Je ne lui ai jamais rien demandé.

Jerry Berry précisa qu'il avait encore vingt et une questions brûlantes à poser.

D'après les Drs Selove et Donald Reay, les médecins légistes du comté de King, la paralysie de la victime avait dû être instantanée.

— Comment aurait-elle pu glisser la main, ou les mains, sous la couverture ? demanda Berry.

Et que signifiait son ongle cassé ? Ronda était une femme toujours impeccable. David Bell n'avait rien remarqué de spécial sur ses mains le dernier soir de sa vie ; pourtant, au matin, cela sautait aux yeux. Pourquoi n'avait-elle pas limé son ongle avant d'aller prendre l'avion ?

Peut-être parce qu'elle n'avait pas pu.

Royce Ferguson reprit un à un la vingtaine de signaux qui avaient alerté Jerry Berry. Les jurés se penchèrent vers l'ex-policier pour mieux entendre ses réponses.

— Avez-vous parlé aux trois jeunes fils de Ron Reynolds qui se trouvaient dans la maison de Twin Peaks Drive la nuit du 15 au 16 décembre ?

— J'aurais bien voulu, mais le sergent Austin m'a dit de laisser les avocats de Reynolds s'en charger.

Lesquels avocats avaient également tenté de persuader les enquêteurs du comté de Lewis de classer l'affaire. Cela n'avait rien d'étonnant en soi, mais Berry se sentit presque découragé en découvrant que le bureau était tenté de les suivre dans cette voie.

Autre question : comment Reynolds, qui prétendait avoir le sommeil trop léger pour laisser les chiens dormir dans la chambre, n'avait-il pas entendu le coup de feu ? Et ses fils ?

— Les résidus de poudre prélevés sur la main de Ronda étaient présents, mais en très petite quantité. Le sergent a renoncé à ces prélèvements, qui ne prouvent pas grand-chose. Mais pourquoi une candidate au suicide ôterait-elle ses empreintes des cartouches avant de charger son arme ? Pourquoi l'arme en question n'en comportait-elle pas non plus ? Ronda l'avait pourtant manipulée plus tôt dans la soirée, ainsi que David Bell.

Leurs empreintes à tous deux auraient dû se trouver sur les munitions et sur l'arme. Quelqu'un les avait donc effacées. Pour quelle raison ?

Jerry Berry était resté à la barre de 11h30 à 15h32, après une heure de pause pour le déjeuner. Dehors, il commençait à tomber de la neige fondue.

Lors de son contre-interrogatoire, John Justice aborda la conversation téléphonique de quatre-vingt-quatre minutes entre Ron et Ronda en fin d'après-midi, le 15, alors que Ron revenait d'un rendez-vous chez son médecin à Olympia. Nul ne savait vraiment de quoi ils avaient parlé, bien que Ron ait affirmé qu'elle était alors bouleversée, suicidaire – mais qu'elle s'était calmée le temps qu'il arrive à Toledo. Si l'avocat comptait montrer par là à quel point Ron Reynolds avait fait preuve de compassion, cela parut tomber à l'eau dès que fut évoquée l'image du directeur d'école mangeant un hamburger puis fêtant Noël à l'école alors que sa femme venait – selon lui – de parler suicide.

Quand il demanda si un graphologue avait examiné le message sur le miroir de la salle de bains, Berry répondit que oui et qu'il en avait été conclu que c'était sans doute là l'écriture de Ronda.

Justice ne demanda pas à faire comparaître cet expert.

Il reparla du flacon de Zoloft et, là encore, Berry s'en souvenait. Le médicament avait été prescrit en mai 1998, sept mois avant la mort de Ronda, et il restait de nombreux cachets dans le flacon.

— Et pour l'heure de la mort comparée à la rigidité, le Dr Reay n'a-t-il pas fait une remarque ?

— Si.

Et Jerry Berry de répéter l'observation du légiste, à savoir qu'il serait très inhabituel, pour une personne aux articulations paralysées par la rigidité cadavérique, que la mort ne remonte qu'à une heure.

— Mais, continua-t-il, il a précisé que ce ne serait pas impossible pour le…

— Pas d'autre question ! le coupa Justice.

*
**

Le mardi, à 16 heures, le tribunal attendait que le juge Hicks suspende la séance, mais rien ne venait.

Les bancs nous semblaient durs comme de l'acier ; beaucoup d'entre nous avaient hâte de filer se reposer à la maison ou au motel. Le Kit Carson Restaurant nous attendait, avec ses poulets grillés, ses côtelettes juteuses, ses rôtis, ses portions généreuses et ses tartes à la noix de coco.

Mais le juge Hicks ne donnait aucun signe de

lassitude. Marty Hayes prit la place de Jerry Berry à la barre.

Excepté leur obsession de découvrir la vérité, les deux hommes pouvaient difficilement être moins semblables. Là où Berry semblait calme et parlait doucement, Hayes, barbe et grosse voix, se montrait grandiloquent. Il respirait l'aisance et quittait souvent sa place pour s'adresser directement aux jurés. Et ceux-ci paraissaient fascinés. (Après l'audition, plusieurs d'entre eux l'élurent parmi leurs témoins « préférés ».)

Aussi un ange passa-t-il lorsque l'avocat de la défense contesta son titre d'expert en investigation criminelle – et en armes à feu.

Le juge Hicks convint que Hayes n'avait peut-être pas assez d'expérience comme enquêteur mais rappela qu'il avait enseigné durant vingt années. Ainsi avait-il étudié le recul d'un Rossi à l'aide d'un revolver semblable et en se servant d'un sac de sable pour représenter la tête de la victime. Il avait tiré dix-huit fois dessus, en repositionnant trois fois sa main sur l'arme. L'emplacement de la blessure de Ronda ne correspondait à aucune de ces positions. Après quoi, il eut recours à l'assistance de sa femme, Gila, pour mesurer le niveau de décibels d'une arme à feu à trois mètres d'un lit. Ron Reynolds prétendait avoir entendu son réveil, mais pas la détonation. C'était un des principaux points litigieux pour tous ceux qui s'interrogeaient sur la mort de Ronda Reynolds.

Marty Hayes exécuta ce test en mesurant les décibels de bruits divers : une sonnerie de téléphone, une de réveil et un coup de feu. Une conversation tourne autour de 58 à 72 décibels, un réveil qui sonne à 62, et un poste de télévision en pleine puissance ne dépasse pas 65 décibels.

Combien de décibels peut produire un coup de revolver ?

— Entre 120 et 130, répondit Hayes. Et rappelez-vous que 70 donne une impression deux fois plus forte que 60, 80 deux fois plus que 70, et 100 deux fois plus que 90.

Il avait essayé dans son champ de tir le son d'une arme au canon fortement pressé contre la tête d'un mannequin puis d'une autre, canon juste posé.

Arme appuyée fermement	Arme juste posée
114	129
92	127

Et puis Hayes avait recommencé en fermant la porte.

Appuyée fermement	Juste posée
97	101

D'où il tira la conclusion qu'un coup de feu faisait plus de bruit qu'un poste de télévision allumé à fond, qu'une sonnerie de réveil ou qu'une conversation susceptible de tirer quelqu'un du sommeil à moins de trois mètres. Certes, le bruit diminuait légèrement les portes fermées, mais il était avéré que la position des jambes de Ronda empêchait la fermeture de la porte du dressing.

— Toutes ces analyses m'ont prouvé que Ronda Reynolds ne pouvait avoir tiré de la main droite à travers l'oreiller, pour se retrouver avec l'arme contre sa tempe. En revanche, les photos de la scène donneraient plutôt à penser que l'arme avait été placée sur son front par une autre personne. Et le coussin pouvait avoir été placé sur sa tête pour étouffer le son.

Hayes appuya sur sa tempe droite le revolver déchargé, afin de montrer différents angles de tir. Pourquoi les trous faits par le coup de feu dans le coussin ne correspondaient-ils pas avec la marque de blessure dans la tête de Ronda ?

À moins que son ou ses tueur(s) n'ai(en)t pu supporter de la regarder mourir.

Le mercredi matin, Marty Hayes revint à la barre des témoins. Il expliqua avoir tenté de recréer la position de l'oreiller qui couvrait le visage de Ronda.

— Quand je le tenais appuyé contre le revolver, ça ne marchait pas parce que la taie se coinçait entre le chien et le percuteur et que l'arme ne fonctionnait plus. J'ai dû éloigner un peu le coussin du canon.

Certes, le coussin aurait pu servir à étouffer le bruit, mais les marques de brûlures ne correspondaient pas avec cette position. Marty Hayes essaya alors de tirer sans le coussin pour vérifier quelle différence cela ferait au niveau du bruit.

Ce fut encore son épouse, Gila, qui l'assista et nota les résultats.

Sans le coussin	Avec le coussin
112	91
113	83
94	86

Pour appuyer ses dires, Hayes se rapprocha du jury, parlant de plus en plus fort, au point de presque crier – ce qui produisit un bruit énorme dans le tribunal. Le compteur de décibels l'enregistra. Pourtant, il était loin de faire autant de raffut qu'un seul coup de feu.

La démonstration fut des plus efficaces. Était-il possible que Ron Reynolds – ni personne dans la maison – n'ait entendu le coup de feu ?

*
**

Marty Hayes avait prévenu Barbara Thompson qu'il pourrait avoir besoin de projeter quelques photos du corps de Ronda, afin que les jurés appréhendent mieux l'affaire.

Au bout de onze ans, elle avait appris à dominer les émotions qui la prenaient à la gorge et lui mouillaient les yeux. Elle avait lu, analysé et mémorisé les plus horribles détails sur la mort de sa fille. Elle connaissait les photos de sa fille à la morgue et avait appris à en supporter la vue, au point de les diffuser sur son site « Justice pour Ronda ». Si cela pouvait aider à résoudre l'affaire…

Pourtant, quand elle vit arriver des agrandissements ensanglantés, elle comprit qu'elle ne pourrait le supporter. Tous ces gens qui allaient regarder sa pauvre enfant – ces jurés, ces inconnus dans la salle…

Le visage baigné de larmes, elle murmura quelques mots à Royce Ferguson puis se précipita au-dehors. Elle ne s'était pas attendue à la puissance de l'émotion qui l'assaillait soudain.

Le visage de Ronda apparut, défiguré par un rideau de sang. L'orifice d'entrée se trouvait juste sur son oreille droite, mais le sang empêchait d'en voir l'emplacement exact. Son pyjama imprimé de petites roses était taché. Sur les photos de la morgue, Ronda était nue et on avait lavé son visage ainsi que ses cheveux. Il était facile de voir les lividités initiales qui avaient marqué sa peau blanche dès que son cœur avait cessé de battre, et les secondaires, d'un rose plus pâle, apparues quand on l'avait placée sur le dos en attendant l'autopsie.

Une demi-heure plus tard, une fois toutes les photos passées, l'écran redevint blanc et Barbara rentra dans le tribunal, une boîte de mouchoirs à la main. Elle n'avait pas voulu pleurer, pourtant, les larmes avaient jailli malgré elle.

Cependant, elle se promit de ne plus se laisser aller.

29

Le contre-interrogatoire de Marty Hayes par John Justice commença dès 13h45 le jeudi après-midi. Il l'attaqua immédiatement sur son manque d'expérience en tant qu'enquêteur.

— Avez-vous déjà contribué à des enquêtes sur des affaires de suicide ou d'homicide ?

— Non.

— Témoigné dans un tribunal ?

— Non.

Le contre-interrogatoire de Marty Hayes s'arrêtait là, mais la cour avait encore des questions à lui poser.

— Ronda Reynolds pouvait-elle avoir enveloppé le revolver avec la couverture ? Cela expliquerait-il l'absence d'empreintes ?

— Non, répondit Hayes. L'arme serait retombée… au lieu de remonter vers le front. Le recul suit le chemin de la moindre résistance. La position de Ronda n'était pas adéquate.

La trajectoire de la balle semblait elle aussi bizarre : elle était entrée légèrement en avant de l'oreille droite de Ronda, pour s'arrêter un peu avant le centre de la tête, au lieu de descendre vers l'occiput.

On n'était qu'au milieu de l'après-midi. Pourtant, le juge Hicks annonça que la séance était levée jusqu'au lundi matin, laissant à tous le vendredi pour se reposer.

Le lundi suivant, Royce Ferguson n'avait plus qu'un témoin à appeler : le Dr Jeffrey M. Reynolds. Avec ses superbes cheveux blancs qui dansaient sur son col, Reynolds évoquait plutôt le stéréotype du professeur de littérature anglaise qu'un médecin légiste. Pourtant, il avait un bilan impressionnant dans sa spécialité : depuis 1989, il était le légiste itinérant pour huit comtés des États de Washington et de l'Idaho et avait procédé à deux mille autopsies.

— Si on vous avait dit que la mort de Ronda Reynolds était un suicide, commença Royce Ferguson, auriez-vous été d'accord ?

Le témoin se frotta le front en secouant légèrement la tête.

— C'était un décès très insolite, répondit-il. Les femmes se tirent rarement une balle dans la tête.

Mais il avait une autre raison de douter des conclusions du coroner et des enquêteurs du shérif.

— Une blessure temporale volontaire se situe presque toujours de l'autre côté de la tête. Celle-ci était très bizarre. La balle n'a pas traversé le centre du cerveau ; elle est descendue.

— C'est inhabituel ? insista Ferguson.

— C'est à peu près impossible pour la victime de tirer de cet angle.

Le Dr Reynolds pointa une arme déchargée sur sa

propre tête, ainsi que l'avait fait Marty Hayes. Son poignet se tordit bizarrement alors qu'il essayait de viser le bas de la tête. Sa main se courba presque complètement sur son poignet.

— L'angle de la trajectoire est faux, affirma-t-il.

En quoi il rejoignait la théorie de Hayes. Il continua en ce sens :

— Il faut une pression d'un kilo et demi pour appuyer sur la détente. Avec une main droite aussi tordue, je ne crois pas qu'elle y serait parvenue. Et puis il y avait une empreinte trop profonde sur l'orifice d'entrée.

— La mort en serait-elle instantanée ou non ?

— Le cerveau est percuté par la balle puis par le gaz et par l'air surchauffé qui suivent. Il se plombe instantanément. Le sujet ne peut plus bouger, même si le cœur bat encore – une dizaine de minutes au plus, ce qui laisse au sang le temps de se répandre sous sa tête. Alors se forment les lividités initiales. Dans le cas présent, il y en a eu de secondaires quand le corps a été remué, des heures après la mort. Nous avons donc ici une double lividité.

— Ron Reynolds a déclaré avoir vu sa femme vivante entre 4 h 30 et 5 heures du matin, et avoir appelé les secours à 6 h 20, commença Ferguson. Pouvait-elle déjà présenter des lividités au bout d'une heure et vingt minutes ?

— Elle devait être morte depuis trois heures au moins pour que les premières lividités deviennent fixes.

— La couverture électrique pouvait-elle faire une différence dans le degré de rigidité cadavérique ?

— Aucune. La rigidité arrive quand les muscles

n'ont plus d'oxygène. Ça commence souvent par la mâchoire, dans les deux heures qui suivent la mort.

— Alors vous estimez qu'il ne s'agissait pas d'une blessure volontaire ?

— Non. Dans aucun suicide, je n'ai vu une trajectoire de balle qui ne traverse pas la médiane.

— À quelle heure estimez-vous la mort de Ronda Reynolds ?

— Environ quatre ou cinq heures avant qu'on la découvre. Peut-être même six.

Ronda avait donc dû trouver la mort entre 0 h 30 et 2 h 30 du matin.

*
**

Tout le monde dans la salle, médias et jurés, attendait avec impatience le témoignage du coroner Wilson. Tous s'interrogeaient sur la stratégie qu'allait adopter son avocat pour prouver que son client ne s'était pas montré négligent dans l'accomplissement de sa tâche.

Les jurés avaient encore quelques questions à poser avant la pause-déjeuner, en ce lundi 9 novembre. Ils voulurent revoir la photo de Ronda gisant dans le dressing, les traces de lividité sur ses jambes. On leur dit qu'ils pourraient voir toutes les photos quand ils se retireraient pour délibérer.

— Ronda Reynolds avait-elle les mains meurtries… comme si elle avait tiré le coup de feu ? demanda un autre juré.

— Non.

— Est-ce qu'il y avait des traces de ce médicament, le Zoloft… ou d'autres drogues dans son sang ?

— Non.

Il flottait une atmosphère d'expectative quand les spectateurs et les participants revinrent après le déjeuner, à 13 h 30, cherchant des yeux le coroner Terry Wilson ou son assistante Carmen Brunton, qui allaient sans doute être tous deux appelés à témoigner.

Mais seule Carmen Brunton était présente. Lorsque le juge Hicks se tourna vers John Justice pour lui demander d'appeler son premier témoin, celui-ci dit qu'il n'en avait pas.

Un murmure parcourut la salle.

Sans doute était-ce plus avisé de la part de l'avocat. Terry Wilson n'était pas tenu de prouver son innocence. Il n'avait même pas besoin d'être présent au tribunal. Pourquoi aurait-il affronté un contre-interrogatoire de Ferguson ? En revanche, on s'étonnait que Justice ne fasse pas venir Carmen Brunton à la barre.

C'était comme si l'audience se terminait en queue de poisson. Au bout de onze années, les habitants du comté de Lewis et des alentours voulaient savoir ce que le coroner avait à dire. Les débats auraient dû, en principe, mener au meurtrier de Ronda – si meurtrier il y avait. Alors, à présent, qu'en conclure ?

Le juge Hicks ne perdit pas de temps pour donner des instructions aux jurés. Après les plaidoiries, ils devraient se retirer pour délibérer. Tout s'était passé si vite qu'ils pourraient bien donner un verdict le soir même – au plus tard le lendemain.

L'huissier transmit au jury le règlement du tribunal pendant que le juge rappelait qu'il avait la responsabilité de déterminer si Terry Wilson s'était montré « arbitraire et fantasque » dans son appréciation du décès de Ronda Reynolds – et s'il était rigoureux ou non dans ses conclusions. Il expliqua aussi que les jurés devaient prendre leur décision en se basant sur les preuves qui leur avaient été présentées durant l'audience.

— Votre opinion personnelle ne doit pas entrer en ligne de compte, pas plus qu'aucun témoignage non officiel. Envisagez toutes les preuves dans chaque témoignage. Oubliez mon opinion… s'il vous semble que j'aie pu en exprimer une. N'oubliez pas que les déclarations des avocats ne sont pas des preuves. Ne laissez pas vos propres émotions prendre le dessus.

Il précisa la mission de Terry Wilson.

— Le coroner doit déterminer à la fois la cause et les circonstances de la mort.

La cause de la mort est la méthode utilisée : strangulation, noyade, coup de feu, matraquage, etc. Les circonstances de la mort peuvent être : indéterminée, homicide, suicide, intervention intentionnelle d'une tierce personne, ou accidentelle, entre autres.

Les jurés allaient recevoir le carnet blanc où Barbara Thompson avait rassemblé ses notes ; il avait été accepté comme preuve. Toutefois, le juge les prévint que certaines informations provenaient de non-spécialistes.

— Le coroner Terry Wilson a eu ce carnet entre les mains… et a conclu que Ronda Reynolds s'était suicidée. Mme Thompson doit prouver le contraire… ou que Wilson était bien « arbitraire et fantasque ». Ne cédez pas aux autres jurés si vous êtes honnêtement convaincus d'une chose. La mémoire est plus fidèle que les notes… je vous l'ai dit dès le début. Élisez-vous un président. Dix jurés doivent être d'accord sur chaque question du formulaire. Quand vous aurez répondu à toutes, le président préviendra l'huissier que vous êtes parvenus à un verdict.

Personne dans la salle ne s'était rendu compte qu'on était si proche de la résolution. Mais il fallait d'abord entendre les plaidoiries. Bien qu'elles se basent plus sur des opinions que sur des faits, ces dernières peuvent parfois retourner un jury.

30

Royce Ferguson commença sa plaidoirie.

— Quel aurait été le témoignage de Ronda si elle avait été là ? Terry Wilson est là, mais nous n'avons pas eu droit à son point de vue.

Il demanda comment les jurés pourraient se mettre d'accord sur un drame auquel ils n'avaient pas assisté. Et sa réponse fut simple :

— Le bon sens.

Les jurés devaient faire appel au bon sens pour évaluer si certains suspects s'étaient trouvés sur la scène du décès, et pour considérer les circonstances, le comportement, les faits contradictoires, l'attitude ou la déposition des témoins. Ils devaient se poser la question suivante : « Qu'est-ce que ça représente pour eux ? », en se référant aux diverses personnes intéressées dans cette affaire.

— La couverture pourrait-elle avoir servi pour nettoyer le revolver ? demanda-t-il avant de répondre à sa propre question : Oui… il y en avait une fibre dans l'arme.

Jerry Berry avait vu du sang sur une balle et il avait gardé l'arme avec soin pour y préserver toute empreinte éventuelle. Après quoi, le laboratoire était intervenu. Sans résultat.

— Terry Wilson ne s'est pas rendu sur les lieux, ne s'est pas entretenu avec l'équipe du shérif, ni avec Barbara Thompson jusqu'en 2008, continua Ferguson. Les empreintes ont été massacrées. Ils en avaient peut-être assez d'écouter Barbara…

— Ron Reynolds a dit que Ronda était morte entre 5 heures et 6 h 20, mais les doubles lividités montrent que le décès est survenu entre minuit et demi et 5 heures du matin.

Pourtant, Terry Wilson avait refusé de le reconnaître en expliquant : « Je ne peux pas dire ça, ce serait accuser Ron Reynolds de l'avoir tuée. »

Étrange. Pourquoi Ron était-il mis d'office à l'abri ? Ferguson laissa entendre que le bureau du shérif ne voulait pas reconnaître qu'il manquait d'argent ou de ressources pour enquêter davantage – ils avaient donc décidé de classer la mort de Ronda en suicide.

De plus, Ronda représentait un atout financier pour Ron ; elle avait travaillé dur et souscrit une assurance-vie de cinquante mille dollars, dont son époux avait réglé l'échéance après sa mort.

— Il a encaissé la somme un an plus tard, rappela Ferguson.

Il avait aussi essayé de récupérer les sept mille cinq cents dollars qui revenaient à Ronda après la vente du ranch Liburdi. (Ronda avait stipulé que cette somme devrait aller directement à sa mère pour lui rembourser une partie de son prêt destiné à l'achat de la maison de Twin Peaks Drive, où elle vivait avec son mari Ron.)

Ferguson rappela aussi que Ron Reynolds avait dit aux adjoints avoir trouvé l'étui du revolver près des toilettes la nuit du 15 au 16 décembre et l'avoir remis dans le tiroir sous le lit.

— En fait, les inspecteurs n'ont jamais trouvé cet étui. Alors M. Reynolds a précisé l'y avoir rangé après. Deux ans plus tard, il a dit à Glade Austin qu'il s'était trompé.

Certains enquêteurs avaient déclaré que l'arme se trouvait dans la main gauche de Ronda, d'autres entre ses mains, et Bob Bishop l'aurait vue sur son front. Personne ne pouvait vraiment affirmer où l'arme se trouvait, parce que Dave Neiser l'avait enlevée – avant même qu'on ait pu en prendre une photo.

Le juge Hicks ordonna une pause pour le déjeuner, mais rares furent ceux qui quittèrent le tribunal. À 15 h 20, Royce Ferguson reprenait sa plaidoirie.

— Ron Reynolds a donné trois réponses différentes à propos de la bouteille de Black Velvet dans la chambre quand on lui a demandé si Ronda y avait bu : « Oui… j'ai remarqué qu'elle buvait », puis : « Elle a peut-être bu » et enfin : « Je ne sais pas. La bouteille était dans la chambre… je ne l'ai pas vue boire. » Il a dit à Glade Austin s'être réveillé brièvement à 5 h 30 et avoir senti Ronda près de lui.

L'avocat soumit plusieurs questions aux jurés : combien de temps Ron avait-il attendu avant d'appeler les secours ? Jusqu'à ce que Ronda ait perdu tout son sang ? Pourquoi l'alliance de Ron était-elle restée dans la salle de bains familiale, où la vapeur d'une douche se dissipait encore ? Pourquoi Ron avait-il éteint deux fois la sonnerie de son réveil, s'accordant trente-six minutes de sommeil en plus ?

Il restait vingt et une questions essentielles, que Royce Ferguson souleva l'une après l'autre. Aucune ne correspondait avec les preuves matérielles ni les témoignages apportés.

— Jerry Berry a supplié ses supérieurs de ne pas classer l'affaire, de seulement la suspendre. L'équipe du HITS n'a même pas reçu une copie de ses questions.

Qui avait le plus d'expérience pour déterminer les circonstances de la mort de Ronda ? Le Dr Jeffrey Reynolds, médecin légiste reconnu qui avait pratiqué des milliers d'autopsies, ou Terry Wilson, simple assistant, qui ne s'était même pas rendu sur les lieux ?

— Le Dr Reynolds vous a dit qu'il était « hautement improbable » que Ronda se soit suicidée, conclut Ferguson. Je vous affirme que la prépondérance des preuves établit que Ronda Reynolds a été tuée, et c'est avec cette conclusion que je vous demande de revenir.

*
**

John Justice commença sa plaidoirie à 15h42. Il disposait de peu de munitions et ne pouvait contredire les paroles des témoins – car ni Terry Wilson, ni Carmen Brunton, ni aucun autre expert n'étaient venus à la barre pour aller dans son sens.

Dans ce procès, c'était plutôt Ron Reynolds qu'on jugeait, commença-t-il. Certes, M. Reynolds avait montré peu d'émotion au matin de la mort de sa femme, mais tout le monde ne réagit pas forcément de la même façon devant un tel choc. Certains sont bouleversés, d'autres restent stoïques. Entre ces deux extrêmes, il existe bien des degrés de chagrin.

Justice tenait, en revanche, un bon argument avec le rapport du HITS où des enquêteurs de la police criminelle dotés d'une longue expérience en étaient arrivés à la conclusion que Ronda Reynolds s'était tuée. En quoi ils rejoignaient les conclusions du bureau du shérif du comté de Lewis et de Terry Wilson lui-même.

John Justice parla moins d'une demi-heure. Il était entre le marteau et l'enclume. Il n'aurait rien à gagner à attaquer une mère en deuil et préférait ne pas aborder l'absence du coroner Wilson à l'autopsie de Ronda Reynolds, ni le fait qu'il avait pour habitude d'éviter les scènes de décès.

*
**

Soudain, l'audience prit fin. Les jurés, munis de leurs instructions, se retirèrent pour délibérer. Il faisait déjà nuit. Allaient-ils élire leur président et entamer les débats ? Ou demander à dîner avant ? Allaient-ils s'accorder d'abord une bonne nuit de sommeil ?

Ils ne se manifestèrent pas durant la première heure. Ni la deuxième. Ni de toute la nuit.

Qu'allait-il se passer au matin ?

31

Ce mardi matin, les spectateurs habituels et les médias attendaient avec impatience le retour des jurés, conscients toutefois que le verdict pourrait n'intervenir que dans plusieurs jours. À l'heure du déjeuner, nous fûmes nombreux à rester sur place. Il y avait du verdict dans l'air – et nous avions raison.

À 13 h 15, le jury annonça la fin des délibérations.

À 13 h 32, les jurés entrèrent dans le tribunal.

Le président expliqua que la décision avait une majorité de dix, ce qui convenait pour une procédure civile. Les jurés avaient répondu à ces trois questions.

1. Terry Wilson avait-il rempli correctement son office et rendu une décision appropriée sur les circonstances du décès de Ronda Reynolds ?

La réponse était « Non ».

2. La définition de suicide était-elle inexacte ?

La réponse était « Oui ».

3. Le comportement du bureau du coroner dans l'affaire Ronda Reynolds était-il « arbitraire et fantasque » ?

La réponse était « Oui ».

Après quoi, les jurés furent interrogés un à un et confirmèrent leur vote. Barbara Thompson, toujours angoissée après tant d'obstacles éprouvants, écoutait chacun d'entre eux convenir que Wilson s'était montré négligent dans l'accomplissement de sa charge en laissant s'établir des conclusions erronées sur les circonstances du décès de Ronda – la plus douloureuse pour ceux qui l'aimaient, le suicide.

La salle demeurait très calme. Terry Wilson, qui pour une fois avait fait acte de présence, mâchonnait, impavide, son chewing-gum, mais son teint rouge trahissait son énervement. Jusqu'au moment où il se leva pour sortir.

Tracy Vedder, de KOMO-TV, se hâta pour le rattraper. Elle eut juste le temps de lui tendre un micro.

— Allez-vous changer le certificat de décès, maintenant ?

— Je ferai ce que me diront mes avocats.

Et il disparut dans l'ascenseur.

Barbara pleurait – de joie, cette fois. Elle alluma son téléphone pour appeler Virginia. À l'autre bout de l'État, sa mère éclata elle aussi en sanglots. Barbara raccrocha puis prévint son fils, Freeman.

Royce Ferguson, Marty Hayes et Jerry Berry, qui avaient observé un sérieux inaltérable durant toute l'audience, se serraient maintenant la main en échangeant de larges sourires. Sans pouvoir l'affirmer, je crois même les avoir vus esquisser un pas de danse. Barbara se sentait galvanisée maintenant que le « suicide » était récusé.

Terry Wilson avait dix jours pour faire appel, mais personne ne croyait à cette éventualité.

Ronda aurait eu quarante-quatre ans, serait sans doute remariée à un homme qui l'aimerait, et peut-être mère de jeunes enfants.

32

Quinze jours après, Barbara Thompson et moi sommes retournées dans le comté de Lewis. Nous étions devenues bonnes amies et, pendant l'audience, nous étions descendues dans le même Best Western. En revanche, elle était toujours levée la première, alors que je n'arrivais au tribunal que quelques instants avant l'entrée du juge Hicks. Le soir, elle s'entretenait avec son équipe avant de s'effondrer dans son lit, épuisée. En de rares occasions, nous prenions ensemble une vodka-orange.

Dès 1998, quand j'ai entendu parler de cette jeune femme agent de police mystérieusement décédée, j'ai douté qu'elle se fût suicidée. Je reconnais volontiers que j'avais assisté à ce procès déjà persuadée que Ronda avait été tuée. En revanche, je n'avais aucune idée de l'identité du meurtrier.

Maintenant, Barbara Thompson et moi nous embarquions pour un voyage qui, nous l'espérions, allait nous permettre de rassembler des informations et d'obtenir une liste des suspects. Alors que nous filions vers l'ouest, le soleil brillait. Aussi bizarre que cela paraisse, nous avions un peu l'impression de partir en vacances, nous qui avions tendance à nous abrutir de travail et n'en prenions jamais vraiment…

La première semaine de novembre, au début de l'audience, le juge Hicks avait dit aux jurés de ne parler à personne de ce qu'ils avaient entendu dans le tribunal. La procédure étant passée, ils pouvaient confier leurs impressions à qui ils voulaient. Barbara et moi dînâmes avec la moitié d'entre eux : seulement des femmes - bien qu'un homme ait aussi accepté, mais une tempête de neige dans les collines l'empêcha de se joindre à nous. Pour respecter leur vie privée, je ne communiquerai pas leurs noms.

La première fit part de son étonnement quand elle avait découvert le plan de la maison de Twin Peaks Drive, à peu près semblable à celui de la sienne.

— La chambre des parents, la salle de bains et le dressing ressemblaient aux miens, alors je n'ai eu aucune difficulté à suivre.

Toutes les jurées avaient été stupéfaites que Terry Wilson ne vienne pas témoigner. L'une d'elles résuma leur pensée.

— Quand on n'est pas coupable, on se défend.

Et puis il s'était si rarement présenté au tribunal.

— C'est un manque de respect envers le juge… mais aussi envers le jury, dit une autre.

— À votre avis, qui a été le meilleur témoin ? leur demandai-je.

Elles choisirent Marty Hayes. Ses démonstrations et ses dons dramatiques avaient retenu leur attention. La plupart n'avaient jamais assisté à un procès, et certaines s'imaginaient que l'audience se déroulerait comme dans les séries télé. Hayes ne les avait pas déçues.

Un membre du jury avait espéré qu'un indice menant au tueur allait émerger de l'audience.

— Ils ont gaspillé tout cet argent pour si peu de résultats…

Barbara n'était pas de cet avis. Elle venait de remporter une grande bataille. Et cela lui prendrait encore le temps qu'il faudrait, mais elle trouverait le meurtrier de sa fille. Penser que douze inconnus étaient parvenus à la même conclusion qu'elle la réconfortait.

*
**

Le lendemain matin, nous avons visité les lieux où Ronda avait été heureuse. Barbara m'emmena au ranch de McCleary, où sa fille avait vécu avec Mark Liburdi. C'était un coin agréable, avec une allée donnant sur les écuries et la grande prairie où les chevaux pouvaient s'ébattre en liberté. Derrière la maison coulait un ruisseau bordé de mûriers et de grands pins.

Je sentais presque la joie de Ronda en regagnant ce havre de paix après une longue nuit de patrouille. À gauche de la prairie apparaissait une zone clôturée.

— C'est à Mark, m'expliqua Barbara. Son coin secret. On ne la voit pas, mais il y a une petite cabane dans le fond. Je sais qu'il en est toujours propriétaire.

Dans le comté de Grays Harbor, nous avons découvert le ranch de Glenda et Steve Larson ;

l'ancienne demoiselle d'honneur de Ronda pour son mariage avec Ron Reynolds nous ouvrit la porte de la cuisine, ravie de revoir Barbara. Son mari, shérif adjoint du comté, nous rejoignit rapidement et nous régala de l'histoire des garçons sur le pont qui avaient jeté des pierres sur le pare-brise de Ronda – et comment tous deux avaient attrapé ces « criminels ».

J'ai ainsi appris combien les gens pouvaient aimer Ronda et aussi Barbara. Nous avons été accueillis à bras ouverts à peu près toute la journée.

Sauf une fois.

Nous nous dirigions vers Aberdeen, la ville où résidait Katie Huttula. Cinq années plus tôt, elle avait écrit à Barbara pour dire que Ronda ne s'était pas suicidée. Barbara voulait lui demander ce qu'elle entendait par là ; le moment était peut-être venu.

Ni Katie Huttula ni Ron Reynolds ne s'étaient manifestés au tribunal, ce qui n'étonnait personne, au fond. Ron avait eu droit à un congé mais avait préféré rester chez lui ; quant à Katie, on ignorait où elle se trouvait.

En entrant dans cet ancien port de pêche, il nous fut facile de voir à quel point la ville avait été frappée par la récession. Barbara prit sur la gauche, où elle était certaine de trouver le campement des mobile homes, bien qu'elle ne s'en rappelât pas l'adresse exacte.

— Le père de Katie était un homme formidable, me raconta-t-elle. Il a lâché sa pharmacie et fait tout ce qu'il a pu pour aider Katie. Il a perdu son fils Carl au Vietnam, la plus jeune sœur de Katie s'est suicidée, et j'ai entendu dire qu'il avait récemment fait une chute horrible et s'était fracturé le crâne.

Pourtant, Blake Huttula avait acheté ce mobile home en espérant ainsi aider Katie à remonter la pente.

Le campement apparut bientôt, bien entretenu. Chaque parcelle disposait de sa petite pelouse.

— Elle habite au 9, Meander Way, dit Barbara. Tout près de l'entrée.

Le mobile home bleu et blanc de Katie Huttula, effectivement le premier sur la gauche, était moderne, de grande taille, avec un living à l'avant, puis une cuisine, une salle de bains et deux chambres.

Et une pancarte « À vendre » sur la vitre avant.

Bien que Katie ne donnât pas signe de vie, nous allâmes frapper. Puis nous regardâmes à l'intérieur en cachant le soleil avec nos mains. Peu de meubles, aucun objet personnel. L'endroit semblait abandonné.

Pourtant, nous nous sentions observées – mais pas depuis la caravane de Katie. Des rideaux retombèrent chez les voisins. Nous demandâmes à un passant si Catherine Huttula avait déménagé. Il secoua la tête.

— Voyez au bureau… quatrième à droite.

Un homme qui se présenta comme le directeur du campement nous ouvrit.

— Oh ! expliqua-t-il, Katie est partie sur la colline, dans un de ces logements subventionnés sur Salmon Street.

Il nous sourit et referma la porte.

Naïvement, Barbara et moi repartîmes vers la

voiture. Nous avions une carte, mais impossible de trouver une Salmon Street ni aucune résidence sur les collines. Renseignements pris, personne ne connaissait cette adresse.

— Barbara, dis-je finalement, je crois que ce type sait très bien où habite Katie mais qu'il nous a menti.

— Tu dois avoir raison, murmura-t-elle en faisant demi-tour. On retourne le voir.

Cette fois, le « directeur » n'était pas là. Ce fut une femme au visage coincé qui nous ouvrit. En entendant le nom de Katie Huttula, elle haussa les épaules.

— Je n'ai aucune idée de l'endroit où elle est allée.

— Votre mari... ou le monsieur qui était là tout à l'heure... nous a dit qu'elle habitait dans un logement social sur Salmon Street. Mais nous avons dû mal comprendre.

— Ça ne me dit rien.

— Pourriez-vous nous dire où se trouve Salmon Street ?

— Non.

Et de nous claquer la porte au nez.

Au temps pour notre talent d'enquêtrices ! Pourquoi ces gens ne voulaient-ils pas dire où se trouvait Katie ?

Peut-être n'avait-elle pas payé son loyer... Ou bien ils voyaient en nous des agents de recouvrement, ou, tout simplement, ils se payaient notre tête en nous envoyant errer à travers la ville.

De toute façon, nous étions maintenant certaines

que personne ne nous dirait rien. La nuit tombait, il était temps de regagner Chehalis.

Ni Barbara ni moi ne voulions prendre contact avec les parents de Katie. Ils avaient assez souffert, ils étaient malades. Et ils ne savaient pas plus que nous où la trouver.

*
**

Barbara invita Blair Connery dans un restaurant chinois de Chehalis et, à ma grande surprise, elle accepta. Elle était extravertie et aimable, prête à parler des années passées avec Ron Reynolds. Elle s'en voulait un peu de ne pas avoir compris quel rôle elle avait joué dans sa vie. Mais, quand elle en avait eu assez de servir de bonniche bénévole, elle l'avait quitté. Heureusement, l'un de ses fils se mariait : cela lui avait donné une bonne raison de penser à autre chose.

Elle ne semblait finalement pas avoir trop souffert de ce qui s'était révélé une relation à sens unique. Elle avait gardé son sens de l'humour. Comme Ron et elle vivaient dans le même quartier, Blair l'apercevait parfois dans la rue, ou dans un magasin : elle avait alors du mal à se convaincre qu'elle avait pu l'aimer.

En fait, elle se sentait plutôt soulagée qu'il soit sorti de sa vie.

Un autre jour, nous fîmes une halte à Olympia. Dan Pearson, qui avait travaillé plusieurs années avec Ronda comme agent de sécurité, nous invita et ne se fit pas prier pour nous raconter quelques anecdotes sur leur « chasse aux malfrats ». Il en eut plusieurs fois les larmes aux yeux.

Je pris des pages et des pages de notes, et par la suite aussi, avec les agents de la brigade de police d'État qui gardaient de Ronda le souvenir d'une collègue particulièrement douée. De même, des shérifs adjoints me dirent qu'elle était toujours là pour donner un coup de main sur les routes désertes, en pleine nuit.

Barbara me passa au téléphone Judy et Larry Semanko – la sœur et le beau-frère de Ron – et je m'entretins des heures avec eux. Avec son passé de shérif adjoint et d'assistant du coroner du comté de Lewis, Larry était particulièrement bien placé pour remarquer les incohérences dans l'enquête sur la mort de Ronda. C'était lui qui était arrivé à Twin Peaks Drive le matin du 16, pour y trouver Ron occupé à emballer des cadeaux de Noël ; et lui aussi qui, alerté par une odeur de lessive, se demanda pourquoi son beau-frère lavait du linge alors que sa femme gisait, morte, dans leur chambre.

Depuis, il avait des doutes, persuadé que toutes les personnes mêlées de près ou de loin au décès de Ronda n'avaient pas toujours dit la vérité.

***

Quand je postai sur mon site Web un appel aux personnes qui avaient pu connaître Ron Reynolds ou Katie Huttula, je reçus quantité de réponses, d'appels, de lettres, d'e-mails venus de tout le pays.

Ces gens – frisant aujourd'hui la cinquantaine – avaient grandi avec eux ou les avaient croisés au lycée d'Elma. Ils n'avaient pas oublié ce couple.

Une ancienne camarade de classe me téléphona. Elle avait organisé la soirée du quarantième anniversaire des anciens du lycée, en août 2009, et n'en revenait toujours pas que Ron y participe, apparemment tout à fait à l'aise.

— Katie était là ? lui demandai-je.

— Non, et nous ne nous y attendions pas vraiment. Un de nos camarades était allé lui rendre visite dans son mobile home, l'été dernier. Nous voulions une photo de chaque participant.

Katie lui avait ouvert mais refusé mordicus de se laisser prendre en photo.

— En fait, ajouta ma correspondante, elle s'est conduite de façon complètement paranoïaque et l'a chassé de chez elle. Alors on n'a pas essayé de la mettre dans notre album.

Je ne trouvais toujours pas Katie Huttula. En cherchant sur Internet, j'avais trouvé une adresse. Je lui écrivis pour lui demander de la rencontrer – soit en personne, soit au téléphone. Deux jours plus tard, je reçus trois e-mails qui me semblaient rédigés dans une sorte de code. Je ne reconnus pas le nom de l'expéditeur et ne pus déchiffrer les messages.

Je renvoyai un e-mail, demandant si j'avais bien affaire à « Katie ». On me répondit que j'avais une fausse adresse et que personne n'y connaissait de Katie. Comme je reçois beaucoup d'e-mails, cela pouvait être une erreur. Ou non.

Je m'attaquai donc à Ron Reynolds. Je savais où il

vivait, où il travaillait, connaissais jusqu'à son numéro de téléphone – mais cela n'y changea rien. Je commençai par lui écrire un courrier classique, mais ce fut son avocat, Ray Dudenbostel, qui me répondit. Il expliqua qu'à la suite des événements tragiques vécus par son client, celui-ci ne voulait pas reparler de ce jour de décembre où il était subitement devenu veuf.

La porte demeurait close ?

*
**

Ron n'était pas le seul à refuser de me parler. Vince Parkins, ancien compagnon de Katie Huttula, semblait tout aussi impossible à localiser. Son frère expliqua que Vince avait souffert d'empoisonnement à l'arsenic mais ne voulait pas le confirmer officiellement. Il me donna son numéro de téléphone, mais quand j'appelai – à plusieurs reprises – cela sembla toujours sonner dans le vide.

Et puis il y avait les gens de Toledo qui n'aimaient pas Ronda.

— Elle voulait toujours capter toute l'attention, elle en faisait trop, prétendit une femme. Elle ne se comportait pas en bonne épouse de directeur d'école. Elle aurait dû se montrer plus digne, plus discrète.

Mais Ronda était Ronda. Elle n'avait jamais eu l'intention de jouer les dames patronnesses. Par son travail dans la force publique ou dans la sécurité, elle avait vu des choses que bien des femmes de Toledo ne pouvaient pas même imaginer. N'oublions pas que, quelques mois après son mariage avec Ron Reynolds, elle avait découvert qu'il entretenait une liaison avec son ex-femme. Si Ronda avait pris les choses trop à cœur, il lui fallut se ressaisir pour rester calme et posée, se conduire comme on l'attendait de la part d'une jeune mariée.

33

Noël 2009 eut tôt fait de passer. Barbara assumait maintenant sa victoire : douze jurés lui avaient donné raison contre le coroner Terry Wilson. Elle espérait maintenant couler des jours paisibles auprès de sa mère.

— Virginia voulait rester vivante tant que Ronda n'aurait pas obtenu justice. Depuis l'audience, ma mère semblait moins s'accrocher à la vie. Elle voulait retrouver Ronda. Parfois, je la taquinais un peu en lui disant que j'étais jalouse car elle allait revoir ma fille avant moi.

Barbara s'était juré de garder sa mère chez elle pour qu'elle meure à la maison, dans son propre lit. Elle-même passait désormais ses nuits dans le fauteuil à bascule, près de Virginia. Celle-ci ne s'alimentait presque plus, rien ne la tentait.

— Je sais que je vais la perdre, me dit un jour Barbara. Elle est prête à partir, je ne pourrai plus la retenir longtemps.

Son épaule la faisait toujours souffrir, mais cela ne l'empêchait pas de s'occuper de ses chevaux et d'entretenir sa propriété sans jamais se plaindre.

Une de ses juments allait mettre bas cet hiver, et Barbara la surveillait de près. Si certaines choses devenaient trop difficiles, il y avait toujours Freeman, prêt à venir à la rescousse.

*
**

Terry Wilson disposait de dix jours pour faire appel. Il demanda une prolongation et l'obtint. Il avait d'ores et déjà annoncé qu'il ne se représenterait pas aux prochaines élections pour le poste de coroner. Barbara savait qu'il communiquerait sa décision de faire appel ou non à la dernière minute. Mais elle espérait qu'il aurait le bon sens de passer à autre chose.

Finalement, il fit appel. Et le cauchemar recommença.

Royce Ferguson dit à Barbara de ne pas s'inquiéter : il allait s'en occuper. Comme toujours.

*
**

Virginia Ramsey s'affaiblissait de jour en jour et refusait maintenant de boire. Elle mourut le 4 février 2010.

Apparemment, elle avait décidé qu'il était temps pour elle de s'en aller. L'audience avait condamné à l'unanimité la décision de Terry Wilson de déclarer sa chère petite-fille morte par suicide : Virginia survécut trois mois à ce verdict.

Barbara avait beau s'y attendre, le choc fut rude. Il y avait tant d'années qu'elle prenait soin de sa mère ! À vrai dire, toutes deux se soutenaient. À certains moments, Barbara n'aurait pas pu continuer sans son appui : c'était toujours sa mère qu'elle appelait en premier. Maintenant, tous ses proches disparaissaient autour d'elle : sa mère, sa sœur, sa fille, son premier mari… Barbara ne savait pas où était passé Hal Thompson, il ne lui avait plus téléphoné depuis des années. Skeeter était décédé depuis presque neuf ans, et Don Hennings avait fait un AVC en octobre 2007. Il était tellement malade que Barbara l'avait amené chez elle pour mieux s'en occuper, mais il avait fini par mourir, lui aussi, en juillet 2008.

Il lui restait son fils, Freeman, son frère, Bill, et quelques amis.

Enfin, elle se décida à se faire opérer à l'épaule.

*
**

Alors que Royce Ferguson s'apprêtait à répondre à l'appel de Terry Wilson, Jerry Berry et Marty Hayes continuaient de chercher le meurtrier de Ronda. Ils avaient gagné la première manche d'un long combat mais se sentaient loin d'en avoir fini.

Maintenant, les médias s'intéressaient de près à l'histoire de Ronda. Cela permettait parfois d'obtenir de nouvelles informations, que Berry vérifiait autant que possible. Il s'efforçait de n'avoir aucune idée préconçue sur l'identité du tueur et de considérer chaque possibilité d'un œil neuf.

Évidemment, la plupart des messages contenaient davantage de théories que d'indices, mais il n'était pas question de les négliger. Pendant l'audition, de nombreuses personnes m'avaient approchée dans les couloirs pour me faire part de leur théorie – dont une femme persuadée qu'il fallait regarder du côté de la « mafia mexicaine ».

En janvier 2010, Barbara Thompson reçut un appel téléphonique d'un certain Sig Korsgaard* : il affirma détenir certaines informations sur le jour de la mort de Ronda, le 16 décembre 1998. Son épouse, Karen*, aurait aperçu l'un des fils Reynolds tôt le matin. Jerry Berry prit immédiatement contact avec le couple et passa le voir le soir même.

C'était le 9janvier 2010, douze ans et une semaine après le mariage de Ron et Ronda. Berry était d'autant plus intéressé par leur témoignage que les Korsgaard habitaient à proximité de Twin Peaks Drive. Karen dit être sortie très tôt, le matin du 16 décembre – entre 6 heures et 6 h 30. Pour atteindre l'autoroute, elle devait passer devant la maison des Reynolds. Son fils, Tom Spencer, surnommé « Bing », fréquentait parfois les deux plus jeunes garçons de Ron et Katie.

— Alors que je passais devant la maison, dit-elle, j'ai vu une voiture sortir de chez eux, suivie d'une autre. Toutes les deux ont tourné sur les chapeaux de roues en m'envoyant du gravier sur le pare-brise. Ça m'a énervée.

— Avez-vous reconnu ces véhicules ?

— Oui, l'un était la Taurus que Jonathan conduit parfois, l'autre un petit pick-up, de couleur assez foncée.

Karen Korsgaard avait continué jusqu'au carrefour suivant pour s'apercevoir que les deux véhicules y étaient arrêtés. Il faisait encore nuit, mais Karen reconnut l'un des deux garçons.

— C'était Jonathan Reynolds, et l'autre devait être un de ses grands frères. Ils avaient l'air de se disputer.

— Connaissez-vous son nom ?

— Je ne suis pas sûre, mais je pourrais certainement l'identifier sur une photo.

Karen Korsgaard avait poursuivi sa route tout en se demandant ce qu'ils fabriquaient.

— C'était tellement bizarre que j'ai appelé mon mari en arrivant au bureau pour lui en parler. Sig m'a conseillé de prévenir le shérif.

Et Karen l'avait fait. Bien sûr, quand les Korsgaard apprirent la mort de Ronda, plus tard dans la journée, ils firent la relation entre ce drame et l'étrange présence des jeunes Reynolds à l'aube.

Mais l'inspecteur qu'elle avait eu au téléphone ne transmit l'information à personne.

— Je n'en ai jamais entendu parler, confirma Berry.

— Personne n'est jamais venu nous voir, renchérit Sig. Nous avons appelé plusieurs fois et, finalement, nous avons laissé tomber.

Korsgaard confia alors à Berry qu'ils savaient de source sûre qu'il y avait eu une soirée chez les Reynolds le 15 au soir.

— Apparemment, Ron n'y était pas, ça se passait juste entre les garçons et des amis à eux. Jonathan Reynolds aurait dit à un ami : « Ronda est dans sa chambre, elle boude. »

Si c'était vrai, cela constituait une information de tout premier ordre. Ron avait dit aux inspecteurs s'être couché avec Ronda vers 22 heures et avoir passé la nuit à essayer de la calmer, de l'empêcher de se suicider, jusqu'à ce que, épuisé, il s'endorme au petit matin. Se pouvait-il, en fin de compte, que Ronda ait été seule chez elle, avec des adolescents chahuteurs qui faisaient la fête ?

Le 31 janvier, Berry revint interroger les Korsgaard. Il montra à Karen trois photos de classe des élèves qui avaient terminé le lycée en 1998. En deux secondes, Karen désigna un jeune garçon.

— C'est Micah Reynolds, dit Berry. L'avez-vous déjà vu ?

— À de nombreuses reprises. Il ne vit pas ici mais vient souvent. C'est lui qui se disputait avec Jonathan au carrefour le matin où Ronda est morte.

Alors, les Korsgaard avouèrent que la personne qui leur avait parlé de la soirée était le propre fils de Karen, Bing Spencer.

— Il voulait vous appeler la semaine dernière, dit son beau-père. Mais il s'est fait arrêter. Il est dans la prison du comté de Lewis. Bing Spencer avait dit à sa mère, Karen, qu'il y avait d'autres jeunes à cette soirée du 15 décembre 1998 – entre autres, Adam Skolnik* et peut-être aussi son frère, Ace.

Tous deux étaient adolescents à l'époque de la mort de Ronda ; ils avaient maintenant une trentaine d'années, comme Bing Spencer.

Jerry Berry chercha parmi les relevés de permis de conduire quelle voiture conduisait Micah Reynolds. L'un des véhicules qui lui avait appartenu était un pick-up Dodge Dakota de 1991. Berry vérifia alors les couleurs offertes par le constructeur et trouva un « bleu sombre spectral » correspondant à la description de Karen Korsgaard.

Le 3 février 2010, Berry rendit visite à Bing Spencer dans la prison du comté de Lewis. Le jeune homme lui expliqua pourquoi, avec les autres participants, ils gardaient un souvenir quelque peu embrumé de la fête de Jonathan : ils avaient fumé de la marijuana.

Néanmoins, il n'avait pas tout oublié. Adam Skolnik était son meilleur ami, et aussi son colocataire d'une petite caravane non loin de la maison de ses parents. Ils s'étaient rendus chez les Reynolds vers 20 heures. Ron s'y trouvait alors, mais il avait dû partir parce qu'il avait une soirée à l'école.

— On ne l'a plus revu de la nuit.

— Quand avez-vous vu Ronda ?

— Vers 22 heures. Elle est sortie de sa chambre pour nous dire de nous calmer… qu'on faisait trop de bruit.

Spencer reconnut que c'était lui qui fournissait la marijuana aux frères Reynolds.

— Quelqu'un parmi vous conduisait un vieux pick-up ? demanda Berry.

— Il y avait une vieille bagnole pourrie dans le coin, mais je ne sais pas à qui elle appartenait. Le frère aîné de Jonathan était là, je ne me rappelle pas son nom.

— Tout le monde a fumé ?

— Pas Adam. Il préférait le whisky.

— Quelle marque ?

— Black Velvet ou Jack Daniels. Je crois qu'on avait apporté une bouteille de Black Velvet.

Jerry Berry se figea. Et si la bouteille vide de Black Velvet ne venait finalement pas de la réserve des Reynolds ?

— À un moment, entre minuit et 2 heures du matin, les frères Reynolds nous ont dit de partir, qu'on pourrait revenir quand les choses se seraient un peu tassées.

Bing Spencer pensait qu'ils avaient tous obtempéré. Mais ses souvenirs n'étaient plus très précis sur ce moment-là. En revanche, il avait tenu un journal pendant dix ans où il revenait souvent sur les événements de cette nuit-là.

— Vous l'avez toujours ? demanda Berry.

— C'est mon ex-femme qui l'avait. À mon avis, elle l'a jeté. J'ai toujours eu l'impression que Jonathan et l'un de ses frères avaient quelque chose à voir dans la mort de Ronda, mais j'avais peur d'en parler. Et puis, à qui je l'aurais dit ?

Jerry Berry était submergé par l'émotion, mais il s'efforça de remettre de l'ordre dans ses idées en regagnant sa voiture. La puissante odeur d'encens dans la chambre des garçons avait donc pour but de cacher celle de la marijuana. Et quand les frères Reynolds avaient demandé aux autres de quitter la maison, vers minuit, pour ne revenir qu'une heure et demie plus tard, cela leur laissait largement le temps de violer et/ou de tuer Ronda.

Le détective privé avait entendu de plusieurs sources à quel point Jonathan détestait Ronda. Sans doute, en venant se plaindre du bruit, avait-elle exaspéré l'adolescent déjà sous l'emprise de la marijuana.

Jerry Berry alla donc rendre visite à un homme qui avait entendu de la propre bouche de Katie

Huttula : « Mon fils Jonathan a tué sa belle-mère à Toledo. »

Cet homme, Joey Martin*, dealer, était en voiture avec Katie et un autre homme quand elle avait lâché cette information.

— Vous vous souvenez du nom de l'autre homme ? demanda Berry.

— Ouais… Il se rappellera ce qu'elle a dit. C'est Sam Berdelli*.

— Accepteriez-vous de signer cette déclaration ?

— Ouais, bien sûr.

Pour un détective à la recherche d'une preuve solide, les drogués ne font pas les témoins les plus fiables. Ils sont vulnérables à la barre, et ni les avocats ni les jurés ne les considèrent avec sympathie.

Mais, pour Jerry Berry, ces bribes d'histoire s'emboîtaient parfaitement.

34

L'un des inspecteurs du comté de Lewis, Bruce Kimsey, attendait Jerry Berry quand ce dernier se présenta de nouveau au pénitencier pour s'entretenir avec Bing Spencer. Kimsey lui dit qu'il venait de voir le détenu et qu'il essayait de le prendre « sous contrat » : autrement dit, Spencer allait devenir un informateur rémunéré.

— Il m'a parlé de l'affaire Reynolds, lâcha Kimsey. Sans doute ce qu'il vous a déjà raconté.

Berry se contenta de hocher la tête et entra dans le pénitencier.

Bing Spencer reconnut avoir parlé avec Kimsey, mais il ignorait pourquoi l'inspecteur l'avait interrogé sur l'affaire Reynolds.

— Kimsey veut que je lui communique des noms et des planques dans le trafic de drogue.

— Vous souvenez-vous d'autre chose sur la soirée de Twin Peaks Drive ? demanda Berry.

— Oui... mais je ne veux pas en parler maintenant.

Berry attendit quelques minutes, mais il n'avait pas l'intention de supplier Bing Spencer.

— Bon, on se reverra, dit-il en récupérant ses dossiers.

*
**

Le 17 février, Berry reçut un message vocal de Sig Korsgaard. Bing voulait à nouveau s'entretenir avec lui.

Ils se retrouvèrent dans une cabine aux parois de verre, au vu et au su de tous.

— Que vouliez-vous me dire ? demanda Berry en guise de bonjour.

— Je vais vous raconter toute l'histoire. Ce ne sont pas les Reynolds qui ont fait ça.

— Qui a appuyé sur la détente ?

Bing Spencer s'effondra dans un sanglot.

— C'était Adam ? supposa Berry.

Bing hocha la tête.

— Comment le savez-vous ?

— Il était venu se changer chez moi. Il y avait du sang sur ses vêtements, sur son débardeur blanc marqué au nom de l'Oregon. Quand il l'a enlevé, je l'ai jeté avec mes vêtements sales. Je l'ai peut-être encore quelque part.

En larmes, il expliqua que ce secret lui pesait sur le cœur depuis douze ans. Il n'osait pas dénoncer son meilleur ami.

— Ça me tue.

Berry voyait bien que ce récit affectait profondément son interlocuteur.

— Il va falloir que je voie l'avocat, dit-il, pour décider comment procéder. Et je vous promets de trouver un autre endroit pour discuter.

De retour dans sa voiture, il appela Karen et Sig Korsgaard. L'un ou l'autre se rappelait-il avoir trouvé un débardeur ensanglanté douze ans auparavant ?

Ils dirent que oui. Que Bing leur avait avoué s'être battu, que c'était de là que venait ce sang. Ils l'avaient cru. Il avait aussi donné un jean à sa mère pour qu'elle le nettoie.

Le lendemain, Jerry Berry retourna voir Bing. Son informateur devenait de plus en plus volubile.

Bing Spencer raconta qu'il se trouvait dans la cuisine des Reynolds avec Jonathan et Adam, vers 20h30 ce soir du 15 décembre, quand Ronda était entrée, suivie de Ron. Celui-ci avait ouvert une bière et en avait offert une à Bing. Il portait une chemise, un pantalon et une veste de sport. Peu après, il quittait la maison.

— Jack Walters * était aussi là, continua Spencer. Un mois avant, à peu près, Jonathan m'avait demandé de tuer Ronda en me suggérant quelques idées. Plus tard, dans la nuit, alors qu'on s'amusait, Adam et Jonathan ont parlé de la façon dont ils allaient tuer Ronda. Jonathan a répété qu'il voulait la voir morte depuis longtemps. À la tête d'Adam, on voyait bien qu'il avait de sales idées. Au début, ils ont pensé faire passer ça pour un cambriolage qui aurait mal tourné. Ensuite, ils nous ont demandé de quitter la maison un moment. Je suis parti et je crois que Jack Walters aussi. Mais Adam est resté.

Bing dit s'être rendu dans la caravane qu'il partageait avec Adam, non loin de là. Vers 2h30, 3 heures, Adam était rentré.

— Il avait du sang sur le côté droit de la figure, et

son T-shirt et son pantalon étaient tout tachés. Il m'a dit : « C'est fait. » On a quitté la caravane vers 3 heures et on est allés vers Michigan Hill. Là, il m'a pointé un pistolet automatique sur le front en me disant : « Je te tue si tu racontes ce qui s'est passé. »

Le récit semblait crédible, mais Berry se demandait comment trouver des preuves matérielles douze ans plus tard – indispensables s'il voulait convaincre un procureur de lancer une accusation de meurtre puis persuader un jury que Ronda était morte comme Bing Spencer l'avait raconté.

Il raconta à Barbara Thompson ce qu'il venait d'entendre et lui demanda d'appeler un laboratoire médico-légal en Oregon pour vérifier si on pouvait analyser un ADN et des fluides corporels, dont du sang, après douze années. C'était possible.

Mais il fallait d'abord retrouver les vêtements tachés. Karen Korsgaard se souvenait de les avoir lavés en 1998 ; même si on les retrouvait, ils risquaient de n'avoir plus aucune trace à analyser.

Le 26 février, Berry donna au bureau du shérif du comté de Lewis une copie de ses notes au sujet de la nuit du 15 au 16 décembre. Steve Mansfield promit de lire le rapport et de reprendre contact avec Berry dans les jours suivants.

Jerry Berry n'était plus flic assermenté ; mais, maintenant qu'il avait remis son rapport au bureau du shérif, c'était tout comme. À son grand regret, il dut annoncer à Barbara Thompson qu'il n'allait plus pouvoir lui communiquer les nouvelles informations. Tout devait rester secret – même pour elle. Du moins pour le moment.

Bing Spencer, lui, exigeait maintenant des privilèges. Si on pouvait lui rendre son ordinateur, le sortir de prison, il promettait de s'asseoir et de rédiger toute l'histoire.

Ses parents, les Korsgaard, ne pouvaient admettre qu'il ait pu faire quoi que ce soit contre Ronda. Ils ne donnèrent pas à Jerry Berry les vêtements ensanglantés, pas plus que le journal de leur fils. Ils exigèrent un document signé assurant que ce dernier ne serait pas poursuivi – mais cela n'entrait pas dans les attributions de Berry.

Néanmoins, Bing Spencer – toujours en prison pour possession de drogue – continuait à parler. Il raconta à Berry avoir regagné sa caravane pour y chercher de la « dope », marijuana ou « meth », et, à son retour, ne plus avoir trouvé personne dehors, pas même Jonathan et Adam, qui s'étaient disputés.

— Je crois qu'ils cherchaient la meilleure façon de tuer Ronda. Je suis entré dans la maison, et au bout du couloir je suis tombé sur Micah, qui sortait de la chambre de son petit frère. C'est là qu'on a entendu un coup de feu… tout près, derrière nous, dans la chambre des parents. Après, Jonathan a crié : « Oh, merde ! » et Adam voulait qu'on vienne l'aider. Dans la cuisine, une fille a hurlé et elle a quitté la maison. Moi aussi, j'ai filé. Je suis retourné dans ma caravane et je me suis assis sur mon lit sans plus savoir quoi faire.

De nouveau, il décrivit Adam Skolnik surgissant, plein de sang, avec quelque chose comme un morceau de cervelle sur ses habits.

— On aurait dit que son visage avait été aspergé de sang.

La description exacte d'un éclaboussement provenant d'une blessure par balle.

N'importe qui, à commencer par moi, pourrait trouver cette histoire de soirée sans supervision parentale tout à fait plausible. Jerry Berry voulait néanmoins s'assurer qu'il tenait les vrais meurtriers.

Spencer continuait de le convoquer à la prison pour lui fournir de « nouvelles informations », la plupart accablant encore davantage son ex-meilleur ami, Adam Skolnik.

— Je rentrais chez moi, expliqua Berry, quand Bing a prévenu son beau-père qu'il avait oublié de me préciser quelque chose. Alors je suis revenu sur mes pas. Bing m'a dit qu'avec Adam ils étaient allés au restaurant, Chez Denny's, le matin de la mort de Ronda… juste après qu'Adam l'eut menacé de le tuer s'il disait quelque chose. Là, Adam lui aurait demandé : « Tu sais quel effet ça fait ? – Quoi ? avait demandé Bing. – Quel effet ça m'a fait de la descendre. – Non, Adam. Dis-moi. – Tu sais quel effet ça fait d'avoir du fric en vue ? Ça m'a fait ça juste après que j'ai tiré. »

***

Bing Spencer se prenait pour le chouchou des inspecteurs, tant de Jerry Berry que des autres policiers.

Mais il s'emmêla les pinceaux.

Le 5 mars 2010, Berry le présentait aux inspecteurs McGinty et Engleburtson. Il resta dans la salle d'interrogatoire à peu près cinq minutes, demandant à Spencer de dire la vérité, toute la vérité.

— Je lui ai affirmé que je faisais cent pour cent confiance à ces policiers et je lui demandais d'en faire autant.

Quatre jours plus tard, le chef Stacy Brown conduisait Berry devant la vitre sans tain ; on y voyait clairement l'intérieur de la salle d'interrogatoire. Bing Spencer était assis à une table, avec Engleburtson et McGinty. On tendit un casque à Berry afin qu'il écoute ce qui se disait. Il écarquilla les yeux.

— Bing expliquait aux inspecteurs que la réalité ne correspondait pas exactement à ce qu'il m'avait raconté. En fait, il ne croyait pas qu'Adam Skolnik avait tué Ronda, qui, selon lui, s'était plutôt suicidée. Il affirmait également que je lui avais soufflé ces idées en lui promettant que ça lui permettrait de rentrer chez lui !

Jerry Berry comprit alors que Spencer racontait ce qu'on voulait lui entendre dire. Dans ce cas, avait-il inventé l'histoire des vêtements ? C'était là un sérieux revers pour Berry, même si le shérif lui assura que l'enquête continuait.

***

Un autre jeune homme avait participé à cette « soirée » : Jack Walters. Barbara Thompson retrouva sa trace dans le Montana. La police locale fut trop heureuse de l'arrêter en apprenant qu'il s'agissait d'un délinquant sexuel qui n'avait jamais signalé sa présence aux autorités locales.

Jeff Ripley, le shérif local auquel s'adressa Barbara, lui promit de la prévenir dès qu'ils auraient du nouveau. Après avoir été mis au courant de l'histoire de Ronda, Ripley proposa d'interroger lui-même le suspect en lui soumettant les questions transmises par le comté de Lewis.

Il attendait leur appel.

Il attendit longtemps. Ils ne prirent jamais contact avec lui.

35

Un ancien indice refit surface au printemps 2010 : le shérif Mansfield annonça qu'ils avaient analysé des échantillons d'ADN féminin provenant de Ronda, et d'ADN masculin provenant de Ron Reynolds. C'était bien le sperme de celui-ci qui avait imprégné le vagin de Ronda, et il n'y avait apparemment pas d'autre sperme en elle. En revanche, impossible de s'assurer que ces échantillons avaient été conservés dans les règles depuis 1998.

On retrouva aussi des traces de l'ongle cassé de Ronda. Il ne comportait pas d'ADN masculin. Elle, qui entretenait si bien ses mains, avait dû faire un faux mouvement en préparant ses bagages.

Bing Spencer avait concocté une histoire ignoble. Avait-il vraiment vu et entendu ce qu'il avait raconté ? Il connaissait pourtant des éléments : la bouteille de Black Velvet, les détails que sa mère avait elle aussi observés, les horaires qui semblaient si bien coller avec la mort de Ronda, et l'état de son corps.

Au cours des douze dernières années, de nombreux articles étaient parus sur le mystère de sa mort. Il restait très possible que Bing Spencer ait recueilli ces détails dans la presse, par exemple, la marque de la bouteille de whisky.

Il avait fini par se rétracter sur l'histoire racontée à Jerry Berry. À la fin avril, non sans avoir un peu rechigné, il accepta de passer au détecteur de mensonge. Il s'en sortit bien, tout en reconnaissant qu'il ne savait pas comment était morte Ronda, qu'il avait tout inventé pour pouvoir négocier une libération anticipée.

Adam Skolnik passa lui aussi au détecteur de mensonge et affirma n'avoir rien à voir dans le meurtre de Ronda.

La déception était grande, mais Jerry Berry et Marty Hayes continuaient de croire que Bing Spencer participait bel et bien à une fête chez Ronda la nuit de sa mort, ainsi que Micah Reynolds. La mère de Spencer avait attesté ces deux éléments, et Berry la considérait comme un témoin fiable.

*
**

Micah pouvait fort bien s'être trouvé dans la maison de son père cette nuit de décembre, et dans ce cas il savait peut-être ce qui s'était passé. Cependant, Jerry Berry n'avait pas l'autorité pour le localiser, encore moins pour l'interroger. Le 27 avril 2010, il rédigea son rapport final.

« Toutes les informations, tous les indices ont été remis au bureau du shérif du comté de Lewis par l'enquêteur. Le témoin initial, Tom "Bing" Spencer, a fourni de fausses informations qui ont entravé les investigations…

« Je clos maintenant ma propre enquête sur la mort de Ronda Reynolds. Cependant, si de nouvelles informations fiables venaient à ma connaissance, je les communiquerais au bureau du shérif du comté de Lewis afin qu'il suive toujours l'affaire.

« Avec mes respects,
« Jerry C. Berry,
« détective privé »

SIXIÈME PARTIE

Suspects probables et improbables

36

À l'été 2010, nous étions confortés dans une certitude : Ronda Reynolds ne s'était pas suicidée. Douze jurés avaient conclu que les quatre certificats de décès émis par le bureau du coroner du comté de Lewis étaient inappropriés.

En soi, cela constituait une immense consolation pour Barbara Thompson.

Mais son statut empêchait le juge Richard Hicks de déclarer officiellement Ronda victime d'un meurtre.

Je crois que Ronda Reynolds a été victime d'un homicide. Sa famille n'a jamais varié dans sa conviction que quelqu'un l'a délibérément tuée. Le détective privé Jerry Berry, l'ancien shérif adjoint du comté de Lewis, Bob Bishop, l'expert en armes à feu Marty Hayes, et l'avocat Royce Ferguson, tous convenaient qu'elle était morte de la main d'un (ou de plusieurs) meurtrier(s).

Il est plus facile de conclure que Ronda a été tuée que de trouver le coupable. Plusieurs personnes avaient de bonnes raisons de vouloir l'éliminer, dont certaines que nous ne connaissons pas encore.

Indubitablement, certaines savent ce qui s'est passé mais redoutent de parler. Sans doute à raison.

Dans une affaire d'homicide, la première personne que les enquêteurs considèrent comme suspecte est le conjoint ou partenaire sentimental. Ensuite, le cercle s'étend aux proches.

L'amour peut tourner à la haine. Infidélité et jalousie empoisonnent souvent un mariage ; les émotions éclatent, brûlent comme un feu de forêt incontrôlé.

En certaines occasions, le mobile tourne froidement autour de l'argent. Les humains ont de multiples raisons de s'entre-tuer.

Ron Reynolds était, bien sûr, le principal suspect, et il le reste. Dès le début, son attitude a été suspecte : pour un veuf, il n'avait pas l'air bien affecté et il a suggéré lui-même le suicide. Mais le plus difficile à admettre est son refus de reconnaître avoir entendu le coup de feu fatal – alors qu'il se serait trouvé à trois mètres de là.

Toutefois, pourquoi aurait-il souhaité la mort de celle dont il s'apprêtait de toute façon à faire son ex-femme ?

Je propose une raison financière. Tous ceux à qui j'en ai parlé, dont beaucoup le connaissaient depuis toujours, ont mentionné son avidité. Enfant, on l'a vu, il ne partageait pas ses jouets, ses parents le gâtaient outrageusement. Adulte, il n'était attiré que par les femmes dotées de certains moyens – qu'ils leur viennent de leurs familles ou de leurs propres efforts.

Si elles étaient séduisantes, cela n'en était que mieux.

Même si Ron le niait, Ronda lui avait bien donné quinze mille dollars pour participer à l'achat de la maison de Twin Peaks Drive, et elle devait encore récupérer environ sept mille cinq cents dollars de la vente de la propriété qu'elle détenait avec son ex-mari, Mark Liburdi.

Les cent mille dollars ou presque que son divorce d'avec Katie Huttula avaient coûté à Ron Reynolds lui restaient en travers de la gorge. Avec leurs cinq fils et les vingt années passées ensemble, la somme était tout à fait légitime, mais cela représentait un brise-cœur pour Ron.

Alors, ne pouvait-il pas tout simplement divorcer de Ronda après seulement onze mois de mariage ? Certes, elle était déçue, mais prête à recommencer une nouvelle vie. Elle avait déjà quelques projets et aurait sans doute fini par épouser David Bell.

Mais Katie lui avait coûté cent mille dollars : Ron devait redouter les exigences de Ronda.

De plus, il pensait qu'il récupérerait trois cent mille dollars de son assurance-vie. C'est le genre de mobile qu'on trouve dans tous les romans – autant que dans la réalité.

Ron avait recommencé à fréquenter Katie Huttula à peine quatre mois après son mariage avec Ronda. Ron et Katie semblaient regretter leur séparation, et celle-ci confia à de nombreuses personnes qu'elle voulait reprendre la vie avec lui, parfois avec véhémence.

— Je veux récupérer Ron ! dit-elle à une ancienne camarade de lycée. Et j'y arriverai, à n'importe quel prix !

Katie voulait que leur famille soit réunie. Elle

adorait ses fils, mais cela ne l'avait pas empêchée de continuer à se droguer quand elle était enceinte. Ils étaient très intelligents, bourrés de talent – quoique plusieurs d'entre eux aient commencé à se droguer adolescents. Rien de surprenant à cela, étant donné les pratiques de leurs parents, même si Ron avait cessé en prenant de l'âge. Quant à Katie, elle ne pouvait s'en détacher et son cerveau commençait à en souffrir. Au point qu'elle a envoyé en 2004 cet e-mail disant qu'elle savait que Ronda avait été abattue, même si elle ignorait par qui, laissant entendre qu'ils s'y étaient mis à plusieurs. Barbara n'en revient toujours pas.

Que sait exactement Katie de la mort de Ronda ?

Même si les récentes révélations de Tom « Bing » Spencer au sujet d'une fête donnée cette nuit-là se vérifiaient, il est très possible que ni Ron ni Katie ne se soient trouvés dans la maison une grande partie de la nuit. Il semble encore plus probable que Ron ne soit pas rentré chez lui après la soirée à l'école, mais soit allé directement chez Katie.

Leurs trois plus jeunes fils étaient bien imprégnés de whisky devant la maison de Twin Peaks Drive quand les premiers enquêteurs arrivèrent. Pourquoi aucun d'entre eux n'avait-il entendu le coup de feu ? Leur a-t-on seulement posé la question ?

Et lorsque Barbara se présenta, quelque trente heures plus tard, elle fut stupéfaite d'apercevoir Katie sortant de la chambre conjugale, où elle venait apparemment de passer la nuit avec Ron !

Se pouvait-il que l'histoire qu'il avait racontée, selon laquelle il serait arrivé à 22 heures pour apaiser sa femme jusqu'au petit matin, n'ait été qu'un tissu de mensonges ? Très possible. Il pouvait avoir laissé Ronda seule, à la merci de ses fils et de tous ceux qui participaient à cette fête bien arrosée et bien intoxiquée.

Tout cela peut nous mener à un autre scénario.

Au petit matin, un appel téléphonique affolé des fils Reynolds, disant que Ronda est morte, fait arriver en hâte Katie et Ron, qui les aident à maquiller le meurtre en suicide.

Ron n'aurait pas entendu le coup de feu parce qu'il se trouvait à quarante kilomètres de là, et non à trois mètres…

L'incident fatal durant la prétendue fête se serait produit vers 2 heures du matin, ce qui correspondrait mieux avec les lividités et la rigidité cadavérique observées sur le corps de Ronda. Ron et Katie n'étaient sans doute pas au courant des manipulations effectuées sur le cadavre avant leur arrivée. Ensuite, Katie serait repartie chez elle vers 5 heures, avant que Ron appelle les secours. Et ses fils l'y auraient rejointe deux heures plus tard.

Mais cela n'est qu'un scénario.

Quant à Mark Liburdi, l'ex-mari, on sait qu'il était en patrouille au moment des faits, parlant souvent dans sa radio, ce qui l'innocente d'office.

Jerry a même vérifié l'emploi du temps de David Bell, me raconta Barbara, un rien gênée. David se trouvait exactement où il l'a dit : en patrouille à Des Moines. Ceux qui ne le connaissaient pas auraient pu à la rigueur imaginer qu'il était furieux, jaloux que Ronda ait décidé de rester avec son mari cette nuit fatale. Seulement, il n'était plus son amant depuis longtemps : leur histoire remontait à une dizaine d'années, ce qui n'en faisait pas vraiment un suspect.

Cheryl Gilbert ? Obsédée par Ronda, elle avait souvent proclamé être sa « meilleure amie ». Et s'il y avait eu là une attirance sentimentale ou sexuelle ? Elle pouvait fort bien avoir été furieuse de retrouver les clefs de sa maison que Ronda avait jetées par terre le soir du 15. Cheryl était enchantée que Ronda décide de s'installer dans sa chambre d'ami quand elle quitterait Ron, elle avait même acheté un lit. Elle devait passer la chercher pour la conduire à l'aéroport de Portland et comptait s'arrêter en route pour prendre un bon petit déjeuner avec elle et discuter.

Sans qu'on sache trop pourquoi, Ronda avait changé d'avis, tant sur le lieu de son logement que sur son départ à l'aéroport, priant finalement David Bell de l'y emmener. N'avait-elle pas commencé à s'agacer des attentions constantes de son amie ?

Cheryl fut pourtant ravie d'attirer l'attention des enquêteurs. Elle se montra bavarde, enjouée… et modifia plusieurs fois son récit, tout cela pour finir par admettre, au bout d'un an, que Ronda avait dû se suicider. Cheryl aussi mentait souvent.

Ronda n'en parlait jamais comme de sa « meilleure amie », car ce n'était pas le cas. Mais elle la plaignait beaucoup, sans se rendre compte des idées qui pouvaient trotter dans sa tête. Ronda n'avait jamais été attirée par les femmes. Et Cheryl ? Si elle s'était rendue chez Ronda alors que Ron passait la nuit chez Katie, pouvait-elle se sentir trahie au point de vouloir la tuer ?

À moins que le meurtrier n'ait été Jonathan Reynolds. Chacun sait qu'il détestait sa belle-mère. En outre, c'était une jolie femme de trente-trois ans, qui aurait très bien pu l'attirer sexuellement – ce qui aurait pu provoquer un schisme amour/haine dans son esprit.

D'autant que Ronda le croyait coupable d'avoir tué un de ses chiens et l'accusait de se réjouir de la souffrance d'autres êtres vivants. Une amie avait raconté à Ronda comment il avait allumé un feu alors qu'un oiseau était bloqué dans la cheminée, ce qui avait paru bien l'amuser.

Qu'il y ait eu ou non une fête dans la maison de Twin Peaks Drive, ce soir-là – et en admettant que Ron n'ait probablement pas été là –, Ronda avait besoin de dormir. Les fêtards, la musique trop forte devaient la gêner. Alors elle avait pu faire ce qu'elle faisait souvent quand elle voulait s'isoler tranquillement : prendre un oreiller et une couverture pour aller dans un endroit calme.

En plein délire, Jonathan pouvait avoir été exaspéré de l'entendre leur dire de faire moins de bruit. Qui sait si elle n'avait pas pris peur devant ces adolescents arborant déjà une carrure d'hommes ? Là, Jonathan pouvait avoir décidé de la tuer, de se débarrasser d'elle une fois pour toutes. Il savait où se trouvait le revolver : il avait sans doute vu David Bell le décharger et le ranger sous le lit, et les cartouches devaient encore se trouver là où Bell les avait laissées.

D'après Bing Spencer, qui avait reconnu mentir sur bien des points, Jonathan avait crié juste après le coup de feu et Adam Skolnik était sorti de la chambre, terrifié.

Il y avait aussi eu les détecteurs de mensonge. Contrairement aux idées reçues, le procédé n'est pas très fiable. Les vrais sociopathes peuvent très bien tromper l'appareil : ils sont tellement sûrs de leur force qu'ils peuvent se montrer intrépides, dénués de tout remords, sans aucune réaction physique – tension régulière et pouls normal – aux questions posées.

Il reste une personne qui n'a jamais été interrogée : Jack Walters, dont Bing a pourtant dit qu'il se trouvait à la fête à Twin Peaks Drive la nuit où est morte Ronda.

Barbara avait fini par retrouver sa trace, car en 2003 il avait agressé une fille de quinze ans. Il n'en était pas à son coup d'essai ; tenu de se signaler auprès de la police à chacun de ses déménagements, il ne le fit pas dans le Montana. Avec l'aide de son agent de probation, Barbara retrouva son adresse et le fit arrêter. Son témoignage pouvait faire grandement progresser l'enquête. Barbara et Jerry avaient hâte d'entendre ce qu'allaient découvrir les inspecteurs du comté de Lewis. Quelques semaines plus tard, ils furent donc suffoqués d'apprendre que personne ne s'était donné la peine de rappeler le shérif adjoint Ripley qui l'avait arrêté.

Entre-temps, Jack Walters avait quitté la prison du comté de Cascades. On l'avait gardé aussi longtemps que possible, mais il serait difficile à retrouver désormais.

Barbara Thompson était furieuse.

— Je le leur avais servi sur un plateau d'argent ! Ils n'ont même pas été fichus de le ramener dans l'État de Washington ni de se rendre dans le Montana pour l'interroger.

Néanmoins, Jack Walters est un délinquant sexuel et aurait fort bien pu camoufler la vérité. En tout cas, il figure sur la liste des suspects possibles.

Ronda s'était fait des ennemis tant dans ses patrouilles de police que comme agent de sécurité. Si un délinquant avait voulu s'en prendre à elle, elle n'était pas difficile à trouver. Elle vivait dans une petite ville où tout le monde savait ce que faisait tout le monde. Elle pouvait très bien avoir été attaquée chez elle, d'autant que les fils Reynolds ne s'étaient sûrement pas donné la peine de fermer à clef après leur soirée.

Comme je l'ai souvent écrit, le « meurtre parfait » existe. On pourrait décrire le monde de Ronda, où elle vivait avec Ron, comme un monde d'ombres et d'incertitudes, plein de drogués, de jeunes plus ou moins violents. Par son métier, elle savait se défendre ; mais celui qui avait voulu sa mort en décembre 1998 était rusé comme un renard.

Ronda n'avait pas vu le danger venir.

*
**

Barbara Thompson et moi avons poursuivi notre travail de détectives. En juillet 2010, nous sommes retournées dans le comté de Lewis, non seulement pour y interroger les gens que nous n'avions pas encore pu rencontrer, mais aussi pour nous entretenir avec Jerry Berry et Marty Hayes.

Nous sommes d'abord allées chez Karen et Sig Korsgaard. Ancien shérif adjoint lui-même, Sig avait été déçu que leurs informations transmises au bureau du shérif n'aient pas été prises en compte. Finalement, après le verdict de l'audience Terry Wilson, ils essayèrent de nouveau.

Et deux inspecteurs se présentèrent chez eux à la demande du shérif Mansfield.

— Ça n'avait pas l'air de beaucoup les intéresser, dit Karen Korsgaard. Pourtant, c'est notre fils qui avait transmis tant d'informations, et nous sommes persuadés qu'elles étaient presque toutes vraies. Nous savions qu'il ne disait pas toujours la vérité, mais cette fois nous l'avons cru.

Karen comme Sig se rappelaient les vêtements ensanglantés.

— Contrairement à ce qu'il avait dit, nous pensions que ça ne pouvait pas venir d'une bagarre. Il y avait trop de sang sur le jean et pas assez sur le T-shirt.

Pourtant, Bing n'en démordait pas, et Karen avait fini par les laver à l'eau froide.

Tout en discutant, nous nous rendions compte, tous les quatre, que le seul moyen pour qu'un jean soit ainsi ensanglanté venait de ce que son propriétaire avait dû s'agenouiller dans une mare de sang. Comme celle dans laquelle gisait le corps de Ronda.

Quelles qu'aient été les fautes de Bing Spencer, ni sa mère ni son beau-père ne le croyaient capable de tuer. Il se droguait, soit, il avait tendance à exagérer et même à mentir, mais sa mère croyait en quatre-vingt-dix pour cent de ses allégations sur la nuit où Ronda était morte. Et les Korsgaard espèrent mettre un jour la main sur le cahier à spirale où Bing écrivait son journal.

Ils nous ont confié d'autres informations, à Barbara Thompson et à moi – des choses très importantes que je ne suis pas autorisée à révéler à ce jour. Mais j'ai compris qu'ils détiennent la clef menant à la révélation de l'identité du ou des meurtriers de Ronda Reynolds.

C'était étrange – mais, bon – de me sentir comme l'enquêtrice que j'avais été autrefois, et je constatais que Barbara était un bulldozer, capable de tact mais qui n'abandonnerait jamais que complètement épuisée.

Nous sommes retournées vers la maison où Ronda avait trouvé la mort une douzaine d'années auparavant. La bâtisse avait été rachetée par un vieux couple qui ne s'y sentait ni gêné ni menacé. Barbara me montra une pelouse pleine de mauvaises herbes.

— Je parie que l'étui du revolver se trouve par là, dit-elle. Tu sais, on ne l'a jamais retrouvé. Je vais le chercher moi-même.

— Maintenant ? demandai-je, en lui rappelant qu'il faisait 35 °C.

— Non, dit-elle en riant. Un de ces jours…

Le lendemain, nous repartions à la recherche de Katie Huttula. Sans plus de succès que la première fois, en novembre. Aux adresses qu'on nous avait indiquées, personne ne semblait la connaître. Quant à l'appartement dont on nous avait parlé, nul doute que c'était une planque de drogue. Plusieurs jeunes résidents s'étaient réunis dehors pour un barbecue : cela sentait la marijuana et certaines femmes semblaient planer. Mais personne n'avait entendu parler de Katie Huttula.

Ils nous considéraient pourtant avec un sourire en coin, comme s'ils se moquaient de nous… Enfin, c'était peut-être l'effet de l'herbe.

De toute façon, la nuit tombait, nous devions repartir.

D'aucuns prétendent que Katie est en Californie, ou morte. À mon avis, elle est bien vivante mais vit très loin du comté de Lewis. S'il y a quelqu'un que j'aimerais rencontrer, c'est bien elle. Je suis sûre qu'elle sait quelque chose mais qu'elle a peur de le dire.

La plupart des personnes de la triste saga Ronda Reynolds résident encore dans le comté de Lewis. D'autres ont littéralement disparu.

Ron Reynolds est toujours directeur de la même école. S'il était renvoyé à cause des soupçons qui pèsent sur lui, l'établissement s'exposerait à des poursuites car rien n'a jamais été prouvé contre lui. Il refuse toujours les interviews. Si, avec ou sans Katie Huttula, il s'est précipité vers sa maison de Toledo depuis l'appartement de Katie, à Olympia, pour aider leurs enfants à maquiller la mort de Ronda en suicide, ni l'un ni l'autre n'encourt aucune accusation. Car il y a prescription.

Ron et sa quatrième femme vivent dans une belle propriété.

David Bell vit à Des Moines, à huit kilomètres de chez moi. Il est toujours sergent, toujours célibataire.

Certains des fils Reynolds, dont Micah, travaillent en Alaska sur d'énormes chalutiers de pêche. La femme de Micah vient d'avoir un bébé. Jonathan fait partie d'un orchestre qui se produit dans les bars des comtés de Lewis et de Grays Harbor.

Mark Liburdi va bientôt prendre sa retraite de la brigade de police de l'État de Washington.

Tom « Bing » Spencer est en prison pour quelques années encore. Aujourd'hui, sa mère n'a plus de contacts avec lui.

Cheryl Gilbert n'a plus donné signe de vie à Barbara Thompson depuis des années.

Jerry Berry, Marty Hayes et Royce Ferguson continuent d'exercer leur métier.

Berry et Hayes se sont tous les deux présentés, sans succès, à l'élection au poste de coroner du comté de Lewis ; ils ne sont pas sur les prochaines listes.

L'agence de détectives privés de Berry est prospère ; c'est un excellent enquêteur que je recommande souvent à mes correspondants.

Marty Hayes continue de donner des leçons dans

son école de tir de Seattle et il va bientôt obtenir son diplôme de droit. Quand on veut lui rendre visite, il vaut mieux se boucher les oreilles, car ses élèves s'en donnent à cœur joie dans une prairie en contrebas de sa maison.

Royce Ferguson vient de remplir son dossier en réponse à l'appel de Terry Wilson pour un nouveau procès.

Quoi qu'il s'y dise, l'équipe ne cessera de travailler sur l'affaire Ronda Reynolds que lorsque son (ou ses) meurtrier(s) sera (seront) sous les verrous.

*
**

Barbara Thompson continue de vivre dans son ranch de Spokane. Elle élève et entraîne toujours des quarter horses américains et, avec son chien, Trooper, elle a assisté à la naissance de plusieurs poulains cette année. Je l'ai appelée il y a quinze jours : elle a répondu sur son portable parce qu'elle réparait le toit de sa grange ! Elle suit la devise qu'elle partageait avec Ronda : « Pas peur. »

Elle est de ces femmes dures avec elles-mêmes, qui savent rester belles et féminines tout au long de leur vie.

La dernière fois que je lui ai parlé, elle boitait à cause d'une blessure au tibia. J'ai dû dépenser des trésors de persuasion pour qu'elle aille voir un médecin. Sa jambe était infectée, mais ça s'est arrangé – du moins assez pour qu'elle puisse emmener des amis en randonnée à dos de mulet dans les montagnes le week-end dernier.

Dans une semaine ou deux, elle fera franchir à

des chevaux le col de Snolquamie pour les remettre à leurs nouveaux propriétaires. Après quoi nous repartirons ensemble pour le comté de Lewis : nous avons des personnes à interroger, des témoins avec de nouvelles informations.

Comme tant d'autres avant moi, j'ai été prise par la fièvre du désir de rendre justice à Ronda. Une fièvre contagieuse.

Nous sommes tellement proches du (ou des) meurtrier(s), maintenant !

Note de l'éditeur

Depuis la publication de ce livre aux États-Unis, Warren McLeod, un nouveau coroner, a repris l'enquête.

Le 20 octobre 2011, un jury a déclaré que Ronda Reynolds avait été assassinée, et que son époux Ron Reynolds ainsi que le fils de ce dernier, Jonathan Reynolds, étaient des suspects potentiels.

Le 28 octobre 2011, Ron et Jonathan Reynolds ont comparu devant un juge ; ils ont été libérés dix minutes plus tard, aucun élément n'ayant pu être retenu contre eux.

Bien sûr, Barbara Thompson est déçue par cette décision ; mais, à ses yeux, le fait qu'on ait enfin reconnu le meurtre de sa fille, treize ans après les faits, est déjà une victoire.

Remerciements

J'ai eu besoin de beaucoup d'aide dans mes recherches sur l'histoire de Ronda Reynolds, alors que je la suivais en arrière-pensée depuis décembre 1998. Heureusement, de nombreuses personnes se rappelaient une foule de détails réconfortants, charmants et parfois tragiques sur la vie trop courte de Ronda. Grâce à eux, elle m'est apparue, vivante, comme pour ces trois hommes – Jerry Berry, Marty Hayes, Royce Ferguson –, chacun étant expert dans son domaine, chacun ayant consacré beaucoup de temps bénévole à ôter le bandeau qui aveugle la Justice et à révéler la vérité.

Ce livre est non seulement celui de Ronda, mais aussi de sa mère, Barbara. Comme il est dit, « ne jamais sous-estimer le pouvoir d'une femme ! ».

Certaines personnes citées ci-dessous m'ont communiqué des informations vitales, et aidée à relever les défis rencontrés durant la rédaction de l'histoire de Ronda.

Mes sincères remerciements à tous…

À Lois Duncan, merveilleux écrivain ; aux Drs John Demakas et Michel Gruber ; à Rowdy

Berry, Susan Berry, Richard et Donica Fletcher, Pete Erickson, Robert Bishop, et au Dr Jeffrey Reynolds.

À « Smurf », Gila Hayes, Sarita McClellan, Jerry Johnston, Kathy Neu, Kurt Wetzold, Vernon Geberth, Raymond Pierce, Alan et Ella McDonnell, Robert Zielke, Sue Sampson, Juanita Vaughn, Tony et Belinda Rodriguez, Connie Riker, Darrell Prowse, Linda Eller, Larry et Judy Semanko, Julie Colbert, Claudia Self et Danita Rakov.

À Sharyn Decker, Ian Ith, Tracy Vedder et Kiyomi Taguchi, de KOMO-TV.

Ma gratitude aux jurés si attentifs du comté de Lewis, qui ont pris leur décision à l'unanimité dans une affaire difficile : Angel, Debra, Pete, Denise, Nathan, Sandy, Opal, Elaine, Scott, Corina, Josie et Don. Plusieurs ont partagé leurs pensées avec moi, respectant les ordres du juge sur ce qu'ils pouvaient communiquer après le procès.

À Lauren Sund, Pat Henning de Centralia, Kate Jewell, Gerry Hay, Rod Englert, David Bell, Freeman Thompson, Joanne Gonzalez, Lee Shallat, Eric Roberts, Dan Pearson, Dave et Marion Nordquist, Donna Anders, Glade Austin, Gary Aschenbach, Rahma Starret, Abe Miller, Betty May Settecase ; au personnel du Best Western de Chehalis ; à Kim Edmondson, Steve et Glenda Larson, Scott Albert, et aux Drs Michael Nevins, Nathan Green et Diane Dozois.

Mes remerciements particuliers à l'Association internationale des femmes policiers (IAWP) et, bien sûr, à Barbara Thompson, Jerry Berry, Marty Hayes, Royce Ferguson et Blair Connery.

À ma famille : Matt, Andy, Lindsey, Mike, Mary et Holland Rae Rule, Bruce, Machell, Olivia, Tyra et Logan Sherles. La famille inclut mes cousins du Michigan et de l'Ohio : Chris et Linda, Jim et Mary, Sara Jane, Bruce et Diane, Jan et Eby, Sherman, David, Lucetta May et Glenna.

À la famille de Ronda : Freeman Thompson, Virginia Ramsey, William Ramsey, Don Hennings, Beverly Branom, Bill Clark et ces centaines d'amis dont la liste est trop longue.

Aux milliers d'ARF – fans d'Ann Rule – qui visitent mon Web sur www.annrules.com pour y poser des questions, me donner des tuyaux sur les affaires, faire des commentaires et – merci ! – me féliciter. Vous me redonnez courage quand je suis victime du syndrome de la page blanche !

Et merci encore à mes agents littéraires depuis trente-cinq ans, Joan et Joe Foley, qui ne m'ont jamais laissée tomber, et à mon agent dramatique Ron Bernstein qui sait si bien transformer les livres en films !

Et, comme toujours, j'apprécie ma longue association avec Free Press, Pocket Books et Simon & Schuster. Je suis depuis plus de deux décennies avec eux et l'équipe qui m'aide à écrire, qui publie et imprime mes livres d'une façon à rendre jaloux n'importe quel écrivain. À mon éditrice, Martha Levin, qui me soutient contre vents et marées.

À mon directeur de collection, Mitchell Ivers, dont les critiques sont incisives mais pleines de tact ; et à son assistante, Jessica Webb, qui prépare avec moi la section des photos, s'occupe de milliers de détails et sait se montrer toujours aimable.

À mon secrétaire de rédaction à l'œil aiguisé, Thomas Pittoniak, et à son superviseur Carol de Onis ; à la directrice de rédaction, Isabel Tewes.

À mes avocats Elisa Rivlin, Felice Javit et Duane Bosworth.

Et à mon agent publicitaire, Carisa Hays.

Seule dans la nuit est sans doute l'un des trois livres les plus difficiles que j'aie eu à écrire. Je n'aurais jamais pu en venir à bout sans l'aide de tant de personnes attentives.

Ann Rule

Achevé d'imprimer par N.I.I.A.G.
en juin 2013
pour le compte de France Loisirs, Paris

N° d'éditeur : 72957
Dépôt légal : avril 2013
Imprimé en Italie

Composition et mise en pages réalisées
par Text'oh ! – 39100 Dole